한국 최초의 여성 선교사
김순호

한국 최초의 여성 선교사

김순호

이방원·전동현 지음

나무와숲

김순호 소묘

책을 펴내며

'하나님을 믿자, 바르게 살자, 이웃을 사랑하자'의 삶을 온전히 실천하며 49세에 한국전쟁의 순교자로 생을 마감한 김순호를 기리며, 마음속에 품었던 작은 소망을 이루게 되어 기쁘다.

정신학교에 입학한 후 배움을 따라 삶의 방향, 목적, 기준이 역사적으로 정립되었다. 수많은 위대한 선배들을 알게 되면서부터이다. '저 선배들을 본받아 그 정신을 이어서 살고 싶다'였다. 생각할수록 가슴이 터질 것 같은 감동이 밀려오고, 어떻게 하면 이 훌륭한 분들의 삶을 세상에 널리, 길이 알릴 수 있을까 하는 사명감이 북받쳐 올라왔다.

2013년 생각지도 못했던 정신여중·고 총동문회장 직을 맡게 되었던 나는 위대한 선배들에 대해 조금씩 알아가는, 알아야만 하는 일들이 줄줄이 이어졌다. 그래서 그 많은 선배들 중에서 우선 세 분을 마음에 꼽아 두고 기념하는 사업이 이루어지길 간절히 소원했다. 김필례(1회 졸업), 김마리아(4회 졸업), 김순호(13회 졸업)이다.

2013년은 김필례 선생이 돌아가신 지 30주기가 되는 해였는데 모교에 다목적관을 건축하고 그 이름을 '김필례기념관'으로 명명하였다. 일제의 강압에도 정신학교의 설립 정신인 기독교 신앙의 의지를 꿋꿋이 세우며 신사참배를 거부하다가 폐교당한 학교를 해방 후 재건한 분이 바로 선생이었기 때문이다. 광주 수피아여학교와 여전도회전국연합회도 재건했을 뿐만 아니라, 일제 치하에서도 한국YWCA를 독립국 자격으로 설립하고 세계연맹에 가입시켰다. 서울여자대학교도 설립하시고 초대 학장으로는 선생의 큰오빠인 김윤오의 외손녀 고황경 박사를 세웠다. 또한 광주MBC가 창사 50주년 특집 다큐멘터리로 〈백년의 유산 여성교육자 김필례〉를 방영하였는데, 이 다큐멘터리 제작에 자료 수집과 제자들의 증언 인터뷰로 협력했다. 이 다큐멘터리는 2013년 한국YWCA가 선정, 시상하는 '제19회 좋은 TV프로그램상 특별상'을 받았다. 그리고 그때까지 항일운동가로서의 김필례 선생이 조명받지 못한 것을 안타깝게 여긴 동문들과 3·1여성동지회의 권유도 있어 2021년 보훈처에 공적을 추서追書하여 건국포장이 추서追敍되었다.

2014년은 항일독립운동의 표상 김마리아 선생의 서거 70주기가 되는 해였다. 대한민국애국부인회 회장으로 국내외에서 독립운동을 주도하다 체포되어 일제의 모진 악형을 당하고 52세 소천 시까지 말로 다 표현할 수 없는 고통을 겪으신 선생의 애국 정신과 신앙을 후대에 교육하고자 〈대한독립의 별 김마리아〉 애니메이션을 제작하여 국내외에 배포하였다. 이 애니메이션이 광복 70주년인 2015년에는 KBS-1TV 3·1절 특집 다큐멘터리로 확장되어 〈김마리아, 대한의 독립과 결혼하다〉가 방영되었고, 연이어 2017년과 2018년에도 〈어느 가문의 선택〉이란 제목으로 김마리아 선생 가문의 위대한 업적이 소개되었다. 2016년에는 김마리아기념사업회와 이화여자대학교 음악대학이 기념음악회 〈김마리아, 당신을 잊지 않았습니다〉를 주최하여 김마리아 선생의 삶을 오늘을 사는 우리들에게 재조명하고, 우리의 역사적 책임을 새롭게 자각하게 하는 뜻깊은 시간을 가졌다. 이날 김마리아의 대한 독립 열망을 '사랑하는 이'로 표현한 홍준철의 시 「님이여 어서 오소서」에 이건용 선생이 곡을 부친 〈김마리아의 노래〉가 음악이있는마을 합창단의 연주로 초연初演되었다.

김마리아는 일본, 중국, 미국에서 수학하며 애국정신을 북돋우고 일제의 식민정책을 서방에 널리 알리며 교육에도 헌신하신 여성 독립운동가로 '한국의 잔다르크'라고 불렸고, 우리나라 최초의 여성 국회의원으로 상해임시정부 의정원 황해도 의원으로도 활동했다.

이렇게 의미 있는 사업들이 진행된 연유들로 인해 김필례선생기념사업회의 숙원 사업인 선생의 기념문집 편집위원장을 맡게 되었고, 2년간의 노고 끝에 『김필례 그를 읽고 기억하다』 출판기념회를 2019년 10월 7일 서울YWCA 대강당에서 성황리에 할 수 있었다. 이 책은 정신眞信의 자랑스러운 동문들과 책임감이 투철하고 신속 명확한 전동현 박사, 솔선수범하여 일을 추진하고 놀라운 실행력으로 완성해 내는 이방원 박사가 편집위원으로 수고하여 출간될 수 있었다.

또 한 분의 위대한 선배 김순호의 이름 앞에는 여러 호칭이 붙는다. '선교사, 교육자, 순교자…'. 최초의 여성 해외선교사, 평양신학교 여성 신학부 교수, '나는 주의 제물'이라는 신념을 지킨 순교자. 김순호가 좋아하는 성경은 베드로전서였다고 한다. "그리하면 목자장이 나타나실 때에 시들지 아니하는 영광의 면류관을 얻으리라"(벧전 5:4). 영광의 면류관을 받기에 결코 부족함이 없었던 생애였다.

내게는 정신학교의 교훈인 굳건한 믿음, 고결한 인격, 희생적 봉사의 삶을 훌륭하게 지켜낸 분으로 김순호를 기억하는 책을 만들고 싶다는 소망이 있었는데, 김순호 선배는 목회자의 아내인 내가 본받고 따라야 할 표상이었다. 김필례·김마리아의 제자였던 김순호는 독립운동으로 극심한 고문과 수모를 겪었으며, 일생 동안 결혼을 하지 않았지만 어머니의 사랑으로 교회와 신학교, 선교지에서 헌신과 충성을 다하여 이 땅에 좋은 열매를 많이 맺었다. 이연옥, 주선애, 조순덕, 이동선 등 한국 교회와 기독교 교육에 훌륭한 여성 지도자들을 길러냈다. 이연옥, 이동선은 정신학교에서 내게 신앙 교육을 하신 존경하는 스승들이다. 김순호의 뜨거운 심장은 기도와 영적 체험을 통해 선교와 교육에 전념하여 생명을 살리는 구령救靈 사역使役에 전 생애를 바치게 했다. 김순호의 부흥회와 강의에 참석하여 말씀을 듣고 삶의 방향과 목적을 정하여 그 발자취를 따른 후배들도 많다. 이처럼 훌륭한 선배, 지도자를 기억하며 그 정신을 이어가려는 뜻을 세우게 된 것에 대하여 더없이 감사하다.

김순호의 원고와 다양한 사진 자료들을 수집, 확인하는 데는 2023년 5월 16일 장로회신학대학에서 명예신학박사 학위를 받은 정안덕 박사와의 만남에서 들은 그날의 증언과 그의 책 『중국 산동의 "진꾸냥"』이 많은 도움을 주었다. 김순호는 정안덕 박사의 어머니 김병숙의 작은이모이다. 자료가 많지 않아 애를 많이 먹었지만, 사실을 최대한 확인하여 생애 역사를 맞추려 힘썼다. 부족한 자료들을 통하여 김순호의 삶을 퍼즐 맞추듯이 알게 된 것이 큰 보람인데, 불굴의 신앙과 열정으로 삶을 사신 자취가 가슴을 뭉클하게 한다. 수고한 전동현·이방원 박사와 자료들을 수합, 검토하고 의견을 교환하며 다듬어 정리한 시간들이 흐뭇하고 행복했다. 기쁜 마음으로 김순호 평전 발간에 진력하여 부족하지만 이 책을 출간할 수 있는 영광을 누리게 되었다. 정안덕 박사와의 연결을 위해 수고해 주시고, 최봉춘 회고집 『눈물로 씨를 뿌리는 자』를 비롯한 자료를 제공해 주신 강무순 목사에게 특별히 감사를 드린다. 또한 김순호 선교사와 관련하여 소장한 자료들을 제공해 준 (사)늦봄문익환기념사업회에도 감사드린다. 우영수 한남대학교 전 이사장과 윤현숙 전 김필례기념사업회 회장은 이 책 발간을 위해 지원을 아끼지 않으셨다. 여전도회전국연합회, 정신여자중·고등학교 총동문회의 귀중한 후원에도 심심한 감사를 드린다. 정성을 다해 책의 출판을 맡아 준 나무와숲 최윤정 대표께도 감사드린다.

오늘도 하나님의 뜻이 펴신 너른 터전에서 진리의 높은 탑을 이루기 위해 줄기차게 솟아나는 지혜의 샘물을 퍼올리고 있는 정신의 후배들과 장로회신학대학교 김순호기념여학생관 앞에서 선교사로, 교육자로, 순교의 각오마저 다지며 성장하는 후학 사역자들과 한국 교회 부흥의 밑걸음인 여전도회전국연합회 130만 회원들의 헌신이 이어져서 땅끝까지 복음이 전파될 것을 믿는다.

> 일을 행하시는 여호와, 그것을 만들며 성취하시는 여호와, 그의 이름을 여호와라 하는 이가 이와 같이 이르시도다. '너는 내게 부르짖으라 내가 네게 응답하겠고 네가 알지 못하는 크고 은밀한 일을 네게 보이리라.'
> – 예레미야 33장 2~3절

일의 계획과 그 일의 성취는 전적으로 하나님께 있음을 고백하는 것으로 글을 맺고자 한다.

이 송 죽
전 정신여자중·고등학교 총동문회장

차 례

책을 펴내며 _ 이송죽 · 5

김순호를 기억하다

김순호 선교사의 발자취를 따라가며 _ 정안덕 · 16
또 하나의 큰 바위 얼굴 '김순호 선교사' _ 강무순 · 20
내가 들은 김순호 선교사 이야기 _ 임희국 · 22
평생 닮고 싶은 롤모델 _ 박보경 · 27
선교의 불꽃으로 타오르다 _ 윤효심 · 31

1부 기독교 터전에서 성장하다

Ⅰ. 김순호가 성장한 기독교 중심지 황해도 재령 · 41
 1. 황해도의 지리·문화적 특성 · 41
 2. 재령 선교지부 결정과 선교사 파견 · 45
 3. 재령 선교지부의 선교 활동 – 성경학교와 사경회 · 63
 4. 재령 명신학교의 설립과 발전 · 69

Ⅱ. 김순호의 신앙과 애국심이 깊어진 정신여학교 • 76

   1. 정신여학교 설립과 1910년 한일병합 이전의 면모 • 77
   2. 한일병합 이후 1910년대 정신여학교의 교육과정 • 81
   3. 김순호 학창 시절(1916~1919) 정신여학교 교사진 • 88
   4. 학창 시절을 함께 보낸 동기와 선후배 • 102
   5. 1919년 3·1운동과 김순호 • 109

Ⅲ. 3·1운동 이후 김순호의 만세시위와 교사 활동 • 110

   1. 1919년 3월 세브란스병원간호부양성소 입학 • 110
   2. 1919년 12월 19일 훈정동 종묘 만세시위 참여 • 115
   3. 1921년 3월 정신여학교 졸업(제13회) • 120
   4. 정신여학교 졸업 이후 교사 활동 • 122
      1) 황해도 신천 경신학교 교원 • 123
      2) 함경도 성진 보신여학교 교원 • 124

Ⅳ. 김순호의 요코하마공립여자신학교 수학과 전도사 활동 • 129

   1. 김순호의 출신 신학교 • 129
      1) 평양여자고등성경학교와 요코하마공립여자신학교 졸업설 • 129
      2) 요코하마공립여자신학교 졸업 여부 • 133
   2. 요코하마공립여자신학교에서의 신학 교육 • 136
      1) 요코하마공립여자신학교의 설립 • 136
      2) 프랫 교장 시기(1899~1937) 요코하마공립여자신학교 교육과정 • 139
      3) 요코하마공립여자신학교의 김순호와 조선인 유학생 • 143
   3. 황해도 재령 동부교회 전도사 활동 • 151

2부 선교에서 순교까지

I. 첫 해외선교지 산둥의 첫 여성 선교사 • 161
  1. 중국 산둥 선교와 첫 번째 여성 선교사 • 161
    1) 한국 교회의 첫 해외선교지 산둥 • 161
    2) 첫 번째 해외 파송 여성 선교사 김순호 • 195
    3) 김순호와 산둥선교회 • 200
    4) 산둥 선교와 도리반 • 204
  2. 안식년과 선교 보고 • 209
    1) 총회 선교 보고와 '여전도회주일' 제정 • 209
    2) 산둥 선교 보고 활동 • 213

II. 중국 선교의 여정 – 칭다오에서 만저우까지 • 219
  1. 중국 무단장교회 선교와 일본 요코하마공립여자신학교 연수 • 219
    1) 무단장교회 선교 지원 • 219
    2) 요코하마 공립여자신학교 연수와 순교 여교역자 기념사업 • 221
  2. 중국 칭다오 선교 • 226
    1) 개척 선교지 칭다오 • 226
    2) 시국 문제 발생과 본국 소환 • 229
  3. 중국 만저우 선교 • 231
    1) 공식적 선교 활동 • 231
    2) 개인적 선교 활동 • 241

Ⅲ. 조국에서의 헌신 – 교육과 사역 · 250

  1. 평양신학교 – 영원한 스승 김순호 · 250
    1) 평양신학교의 변천 · 250
    2) 제자들이 기억하는 스승 김순호 · 254
    3) 김순호의 뜻을 이은 여성지도자들 · 259

  2. 마지막 사역, 신의주 · 262
    1) 왜 신의주인가? · 262
    2) 마지막 희생 · 268

부 록

1919년 훈정동 종묘 만세시위 판결문 · 275
최봉춘의 김순호 전도사 회고시 · 278
김순호가 박용길에게 보낸 서신들 · 287

김순호 연보 · 294
사진 출처 · 298
참고문헌 · 301

필자 후기 · 306

일러두기

1. 국립국어연구원 외래어표기법에 따라 1911년 이후의 중국 지명은 중국어 발음으로 표기하는 것을 원칙으로 한다. 다만 인용문의 경우에는 필자가 사용한 표기를 그대로 사용하였고, 고유 기관 및 단체 등 고유명사일 경우에도 관행상 익숙한 한국 한자음을 표기하였다. 예를 들어 만주의 경우 만저우인, 만저우 선교사로 표기하는 한편 만주국, 만주기독교연합회로도 표기하였다.

   본문에서 사용한 중국 지명의 중국어 발음, 한국 한자음, 한자 표기는 다음과 같다.

둔화(돈화, 敦化)	스수이터우(석수두, 石水頭)
라이양(내양, 萊陽)	신징(신경, 新京)
룽징(용정, 龍井)	자무쓰(가목사, 佳木斯)
만저우(만주, 滿洲)	자오둥(교동, 膠東)
무단장(목단강, 牧丹江)	젠다오(간도, 間島)
베이징(북경, 北京)	중지아와(중가와, 仲家窪)
사오구오지에(소과가, 燒鍋街)	지린(길림, 吉林)
산둥(산동, 山東)	지모(즉묵, 卽墨)
산장(삼강, 三江)	칭다오(청도, 青島)
상하이(상해, 上海)	타이핑춘(태평촌, 太平村)
솽양(쌍양, 雙陽)	헤이룽장(흑룡강, 黑龍江)
솽허전(쌍하진, 雙河鎭)	취푸(곡부, 曲阜)

2. 한국 교회나 한국 예수교장로회를 지칭하는 용어로 '조선 교회' 또는 '한국 교회'를 병용하였는데, 시기적으로 당시 교회에 해당하는 경우 '조선 교회'로, 한국 교회사 전반에 해당하는 경우 '한국 교회'로 구분하였다.

3. 교명 변경 연도를 기준으로, 정신여학교는 정동여학교, 연동여학교로, 세브란스병원간호부양성소는 세브란스병원간호원양성소로 구별하여 표기하였다.

4. 기고문의 경우 각기 다른 정보에 근거하여 이 책의 내용과 일치하지 않는 내용도 포함되어 있음을 밝혀 둔다.

김순호를
기억하다

 김순호를 기억하다

김순호 선교사의 발자취를 따라가며*

정안덕**

1990년 가을 어느 주일, 나와 아내는 중국 대련이란 곳의 한 작은 조선족 교회에서 주일을 지킬 수 있었다. 예배 후, 키가 작고 인자한 모습의 할머니 한 분이 다가와 친절히 말을 건네신다.

"자, 오늘은 우리 집에 가서 '생활개선'이나 하자요."

처음에는 의아했지만 이내 알아차리고는 감사히 점심 초대에 응하게 되었다. 문화혁명의 그 어렵던 시간, 성경을 싸서 화분 속에 감추어 놓고 읽으며 홀로 믿음을 지켜 온 인옥이 할머니…. 할머니의 새 각시 적 기억을 이렇게 나눠 주시는 것이었다.

'아가, 오늘은 건너 마을 사경회가 있다는데 한번 가보자꾸나.'

"그땐 내가 믿지도 않았지. 그런데 교회 장로였던 시아바이가 권해서 거길 갔다가 그만…, 내 그날 밤 예수님을 받아들였어. 그때 강대상에 선 이가 한 여성 전도자였는데, 야~ 어찌나 힘있게 회개를 외쳐 대는지, 예수를 안 믿고는 못 배겼지…."

---

* 이 글은 정안덕 박사의 저서 『중국 산동의 "진꾸냥"』(2022)의 '들어가는 말'에서 김순호 선교사와 관련된 개인적 경험에 관한 내용을 모아 다시 정리한 것이다.
** 계림애심문화교류유한회사 대표, 양삭애심원 가장, 전 북경대학교 철학부 객좌교수.

벌써 수십 년 전 아득한 일이었겠지만 혹시나 해서 그 여성 전도자의 성함을 아직 기억하시는가 했더니, "아, 그럼 알다말다…." 그는 놀랍게도 '김순호'였다! 그렇게 되어 그 '미지의 땅'에 첫발을 디딘 지 몇 달 되지도 않아 들을 수 있었던 선교사님의 이름! 세상에 그런 기적도 있을까?

그리스도의 진실하신 종, 김순호 선교사님은 내 어머니의 작은이모님이시다. 그럼 내겐 '이모할머니'가 되실까? 자연히 어릴 적부터 어머니에게서 수도 없이 들어 본 친숙한 이름…, 그래서 우리 부부의 발걸음도 이 중국 땅으로 향하게 하셨나 보다. 이곳의 30여 년 타향살이, 오늘 돌이켜보니 참으로 분에 넘치는 큰 은혜였으나, 삶은 실제로 심히 박약했다. 그럼에도 불구하고 부족한 여정 내내 무언의 격려와 채찍으로, 그리고 한결같은 미소로 함께해 주신 선교사님.

알고 보니, 인옥이 할머니만이 아니었다! 1939년경이었겠다. 김순호 선교사님이 일본 요코하마공립여자신학교에서 수학하실 때, 하루는 전도 집회를 인도하게 되었는데, 그 자리에서 그곳에 거주하던 한 젊은 조선인 부인이 주님을 영접하였다고 한다. 자기가 나중에 혹 딸을 낳으면 꼭 김순호와 같은 "선교사로 바치겠다"는 서원誓願의 기도를 올렸다. 그리고 수십 년의 세월이 흘렀다. 그런데 그 바람이 정말 그대로 이루어졌으니, 그분의 따님 박광자 박사님은 브라질 아마존과 미주美洲를 비롯하여 세계 곳곳을 다니며 선교와 전도, 그리고 신앙 교육에 투신하였고, 말년에는 자신과 어머니의 고향 땅과도 같은 일본으로 건너가 일본인 구령 사업에 남은 힘을 기울였다. 정말 김순호 선교사님의 발자취를 따라 사신 것이다! 그것도 일생 가정을 가질 '권權'을 쓰지 않고 독신으로 지내시며….

또 박 선교사님과는 믿음의 절친이자 동역자이신 이광순 교수님, 지난 수십 년의 시간 '일신봉헌-身奉獻, 천인득구千人得救' — 이 한 몸 바쳐 많은 이를 구하자는 일념-念을 가지고, 이 대륙에 어떻게 해서든 선교의 불을 지피자고, 수많은 훌륭한 '선생님'들을 배양하고 세워 보내는 일에 온힘을 다하셨다. 그리고 일생을 독신으로 주님께 드리셨다.

일찍이 김순호 선교사님을 통해 그리스도의 향내를 맡고, 그 '발자취'를 따라 사신 믿음의 동지들이시다.

내가 겪은 체험은 이 정도에 불과하다. 그러나 김순호 선교사님을 통해 뿌려진 그 알곡들이 힘찬 생명력을 갖고 끊임없이 자라, 온갖 열매를 맺고 있었구나 하는 느낌을 시종 지울 수 없었다. 그 옛날, 한 조선인 여성을 통해 복음의 향기가 오늘날에 이르기까지 우리나라뿐 아니라, 중국으로 해서 일본과 큰 바다 건너 미주 지역에까지 멀리멀리 풍겨 나가고 있었다. 시공時空을 초월하여….

벌써 10년 전이 된 2012년, 그 광나루 언덕에서 개최된 '산동선교 100주년 기념 선교학술대회'의 개막을 기다리는 그 짧은 순간, 곁에 앉으신 방지일 선교사님께 한말씀 여쭤 볼 기회가 있었다.

"지척에서 보신 김순호 선교사님은 어떤 분이셨습니까?"

그 대답이 의외였다.

"우리 중에서 중국어에 제일 능통하셨지."

"아이고, 그 옛날 어찌 그리도 잘 배우셨을까요?"

다시 여쭈었더니,

"나중엔 북경까지 올라가 따로 공부하셨어. 그래서 일한 지 얼마 되지도 않았는데, 산동의 부녀자들에게 중국말 설교를 썩 잘하셨지."
라고 말씀하신다.

101세 초고령 강사님, 방지일 목사님의 오랜 '기억의 궁전'에는 젊은 시절 산동에서 함께 섬겼던 김순호 동사同事에 대한 진귀한 이야기가 얼마나 많이도 소장되어 있을까? 그러나 그 자리에서 유독 그것 한 가지를 불쑥 꺼내신 것은, 선교 사역 초기 아무리 마음이 바빠도 무엇보다 우선적으로 현지어를 습득함으로써, 직접 구령 사업에 신속히 뛰어들었던 김순호 선교사님의 용기와 지혜에 대한 인상이 특별히 강렬했기 때문이 아니었을까?

『중국 산동의 "진꾸냥"』 표지에 등재된 초상 소묘는, 지니고 있던 다 구겨지고 바랜 단체사진 한 장에 있던 아주 작고도 희미한 김순호 선교사님을, 벌써 오래전인 1995년, 본인의 요청으로 북경 소재 중국과학원 안영희 연구원이 이렇게 훌륭히 재생해 내어 그려 주신 것이다. 해방 전 만주 용정에서 이모님을 모시고 수년간 함께 생활하신 적 있는, 연로하신 어머니께 그것을 보여 드렸다. 그랬더니 "실물보다 좀 뚱뚱하지만 잘 그렸다"고 하신다. 만주 땅에서 고생하신 이모님의 실제 모습에 비해 너무 곱게 그려 냈다는 말씀이셨을까?

선교사님의 믿음의 이야기들을 내 어릴 적부터 수없이 들려주신 김병숙 어머님과 김병희 이모님, 그리고 외삼촌 현진섭 목사님께 삼가 이 글모음을 바친다. 황해도 재령 동부교회 출신의 이분들은 함께 월남하여, 한 분은 전라도 땅끝마을 해남 고당리를 찾아가 전도부인으로 섬기셨고, 또 한 분은 춘천에서 권사님으로, 그리고 완도의 작은 섬 고금도에 정착하여 일생을 목양하셨다.

김순호를 기억하다

또 하나의 큰 바위 얼굴 '김순호 선교사'

강무순[*]

　김순호라는 이름을 알게 된 것은 모교인 장로회신학대학교를 방문했을 때이다. 2018년 낙후된 여학생관의 리모델링 건축 공사를 마치면서 건물의 이름을 김순호 선교사님의 삶을 계승하고자 '김순호 기념 여학생관'으로 명명했다고 듣게 되었다.
　그 후 어느 날 대학 시절부터 형제처럼 지내 온 정안덕 박사님이 모교에 세미나 강사로 온다는 이야기를 듣고 만나러 갔다가 김순호 선교사님이 그분의 이모할머니인 것을 알게 되었다. 장로회신학대학교 박보경 교수님의 안내로 김순호 기념 여학생관 기도실을 둘러보면서 기도실에 선교사님의 안내 책자라도 있으면 좋겠다는 제안을 하게 되었다. 정 박사님이 중국에 계시다 보니 자료를 구하는 데 한계가 있어, 그 일을 협력하고 글을 편집하는 과정을 통해서 김순호 선교사님을 깊이 알게 되었다. 선교사님에 대한 이야기를 읽으면서 선교사님의 삶에 매료되었고, 내 안에 늘 큰 바위 얼굴과도 같은 정안덕 박사님의 삶과 선교사님의 삶이 많이 닮아 있음을 보며 놀라지 않을 수 없었다.

---

[*] 군산 성원교회 위임목사, 전 한일장신대학교 교수·겸임교수.

선교사로서 중국을 향한 사랑과 열정, 헌신뿐 아니라 교육자로서 제자도를 몸소 보여주시며 제자들을 양육하신 모습과 참목자로 목숨을 바쳐 교회와 성도를 사랑한 순교자, 나라를 사랑한 애국 기독인으로서 그녀의 모습은 이 땅의 모든 목회자와 그리스도인에게 큰 도전을 주리라 확신하며, 선교사님의 이야기를 담은 책(『중국 산동의 "진꾸냥"』) 출판을 함께 할 수 있어서 너무 행복했고 감사했다. 또한 초기 한국 교회가 빈약한 여건 속에서도 더 선교적 교회였다는 사실이 얼마나 자랑스럽고, 한편으로는 큰 도전이 되었는지 모른다.

이번에 정신학교 동문들이 그 고귀한 정신을 계승하며 선배들을 본받아 살고자 김순호 선교사님 이야기를 더 연구하여 출판하게 되었다니 무한 기쁘게 생각하며 동문들에게 아낌없는 박수를 보낸다. 이것이 어찌 정신학교 동문들만이 이어갈 정신인가? 이 책의 출판으로 다시 한 번 이 땅의 목회자와 그리스도인들 안에 식어져 가는 선교의 열정이 되살아나고, 나라와 교회 사랑하는 마음이 불 일 듯 일어나길 소망한다.

김순호를 기억하다

내가 들은 김순호 선교사 이야기

임희국[*]

　김순호 선교사 이야기는 고인故人이 되신 이연옥 장로교(예장통합) 여전도회전국연합회 명예회장에게 처음으로 들었습니다. 김순호는 이연옥 자신의 인생에 큰 스승이라고 소개했습니다. 당시 이연옥의 연세가 80대 후반이었고, 정신여중·고 교장을 역임했으며, 여전도회전국연합회에서 수십 년 헌신하는 가운데 교계에서 영향력이 아주 큰 교회 여성 지도자였고, 전국 여전도회원 130만 명을 기독 교육으로 양육하는 선생이었습니다. 이러한 이연옥이 자신의 큰 스승 김순호를 소개한 점은 다소 놀랍기도 했고, 김순호가 도대체 어떤 인물인지 궁금증을 갖게 했습니다.

　80대 노년에 이른 이연옥의 기억에 생생히 남아 있는 김순호 이야기를 들은 내용은 이렇습니다. 20대 젊은 시절의 이연옥은 어느 날 평양 장대현교회에서 강의한 김순호의 성경 풀이에 가슴이 벅찼고, 또 그 감동이 너무나 강력한 나머지 계속 그의 가르침을 받고 싶었습니다. 이 강사가 평양 장로회신학교 여자신학부의 교수라는 사실을 듣고는, 그분에게 배우고 싶은 간절한 열망으로 이 신학교에 입학하게 되었습니다. 이로써

---

[*] 장로회신학대학교 명예교수(교회사), 한국기독교역사박물관 이사.

이연옥의 인생 계획이 바뀌었는데, 본래 평양교육전문대학에 진학하려 했으나 진로를 바꾸어서 신학교에 입학한 것입니다.

교수 김순호는 기숙사 사감을 겸직했다고 합니다. 그가 북간도 시절부터 돌보던 제자 조순덕은 병약한 몸이었는데 기숙사 음식으로는 부족한 영양분을 채울 수가 없어서 날로 쇠약해졌습니다. 이에 김순호는 학생 이연옥을 따로 불러서 조순덕과 함께 지내며 돌보도록 권했습니다. 이를 계기로 이연옥과 조순덕은 김순호 슬하의 자매처럼 지냈습니다. 세 모녀처럼 되었습니다. 이연옥이 어머니처럼 날마다 가까이서 경험하는 김순호 교수는 학생들과 크고 작은 일상을 함께 나누었습니다. 예를 들어 맛있는 음식이 어디에서 들어오면 기숙사 학생들과 먹거리 잔치를 벌였고, 입는 옷이 두 벌이면 그중의 하나는 학생에게 주었고, 심지어는 자신의 월급 대부분을 학생들의 필요에 따라 나누어 주었습니다. 이리해서 김순호의 가르침은 강의실에 머물지 않았고 학생들 일상의 삶 속으로 흘러 내려갔습니다. 딱딱하고 차가운 지식 전달이 아니라 따뜻한 감동 속에서 자발적인 결단을 일으키는 가르침이었습니다. 김순호의 가르침은 예수 부활의 확신 속에서 그가 지신 십자가의 길을 따르게 했습니다.

1947년 이래로 북한에서는 공산당 정권이 본격적으로 교회를 탄압하기 시작했습니다. 1948년 3월 전후로 정권은 교회를 반체제 세력으로 규정했고, 또 교회 지도자(목사, 장로)들에 대한 공격 강도를 높였습니다. 평양의 신학교도 이 상황에서 여러모로 나날이 어려워졌습니다. 이러한 정황에서 이연옥, 조순덕, 김병숙이 함께 모여서 논의한 뒤 38선을 넘어 남쪽으로 탈출하기로 했습니다. 이들은 스승 김순호를 찾아가서 함께 내려가자고 요청했습니다. 이들의 요청을 김순호가 짧은 말로 거절했고, 그러면서 이곳에 남아서 북녘의 "남은 양 떼를" 돌보겠노라 했습니다. 그들은 그렇게 헤어졌습니다.

남한으로 넘어온 김순호의 제자들은 스승의 가르침대로 생애 발자취를 걸어갔습니다. 제자들은 20세기 후반 대한민국에서 교회 교역자로서, 학교 선생으로서, 교회와 사회의 여성 지도자로서 소명召命에 헌신했습니다. 제자들의 생애 발자취에 김순호가 ─ 마치 어머니처럼 ─ 항상 동행했다고 봅니다. 그가 제자들의 가슴속에 심은 복음의 씨앗이 그들의 언행에서 싹텄고, 이를 통해 꽃피고 열매 맺었습니다.

그다음, 김순호 선교사 이야기는 현재 중국 계림 양삭에 살고 있는 정안덕 박사를 통해 대충 어림짐작으로 알게 되었습니다. 중국이 세계를 향해 문을 열었던 1980년대 말, 이 나라의 북경대학교로 유학을 간 정안덕은 종교학에서 명성 높은 교수 로위리에의 문하생이 되었고, 밤낮으로 열심히 학문에 정진하여 박사학위를 받았습니다. 그의 학위 논문은 명나라 말기와 청나라 초창기 불교와 기독교의 대화를 연구한 것인데, 이 논문이 북경대학교에서 크게 인정받아 정 박사는 이 대학의 교수로 임명되어 후학을 가르쳤습니다. 한국인 학자가 일궈 낸 대단한 쾌거였습니다.

정 박사는 본래 신학도였습니다. 장로회신학대학교(서울)를 졸업하고 미국으로 유학하여 계속 공부한 신학자였습니다. 그러한 그가 중국으로 가서 엄청난 고전 한문을 읽어 내고 탁월한 학문 성과를 이루었습니다.

그리고 북경대학교의 교수가 되었습니다.

   그런데 정 박사의 그다음 행보가 북경대학교의 동료 교수들과 한국의 지인들에게 주목받기 시작했습니다. 그와 그의 아내가 중국 아이를 하나씩 둘씩 입양하기 시작했습니다. 아이들 모두 부모 없는 고아였고, 또 태어나면서부터 신체 장애인이었습니다. 정 박사 부부는 교수 사택에서 이 장애 아동들을 기르는 부모가 되었습니다. 5명을 양육했습니다. 하루 24시간 내내 먹이고 입히고 씻기고 몸을 보살피며 치료해야 하는 아이들이었습니다. 친부모처럼 지극한 사랑으로 아이들을 돌보는 부부에게 꿈과 소망이 생겼습니다. 장애인을 가르치고 장애인이 다니는 대학을 설립하는 꿈이었습니다. 대학의 이름校名을 '애심대학愛心大學'으로 정했습니다. 그 꿈은 하나님이 주신 비전이었다고 봅니다.

   정안덕 박사 부부는 그 꿈과 비전을 이루고자 대학 교수 직을 털고 일어났습니다. 자식으로 입양한 장애 아동들을 데리고 훌쩍 남쪽으로 떠났습니다. 그리고 계림 근처 양삭에 터를 잡고 집을 지어 아이들과 함께 살기 시작했습니다.

   이러한 정안덕 박사의 행적이 처음에는 어리둥절하게 만들었고, 그다음엔 기이한 신비로 다가왔고, 또 그다음엔 무수한 질문을 자아내게 했습니다. 저분의 저러한 삶이 도대체 어디에서 비롯되었는가? 세월이 얼마간 지난 후부터 조금씩 알게 되었습니다. 정안덕 박사의 어머니가 김순호 선교사의 조카 김병숙 여사라는 것을 알았습니다. 정 박사는 어머니로부터 김순호 선교사의 이야기를 수없이 들으면서 자랐고, 어머니의 이야기가 정 박사의 의식과 삶에 내재해 있다고 짐작하게 되었습니다. 애초부터 정안덕 박사가 중국 유학을 선택한 까닭은 김순호의 뒤를 따라 이 나라에서 삶으로 복음을 전하는 것이라는 점을 파악했습니다.

정안덕 부부의 양삭 생활에 세월이 쌓이면서 아이들이 자라서 더러는 성인이 되기도 했습니다. "선천적으로 몸을 가누지 못하는 바람에 태어나면서부터 '홀로인생' 신세가 되어 버린 장애 아동들, 이 아이들이 초등학교에 입학하는 것만도 기적 중의 기적이라는데, 정규 대학에서 학위 받는 기적이 연이어 일어나고 있습니다"(정안덕 간증).

정신여학교 졸업생 김순호의 일생에 대한 후대後代의 기억은 "한국(조선) 장로교의 첫 여성 중국 선교사", "대한예수교장로회 여전도회주일의 효시". "만주 광야의 여성 전도자", "평양 장로회신학교 여자신학부의 큰 스승"으로 남아 있습니다.

김순호는 정신여학교 재학생 시절인 1919년 3·1운동(독립만세 시위)에 가담했습니다. 그는 그해 12월 19일 체포 투옥되어 이듬해 4월 18일까지 약 6개월간 복역했습니다. 김순호는 독립운동가 김마리아와 사제지간 師弟之間이라고 하는데, 두 인물의 관계가 역사적으로 선명하게 밝혀지기를 바랍니다.

"그는 죽었으나 그 믿음으로써 지금도 말하느니라"(히 11:4).

김순호를 기억하다

평생 닮고 싶은 롤모델

박보경*

　이 글은 김순호 선교사의 삶을 조명하기보다는 내가 어떻게 김순호 선교사에 대하여 관심을 가지게 되었는지, 그리고 신학교 교수로서 나에게는 그녀가 어떤 의미로 다가오는지를 나누고자 한다.

　내가 김순호 선교사에게 관심을 가지게 된 것은 나의 박사학위가 한국 교회의 여성들이 한국 교회의 성장과 발전에 어떻게 기여하였는지를 선교학적으로 조명하는 연구를 하였기 때문이다. 먼저 역사적으로 한국 개신교의 탄생과 역사적 발전, 그리고 그 이야기 속에 숨겨져 있는 여성들의 이야기를 찾아 나서는 여정을 시작하였다. 나는 한국 교회의 성장에는 숨겨진 주인공이 따로 있다고 생각하였다. 물론 모든 일은 하나님의 선교로 이루어진 것이지만, 정작 그 현장에서 자신의 생애를 바쳐 헌신한 숨은 일꾼들의 이야기 중 역사적 관점에서 충분히 주목받지 못하고 있는 여성들의 이야기를 조명하는 것이 나의 관심이었다.

　그러던 중, 초기 한국 장로교회의 공식적인 해외 파송 선교사였던 김순호 선교사에 대한 이야기를 접하게 되었다. 물론 1908년에 제주도로

---

* 장로회신학대학교 선교학과 교수, 세계선교학회 회장.

파송한 경우가 있었지만, 당시 공식 기록으로는 김순호 선교사의 중국 파송이 첫 기록이었다. 나는 총회 회의록과, 당시의 신문들과 다양한 자료들을 들춰 그 흔적을 찾아서, 역사 속에 사라진 인물을 새롭게 구성하는 여정을 시작하였다. 이후 나는 초기 한국 교회 여성들의 타 문화권 선교의 발자취를 정리한 소논문을 완성하였고, 그것을 장로회신학대학교 세계선교연구원에서 출간하는 『선교와 신학』에 기고하였다. 「한국 장로교회 초기 여성 선교사의 사역과 선교학적 의의」라는 글에서 나는 김순호 선교사의 이야기를 불과 3~4쪽 정도만 다루었는데, 그녀에 대한 이야기를 더 많이 찾지 못한 연유도 있었다. 그러나 너무나도 뜨겁게 열정적으로 살았던 김순호 선교사의 이야기를 담기에는 턱없이 부족한 내용이었다.

그런데 이 글은 전혀 뜻밖의 만남으로 이어졌다. 김순호 선교사의 조카 손자가 되는 정안덕 박사가 우연히 이 글을 읽게 되었고, 몇 년 후 정안덕 박사와 직접 대면할 기회가 주어졌다. 나로서는 매우 감격스러운 순간이었다. 정안덕 박사는 현재 중국에서 살고 있다. 그는 우연히 중국에서 이모할머니였던 진꾸냥(김순호 선교사를 중국인이 부를 때 이렇게 불렀다고 한다. 꾸냥은 '처녀'라는 뜻이란다) 전도사의 설교를 듣고 회심을 경험한 중국인 할머니의 이야기를 듣게 되었고, 이모할머니의 놀라운 사역으로 인해 감동하고 있던 상황이었다. 이 이야기가 이때 정안덕 박사의 증언으로 나의 귀에까지 들어온 것이다. 20세기 초, 이름없는 어떤 작은 한국인 여성의 선교적 헌신을 통해 하나님은 한 영혼을 구원하고, 그 영혼이 문화혁명의 수많은 박해와 고통 속에서도 믿음을 지키며 살아온 이야기를 여기 그 작은 전도자의 후손에게 다시 듣게 된 것이다. 나는 이 이야기를 통해서 하나님의 선교는 참으로 신비롭고 경이롭다고 느꼈다. 하나님의 선교는 전혀 예상치 못한 곳에서, 전혀 예상치 못한 방법과 만남으로 계속되고 있다는 사실을 다시 깨닫게 되었다.

정안덕 박사와의 만남은 2018년 3월에 다시 이루어졌다. 당시 나는 장신대의 여학생관장 보직을 맡아 섬기고 있었다. 장신대의 여학생관이 너무 열악한 상황이라 리모델링이 이루어지고 있었다. 리모델링이 끝나면 이곳을 '김순호 기념 여학생관'으로 명명하려고 한 학교의 계획에 따라, 오랜만에 한국을 방문한 정안덕 박사와 그의 선배 목사가 장신대를 방문하게 되었다.

김순호 선교사와 장로회신학대학교와의 관계를 생각해 보자. 김순호 선교사는 중국 선교를 무사히 마치고 한국으로 돌아와서 평양여자신학교의 교수가 되었다. 나는 평양여자신학교를 여성 교역자 양성 기관의 관점에서 보면 장로회신학대학교의 전신으로 생각하는데, 왜냐하면 당시에는 여성과 남성이 함께 신학교를 다닐 수 없었기 때문이다. 당시 평양여자신학교는 남성 교역자를 양성하는 평양신학교와 나란히 자리잡고, 여성 교역자들을 양성하고 있었다. 김순호 선교사는 여성 교역자를 양성하는 신학 교육자로서, 장로회신학대학교의 여성 교수로 사역하는 나의 삶의 자리로 본다면, 나의 교수 선배가 되는 셈이다.

이후 중국으로 돌아간 정안덕 박사는 이모할머니의 이야기를 좀 더 자세히 다루는 연구를 진행하였고, 2022년 마침내 『중국 산동의 "진꾸냥"』을 발간하였다. 이 책은 비매품으로 발간되었으며, 후배 여교역자들을 위해 장신대 여학생관에 비치하였다. 김순호 선교사의 젊은 시절

얼굴을 그린 그림은 여학생관에 비치되어 후배들에게 깊은 영감을 주고 있다. 여기 장신대 교정에 자리잡은 여학생관에서는 김순호 선배의 뒤를 이어 한국 교회를 섬기는 여교역자들이 새로운 시대의 여성 교역자로 준비되어 가고 있다.

김순호 선교사는 전도사의 몸으로, 또한 신학교의 사감 겸 교수로 한국 기독여성의 모델이 되고 있다. 김순호 선교사는 처녀의 몸으로 선교사로 헌신하며 열정적으로 복음을 전했는데, 그녀는 특히 중국어 실력이 탁월했다고 한다. 그녀는 중국에서의 사역이 막히자, 다시 만주로 가서 복음을 전하기도 했다. 그녀는 복음 전도의 열정으로 가득 차 있었다. 이후 한국으로 귀국한 후, 이번에는 신학 교육 현장에서 여성 교역자들을 길러내는 일에 헌신하였고, 마침내 한국전쟁 중에 순교하였다.

그녀의 삶을 정리한 책 『중국 산동의 "진꾸냥"』에는 그녀의 삶을 이렇게 정리하고 있다. "첫 여성 중국 선교사, 만주 광양의 여성 전도자, 평양신학교 여성부의 큰 스승, 선한 목자, 순교의 밀알"…. 나에게 있어 김순호 선교사는 여성 교역자로서, 선교에 헌신한 여성으로서, 신학 교육 현장의 여성 선배로서 남다른 의미를 지닌다. 김순호 선교사는 "통전적 양육으로서의 신학 교육Theological Education as Holistic Incubation"을 실천하는 수도원적 교육 공간의 주모Abbess가 되길 소망하는 나로서는 평생 닮고 싶은 롤모델이다. 바라기는 오늘날 한국 기독여성들의 롤모델인 김순호 선교사의 이야기가 지속적으로 회자될 뿐 아니라, 그녀의 삶의 이야기를 통해 감동받은 또 다른 김순호들이 또 다른 시간과 공간에서 하나님의 선교를 이어 나가길 기도드린다.

김순호를 기억하다

선교의 불꽃으로 타오르다

윤효심*

해마다 1월 셋째 주일, 여전도회주일이 되면 여전도회원들의 마음속에 선명히 떠오르는 한 여성이 있다. 바로 김순호 선교사이다. 그녀의 삶은 여전도회의 사역과 깊은 관련을 맺고 있으며, 오늘날까지도 교회 여성들에게 특별한 의미를 지니고 있다.

1931년 9월 11일, 금강산 기독교수양관에서 개최된 제4회 총회에서 여전도회는 역사적인 결정을 내렸다. 김순호 선교사를 중국 선교사로 파송하는 것이었다. 그녀는 여전도회가 단독 지원하여 파송한 장로교의 '첫 여성 선교사'였다. 당시 신新학문을 접한 엘리트 여성이 독신의 삶을 선택하여 외지 선교사의 길로 나선다는 것은 결코 쉬운 결정이 아니었다. 산동 지역은 공자와 맹자의 출신지로서 유교 전통이 그 어느 곳보다 강한 곳이었다. 미국의 북장로교가 1860년대 초반부터 선교에 착수하였으나 별다른 성과를 거두지 못할 정도로 척박한 땅이었다. 그러나 김순호 선교사는 언어적·문화적 장벽을 뛰어넘어 산동 지역에 적응해 가며 헌신적으로 사역하였다.

---

* 대한예수교장로회 여전도회전국연합회 총무, 장로회신학대학교 신약성서학 박사.

1936년, 안식년으로 귀국한 김순호 선교사는 광주 양림교회에서 개최된 조선예수교장로회총회 제25회 총회에 참석하여 감동적인 선교 보고를 하였다. 이에 교단 총대 전원이 큰 박수로 그 노고를 치하했다. 이 순간은 여전도회가 전국적으로 연합한 지 불과 3년 만에 타 문화권에 여성 선교사를 파송하고 5년간 지원하여 거둔 첫 열매였기에 참으로 감격스러운 시간이었다. 이를 계기로 교단 총회는 매년 1월 셋째 주일을 '여전도회주일'로 제정하여 전국의 교회가 여전도회 선교 사업을 기도와 헌금으로 격려하도록 했다. 김순호 선교사는 여성도 해외 선교 사역에 참여할 수 있다는 긍정적인 선례를 보여주었고, 여성들의 선교 참여를 독려하는 계기를 만들어 주었다. 이러한 역사적 배경 아래 여전도회원들은 해마다 1월이 되면 척박한 절망의 시대에 선교의 불꽃으로 타오른 김순호 선교사의 삶을 기억하며 복음 전도자로서의 사명을 일깨우곤 한다.

   김순호 선교사는 중국 산동과 만주 지역에서 특히 여성들을 위한 교육에 심혈을 기울였다. 단기 성경학교를 설립하고, 글을 모르는 여성들이 스스로 성경을 읽을 수 있도록 중국어를 가르치기도 했다. 만주에서는 부녀자들을 대상으로 한 달 과정의 '부녀도리반'을 설립해서 성경을 가르쳤다. 김순호 선교사는 당시 교육 기회가 제한적이었던 여성들에게 다가가 복음을 전하고, 그들의 삶의 질을 향상시키는 데 주력하였다. 가정을 방문하고 상담하는 등 주로 여성 중심의 사역을 펼쳐 나갔다. 동시에 그녀 자신도 성장을 위한 배움의 길을 계속해서 걸어나갔다. 중국 산동 선교를 마치게 되었을 때는 일본의 요코하마공립여자신학교에 편입해서 신학을 더 공부하였다. 교육과 훈련의 중요성을 알기에 자신도

끊임없이 배우는 일에 열심이었다.

　김순호 선교사의 삶은 매일 기도로 시작해서 기도로 마무리되었다. 새벽 3시부터 세 시간 이상을 기도하는 그녀의 열정은 복숭아뼈에 낙타 혹처럼 굳은살이 박일 정도였다. 기도의 핵심은 '참회'였고, 이는 그녀의 선교 사역을 지탱하는 원동력이 되었다. 거대한 중국 대륙을 향한 김순호 선교사의 호연지기浩然之氣는 하루아침에 이루어진 것이 아니고, 매일의 기도 생활에서 다져진 거룩한 기상이었다.

　또한 김순호 선교사는 기도에만 머무르지 않고, 하나님의 말씀을 삶으로 살아내는 모범을 보였다. 평양신학교 교수 시절, 그녀는 학생들을 위해 자신의 월급을 나누고, 병든 학생들의 치료비를 대주는 등 섬김의 본을 보여주었다. 여자 기숙사 사감을 겸하고 있을 때 혹시라도 교회에서 귀한 음식을 가져다주면 학생들을 일일이 불러서 음식을 나누었다. 어쩌다 옷 한 벌이라도 생기면 필요한 이에게 거저 주기도 했다. 남을 위해서는 모든 것을 내어주었고, 자신을 위해서는 아무것도 소유하지 않으려고 했다. 결국 그녀는 신의주 제2교회에서 새벽 강단을 지키다가 1951년경 공산당에 체포되어 자신의 목숨까지 내어주며 순교의 제물이 되었다.

　김순호 선교사의 이러한 영적 유산은 오늘날 여전도회 정신과 활동에 깊이 스며들어 있다. 여전도회는 그녀의 기도 중심의 영성, 실천하는 믿음, 그리고 교육에 대한 열정을 이어받아 여성 리더십을 양성하고 있다. 김순호 선교사의 삶과 사역은 단순히 과거의 이야기가 아니다. 그녀의 정신과 헌신적인 삶은 시대를 뛰어넘어 오늘날 여전도회원들의 가슴속에서 숨쉬고 있으며, 앞으로 나아가야 할 방향을 제시하는 길잡이 등대와 같은 역할을 하고 있다. 여전도회는 김순호라는 여성이 있다는 것만으로도 강한 자부심에 가슴이 벅차 오른다.

1부

기독교 터전에서 성장하다

한국 최초의 해외 파송 여성 선교사 김순호에 대한 기록은 파편적으로 흩어져 있으며, 그나마도 김순호 선교사에 대한 서술 중 정확하지 않은 부분이 상당하다. 김순호의 이름도 시기에 따라 다르게 불려, 특정 사건의 경우 김순호 동일인의 행적임에도 불구하고 서로 다른 사람의 행적으로 알려져 있기도 하다. 출생일도 일반적으로 알려진 것과 다르게 기록되어 있는 공문서가 발견되었으며, 가족 관계도 너무 소략하여 어린 시절의 가족 내 생활은 거의 알려져 있지 않다.

김순호는 김효순金孝順, 김순효金順孝, 김순호金順好, 金淳好 등의 이름으로 불렸다. 김순호의 모교인 정신여학교의 역사서 『정신 100년사』에는 김효순이라고 기록되어 있으며, 졸업 후 김순효로 개명했다고 서술되어 있다.[1] 서대문 감옥 복역자 신상 자료에는 김효순 이름 외에 김순호 金淳好로도 기재되어 있다. 서대문 감옥 복역자 신상 자료에 부착된 사진 속의 김순호는 한문으로 김순호金淳好라고 쓰인 이름표를 달고 있다. 1943~1944년 문익환 목사의 부인 박용길에게 쓴 친필 편지에 남긴 본인의 서명도 '金淳好'였다.[2] 그리고 '金順好'는 『기독공보』(1957.9.23) '장로회 제22회 여전도대회 성황'에 중국 산동 여선교사로 소개한 한자 이름이며, 조카 김병숙(김순호 언니의 딸)이 알고 있는 한자 이름 역시 그러하다.[3] 이름이 金孝順→金順孝→金淳好→金順好로 바뀐 것인지, 또는

---

1 정신백년사출판위원회, 『정신 100년사』 上, 정신여자중·고등학교, 1989, 462~464쪽.
2 정안덕, 『중국 산동의 "진꾸냥"』, 2022, 109~117쪽.
3 정안덕, 『중국 산동의 "진꾸냥"』, 20쪽.

혼용하여 사용한 것인지 확실하지는 않다. 다만 산둥 선교 이후에는 주로 '金淳好'로 기록되어 있다.[4] 이 책에서는 독자들의 혼돈을 피하기 위해 '김순호'로 통일하여 서술하였다.

또한 생일도 일반적으로 1902년 5월 15일로 알려져 있으나, 서대문 감옥 복역자 신상 자료에는 7월 23일로 기록되어 있다. 두 날짜의 차이가 양력과 음력으로 인한 것인지 살펴보았으나 이는 아니었다. 그렇다면 무엇이 사실이며, 잘못 알려진 이유가 무엇인지 아직은 밝혀져 있지 않다. 이 책에서는 공식 기록인 서대문 감옥 복역자 신상 자료에 근거하여 1902년 7월 23일로 기록하고자 한다. 가족 상황도 아버지 김두한 장로는 황해도 재령의 손꼽히는 재력가라고 하나 교적에는 기록되어 있지 않아 이에 대한 사실 확인과 설명이 필요하다.

김순호의 조카인 김병숙의 아들 정안덕 박사가 저술한 『중국 산둥의 "진꾸냥"』은 김순호를 알아가는 단서를 제공해 주었다. 정안덕 박사는 "김순호 선교사는 내 어머니 김병숙의 작은이모님"이라고 하였고, 어머니(김병숙)는 "만주 용정에서 이모님을 모시고 수년간 함께 생활"하신 적이 있다고 하였으며, 김순호 선교사의 믿음에 관한 이야기를 어머니 김병숙, 이모 김병희, 외삼촌 현진섭 목사 등에게 들었다고 하였다.[5] 정안덕 박사의 글에서 김순호의 가족 관계는 아버지 김두한과 어머니 사이에서 김순호와 적어도 두 명의 여자 형제가 있었으며, 그중 한 여자 형제가 결혼하여 김병숙, 김병희, 현진섭의 자녀를 둔 것을 알 수 있다. 이들은 황해도 재령 동부교회 출신이었으나 월남하여 각각 해남 고당리에서 전도부인을, 또 한 분은 춘천 권사님으로, 조카 현진섭은 완도 고금중앙교회를

---

4 정신백년사출판위원회, 『정신 100년사』 上, 462~464쪽.
5 정안덕, 『중국 산둥의 "진꾸냥"』, 4쪽, 10~11쪽.

개척하여 40년간 목회 활동을 하였고, 현진섭의 자손들이 고금도에서 어촌 개척 목회를 하고 있다.[6]

최초의 여성 선교사 김순호에 대한 기록은 산둥 선교 이후의 활동이 그 이전 시기의 내용보다는 비교적 자세하게 남아 있다. 현재 김순호의 산둥 선교 파송 이전의 삶은 직접적인 기록 몇몇과 함께 김순호가 출생하고 아동기를 보냈던 황해도 재령이라는 공간, 청소년기를 보냈던 정신여학교 및 세브란스병원간호부양성소, 정신여학교 졸업 이후 사회에 나와 교사로 활동하였던 황해도 신천과 함경도 성진, 그리고 김순호가 수학하였던 요코하마공립여자신학교, 전도사 활동을 했던 재령에 대한 자료를 기반으로 간접적으로 유추할 수밖에 없다. 김순호에 대한 사료들이 앞으로 발굴되어 구체적인 활동이 정리될 수 있기를 기대한다.

1장에서는 김순호가 출생한 1902년을 전후한 시기부터 서울 정신여학교로 유학 가는 1916년경에 이르는 동안 재령의 모습, 즉 재령이라는 곳의 자연환경과 위치적 특징, 선교사들이 재령 지역을 중심으로 수행하였던 선교 활동, 그리고 김순호가 실질적으로 교육을 받았던 명신학교에 대해 서술하고자 한다. 이는 어린 김순호가 기독교 터전에서 성장하는 모습과 이후 선교사로 활동하는 신앙적 바탕을 확인할 수 있게 할 것이다.

2장에서는 정신여학교에서의 생활을 살펴보고자 한다. 이 시기에도 김순호 자체에 대한 기록은 거의 확보할 수 없었다. 그러나 1916년부터 1919년 3·1운동으로 휴교를 했던 당시까지 약 3년 동안 정신여학교의 교육 풍토와 교사들의 면모, 함께 교육을 받았던 동기와 선후배의 면면을

---

6   정안덕, 『중국 산둥의 "진꾸냥"』, 11쪽.

살펴보면 청소년기 김순호의 생활을 엿볼 수 있으며, 이후 독립운동과 선교 활동을 하게 된 이유를 유추할 수 있을 것이다.

3장에서는 1919년 정신여학교 휴교 이후 세브란스병원간호부양성소에 입학하고 12월 훈정동 종묘 만세시위 사건에 가담하여 옥고를 치르는 과정, 그리고 다시 정신여학교로 돌아와 졸업하고 기독교 학교에서 교편을 잡았던 약 4~5년간의 시기를 다룬다. 독립운동에 대한 기록은 남아 있으나, 이후 교편을 잡은 시기와 그 활동은 확실하지 않아 당시 해당 지역 기독교 학교의 학생 활동으로 유추할 수밖에 없었다.

4장에서는 김순호가 요코하마공립여자신학교에서 수학한 과정과 이후 재령에서의 전도사 생활을 정리하였다. 이 또한 요코하마공립여자신학교 시절의 직접적인 기록은 남아 있지 않으며, 재령에서의 전도사 생활도 특정인의 회고록에 남아 있는 몇몇 기록이 전부이다. 그러나 요코하마공립여자신학교의 교육과정과 해당 신학교를 운영하였던 선교사의 보고서를 통해 김순호의 유학 시절을 유추할 수 있었으며, 회고록으로 김순호의 활동과 인품을 살펴볼 수 있었다.

다양한 사료를 발굴하여 김순호의 삶을 복원하고자 하였으나 제대로 복원하는 데는 무리가 있었다. 앞으로 새로운 사료의 발굴과 연구를 통해 보완과 수정이 이루어지기를 바란다.

I
김순호가 성장한 기독교 중심지
황해도 재령

　김순호는 1902년 7월 23일 재령에서 출생하였다. 서대문 감옥 복역자 신상 자료에 본적 및 출생지가 황해도 재령군 재령 향교 100으로, 신분은 평민으로 기록되어 있다. 김순호의 부친은 김두한 장로로서, 황해도 재령에서 손꼽히는 갑부였다고 하나[7] 그의 교적은 찾을 수 없었다.

　김순호가 태어난 황해도 재령은 농경지가 많고 평야가 발달한 대표적인 곡창 지대로, 예로부터 평양과 서울의 길목에 자리하고 있었다. 1882년 미국과 수교를 한 후 미국 외교관이 한국에 입국하기 시작하였고, 1885년부터 기독교 선교사들이 들어오기 시작하여 서울을 중심으로 차차 지방으로까지 선교 범위를 확대하고 있었다.

1. 황해도의 지리적·문화적 특성

　황해도의 서쪽은 황해를 접하여 멀리 중국의 산둥성을 마주하고 있고, 남쪽은 예성강을 사이에 두고 경기도와 접해 있으며, 북쪽은 대동강

7　정안덕, 『중국 산동의 "진꾸냥"』, 20쪽, 각주 28).

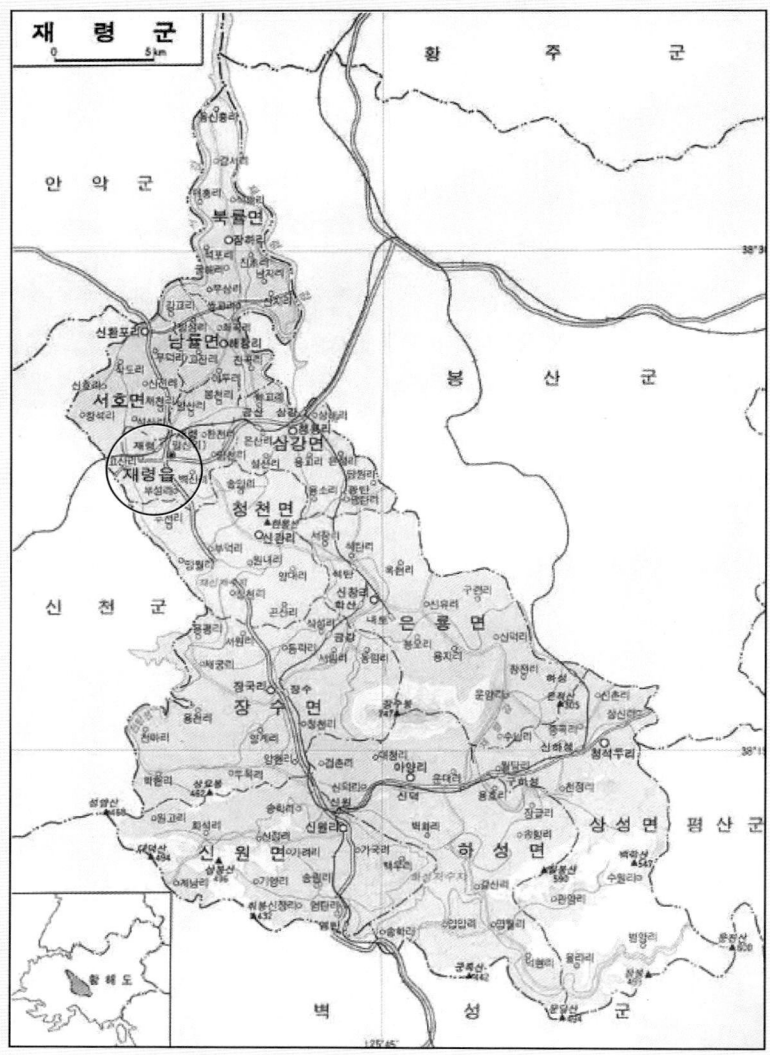

황해도 재령 지도

을 사이에 두고 평안남도와 접해 있고, 동쪽은 함경남도, 강원도와 접해 있다. 황해도는 경기 지방과 관서 지방의 중간 지대에 위치하고 있는 지리적 특성 때문에 일찍부터 남방 세력과 북방 세력이 만나는 곳이 되었다. 황해도의 지세는 남북이 짧고 동서가 긴 형국을 이루고 있고, 멸악산맥과 언진산맥이 황해도의 중앙을 관통하고 있어서 황해도의 북부 지역과 남부 지역 사이의 교통이 쉽지 않았다. 이러한 황해도의 지세는 장로교와 감리교의 선교 구역 분할에도 영향을 미친 것으로 보인다. 황해도 내에는 멸악산맥을 사이에 두고 재령평야, 연백평야를 비롯하여 평지가 발달하여 농업이 주산업을 이루었다. 황해도의 경지율은 약 34%로 전국에서 제일 높았으며, 특히 연백, 신천, 재령, 안악 등의 경지율은 50%에서 60%에 이를 정도로 높았다.[8]

황해도는 서울과 평양의 중간 지점에 위치하였으나 일반적으로 평안도와 함께 서북 지방으로 분류되었고, 황해도의 문화는 서울 문화에 대응하는 서북 지방의 문화에 가까웠다. 서북 사람들의 성향은 진취적이었고, 자립적인 중산층이 주를 이루고 있었다. 서북 지방 사람들이 진취적이었던 것은 서북 지역민이라는 이유로 벼슬길에 오르기 어려웠던 이들이 일종의 독서 계급을 형성하여 새로운 문화와 문물을 받아들이는 데 개방적인 태도를 취했기 때문이다. 이러한 새로운 문화와 문물에 접근하기 위한 통로의 하나가 바로 종교였다. 근대 조선 시기 각종 종교가 선포되어 그 파당과 문호가 많았으나 황해도처럼 종교의 종류가 많은 곳은 없었다.[9]

---

8 한국기독교역사연구소, 『북한교회사』, 한국기독교역사연구소, 2021, 126쪽.
9 한국기독교역사연구소, 『북한교회사』, 127~128쪽.

황해도 지방은 한국 개신교 역사상 중요한 위치를 차지한다. 한국 개신교의 처음 교회는 선교사들이 입국하기 이전 이미 한국인의 힘으로 세워졌다. '한국 개신교의 요람'이란 칭호를 받는 소래교회가 한국 개신교 역사상 처음으로 황해도 장연의 소래에 설립되었다. 1892년 이후 서간도, 평안도, 황해도 지방을 중심으로 성경을 반포하였으며, 이러한 활동은 서간도, 의주, 소래 등지의 자생 교회 형성을 뒷받침하였다. 소래 공동체는 초기 한국 교회의 복음 확산에 크게 공헌하였다. 소래 교인들의 자발적인 개종과 수세受洗 지원은 선교의 직접적인 방법과 간접적인 방법을 둘러싸고 갈등하고 있던 선교사들에게 영향을 미쳤다. 그리하여 1887년 4월부터 5월에 걸친 아펜젤러Henry G. Appenzeller의 선교 여행을 필두로 선교사들의 북한 선교 활동이 활발히 전개되었고, 소래 지역은 선교사들의 북한 선교 여행에 있어 중요한 경유지 중 하나였다.[10]

황해도 지방이 한국 개신교의 요람으로 불렸음에도 불구하고 1906년 이전까지 황해도에는 선교지부가 없었다. 1906년 재령에 장로교 선교지부가 설치되면서부터 1919년에 이르기까지 이루어진 황해도 교회의 성장은 엄청난 것이었다. 이 시기 다른 지방들이 침체 상태에 있었던 것과는 아주 대조적인 현상이었다. 3·1운동 이후 황해도 교회는 일제로부터 집중적인 탄압을 받았다.[11]

---

10   한국기독교역사연구소, 『북한교회사』, 131~132쪽.
11   한국기독교역사연구소, 『북한교회사』, 133쪽.

2. 재령 선교지부 결정과 선교사 파견

한국 선교사의 네비우스 선교 정책

1875년부터 1914년까지 거의 모든 개혁교회의 해외 선교사들은 미국 해외 선교 이론가인 앤더슨Rufus Anderson의 삼자三自 정책(자립·자치·자전)을 따랐고, 특히 중국, 일본, 서인도의 트리다 섬, 스코틀랜드 서쪽 열도 및 인도 등에서는 삼자 선교 정책을 적용한 개혁교회의 독노회가 구성되었다. 당시 언더우드Horace G. Underwood는 선교본부에 선교의 경험과 방법을 배울 수 있는 기회를 요청하였고, 선교본부는 중국 산둥성에서 선교 활동을 오랫동안 하면서 선교 방법론에 대한 탁월한 논문을 연재하고 있던 네비우스John L. Nevius[12] 선교사를 한국에 파견하였다. 네비우스는 부인을 대동하고 1890년 6월 한국에 도착하였다.[13]

그는 2주간 한국에 머물면서 선교사들을 대상으로 선교 전략과 방법론을 강론하였는데, 이것이 유명한 '네비우스 선교 정책'이다. 선교사들은 '네비우스 선교 정책'을 한국 선교 현장에 적용하여 실천함으로써 한국 장로교회는 비약적으로 발전하였고, 이 방법이 오늘날 한국 교회를 있게 한 중요한 요인으로 지적되고 있다.

네비우스 선교 정책은 다음과 같다.

---

12 예유사(倪維思), 1829.3.4~1893.10.19. 미국 북장로교 중국 선교사, 목사. 산둥 지역 활동을 살펴보면, 1896년 산둥성 덩저우(登州)에 부임해서 1862년 산둥 지역 콜레라 유행 시 의약품 공급 등 사회 구제 사업에 적극 참여하였다. 1863년 산둥 대홍수 때 집과 여학교가 침수되어 어려움을 겪다가 1864년 7월 부인 헬렌의 건강 문제로 귀국하여 1869년까지 영국과 미국에서 활동하였다(내한선교사사전 편찬위원회, 『내한선교사사전』, 한국기독교역사연구소, 2022, 76~78쪽).

13 장로회신학대학교 100년사 편찬위원회, 『장로회신학대학교 100년사』, 장로회신학대학교, 2002, 54쪽.

1. 선교사 개인은 폭넓은 순회 선교를 통하여 전도한다.
2. 자립전도 : 신자 각인은 타인의 (복음) 선생이 된다.
3. 자립정치 : 모든 그룹은 봉급 받지 않은 지도자들과 봉급 받는 조사들이 후에 각 지역과 전국적인 지도자를 만들기 위해 훈련한다.
4. 자립보급 : 모든 예배당은 신자들 자신들의 힘으로 건축되어야 한다. 교회가 설립되면 조사들의 봉급을 책임진다. 목사들의 봉급은 결코 선교사들의 보조에 의존하면 안 된다.
5. 모든 신자들은 그들의 지도자, 조사들에 의해 조직적인 성경 공부를 해야 한다. 그 지도자들과 조사들은 "성경반"에서 공부해야 한다.
6. 성경에 규정한 벌칙에 따라 엄중한 훈련과 처리를 해야 한다.
7. 다른 단체(교회)들과 (긴밀한) 협조와 연합을 해야 한다. 적어도 지역을 분할하여 일한다.
8. 소송 문제 같은 것은 일체 간섭하지 않는다.
9. 가능한 한도 내에서 사람들의 경제면에서는 서로 협력해야 한다.[14]

당시 한국에서 선교하고 있던 4개 장로교 선교회(미국 남, 미국 북, 캐나다, 호주)는 이 정책을 실현하기 위해 장로교협의회를 결성하고, 효율적인 선교, 즉 동일한 지역에서 중복으로 사업하는 것을 예방하기 위해 한국을 몇 개의 구역으로 나누어 선교하도록 하는 선교지 분할 협정을 맺었다. 이에 따라 미국 북장로교회는 평안도, 황해도, 경기도, 경상북도를, 미국 남장로교회는 전라도와 충청도를, 호주 장로교회는 경상남도를, 캐나다 장로교회는 함경도 지역을 담당하여 선교하기로 합의하였다. 이들 장로교협의회는 선교사업을 위해 다음의 사항을 협의하였다.

---

14 장로회신학대학교 100년사 편찬위원회, 『장로회신학대학교 100년사』, 55쪽.

1. 상류 계급보다는 근로 계급을 상대로 해서 전도하는 것이 좋다.
2. 부녀자를 전도하고 크리스천 소녀들을 교육하는 데 특별히 힘을 쏟다. 가정주부들, 곧 여성들이 후대의 교육에 중요한 영향을 끼치기 때문이다.
3. 기독교 교육은 시골에서 초등 정도의 학교를 경영함으로써 크게 효력을 낼 수 있다. 그러므로 이런 학교에서 젊은이들을 훈련하여 장차 교사로 보내도록 한다.
4. 장차 한국인 교역자도 결국 이런 곳에서 배출될 것이다. 이 점을 유의하고 있어야 한다.
5. 사람의 힘만이 사람을 개종시키는 것이 아니다. 하나님의 말씀이 하신다. 따라서 될수록 빨리 안전하고도 명석한 성서를 이들에게 주도록 해야 한다.
6. 모든 종교 서적은 외국 말을 조금도 쓰지 않고 순 한국말로 써지도록 하여야 한다.
7. 진취적인 교회는 자급하는 교회가 되어야 한다. 선교사의 도움을 받는 사람의 수를 될수록 줄이고, 자급하여 세상에 공헌하는 개인을 늘려야 한다.
8. 한국의 대중들은 동족의 전도에 의해서 신앙하게 되어야 한다. 따라서 전도를 우리 자신이 나서서 하는 것보다는 전도자의 교육에 전력해야 한다.
9. 의료선교사들은 환자들과 오래 친숙하게 지냄으로써 가르칠 기회를 찾게 되고, 또 깊은 마음의 문제에 골몰하는 모범을 보여주어야 한다. 시약施藥만 가지고서는 별 효과를 낼 수 없다.
10. 병원에서 치료를 받은 사람은 고향의 마을에 자주 왕래하게 해서 의료선교사들의 인애에 넘치는 간호의 경험을 본받아 전도의 문을 열도록 해야 한다.[15]

---

15 장로회신학대학교 100년사 편찬위원회,『장로회신학대학교 100년사』, 56~57쪽.

선교지부를 황해도 재령으로 결정

헌트William Brester Hunt, 한위렴는 1897년 봄, 미국 북장로교 해외선교부의 요청으로 한국에 오게 되었다. 그는 한국에 개신교회가 처음 들어온 특별한 곳인 황해도를 개척사업 지역으로 결정하였다. 황해도 재령은 서울·평양 등 한국 초기 기독교의 선교 기지와 이웃해 있었고, 이미 미국 북장로교 선교사들이 이 지역에 몇몇 교회를 설립해 놓은 상태였다. 1892년 미국 북장로교 선교부가 서북 지역의 선교사업 중심부로 평양을 확정하고 본격적인 복음 전도 사업을 시작한 이후, 황해도 지방은 이미 만주에서 권서인과 전도인으로 활동했던 조선인 성도들의 활약과 선교사들의 헌신적인 사역에 힘입어 괄목할 만한 성장을 하고 있었다.[16]

재령 지역 최초의 교회인 신환포교회는 1893년 마펫Samuel A. Maffett, 마포삼열 선교사에 의해 설립되었다. 재령 사람 한치순이 재령에서 80km 정도 떨어진 평양에 가서 마펫에게 복음을 들은 후 돌아와 예배를 드리며 전도했는데, 이 소식을 들은 마펫이 재령을 방문해 교회를 세운 것이다.[17] 신환포교회를 설립하는 데 중요한 역할을 한 초대 장로 한치순은 그 후 황해도 일대에 10여 개의 교회를 세운 전도인이었다.[18] 1895년에는 이후 재령의 모교회 역할을 했던 재령읍교회(일명 남산현교회)가 세워졌다.[19]

재령읍교회는 전도인 김백영의 권면으로 신자 80여 명이 1895년 설립한 교회로, 송정신이라는 여성이 가옥을 기부하여 예배당으로 사용하

---

16 안병호, 「김순호 선교사의 생애와 선교적 역사적 의의에 대한 연구」, 장로회신학대학교 석사학위 논문, 2011, 5쪽.
17 「선교사열전 ㉓ 재령 선교의 아버지 윌리엄 헌트(William Hunt, 1869-1953)」, 『고신뉴스』, 2022.11.2.
18 한국기독교역사연구소, 『북한교회사』, 144쪽.
19 「선교사열전 ㉓ 재령 선교의 아버지 윌리엄 헌트(William Hunt, 1869-1953)」, 『고신뉴스』, 2022.11.2.

였다. 그러나 천주교인들과 불신자들의 박해가 극심하여 별다른 진전을 보이지 못하다가 1898년에 이르러서 부흥하기 시작하는데, 이 부흥에는 송정신의 역할이 매우 컸다. 송정신은 당시 평양여학교 교사로 있었는데, 재령읍교회의 어려운 실정을 전해 듣고 교사 직을 사임하고 고향에 돌아와 열심히 전도하였다.[20] 1898년 봄 마펫과 리Graham Lee가 많은 사람에게 세례를 주었는데, 세례받은 대부분의 사람이 당시 교회를 부흥시키는 데 중요한 역할을 하였다. 지역의 교회들은 그들이 원하던 속도는 아니었지만 성장하고 있었다. 그러나 교회의 문제도 많아져 선교사의 지속적인 도움이 필요하게 되었다.[21]

평양과 서울 간의 거리는 너무 멀어서 황해도에 선교지부 혹은 쉼터를 계획하였고, 안악, 은율, 해주, 시흥 등에 선교지부로 활용할 수 있는 집들이 만들어지고 있었다. 1904년 러일전쟁이 발발하고 철도가 만들어지면서, 당시 지역들은 큰 변화를 겪었다. 평양 선교부는 1904년 가을 새로운 선교 구역에 대해 투표한 결과, 지정학적으로 중심에 있고, 물도 가깝고, 교회도 있고, 인구도 고려하여 재령을 만장일치로 결정하였다.[22]

재령에 선교지부가 설치되기 이전에 황해도 지방의 전도 사업은 서울과 평양의 선교지부가 각각 담당하였다. 서울 선교지부는 안악을 중심으로 전도 사업을 하였고, 평양 선교지부는 해주를 중심으로 전도 사업을 하였다. 황해도 지역의 전도 사업은 꾸준하게 진행되었다. 1898년 이미 해주와 소래를 중심으로 황해도 서부 지역에 42개의 예배 처소와 14개의

---

20 한국기독교역사연구소, 『북한교회사』, 145쪽.
21 William Brester Hunt, "Sketch of the Beginning of Chai Ryung", *The Korea Mission Field* (이하 *KMF*) 3-4, 1907.4., 50쪽.
22 William Brester Hunt, "Sketch of the Beginning of Chai Ryung", 50쪽.

예배당이 있었고, 600명 이상이 세례를 받았으며, 350명 이상의 학습인이 있었다. 1904년 선교부는 재령에 선교지부를 설립하는 것과 그 개설 시기를 1906년 5월 1일로 할 것을 결정하였다.

그전에 선교 중심지가 안악과 해주였음에도 불구하고, 선교부가 재령에 선교지부를 설치하기로 결정한 데에는 무엇보다도 지리상 요인이 강하게 작용하였다. 이 밖에도 재령의 기후 조건이 좋다는 점과 수로(재령강)를 이용할 수 있었다는 점도 중요한 고려사항이었다. 당시 재령은 인구 5,000여 명의 상업 중심 도시였으나, 안악이나 해주와 비교하면 규모가 크거나 유서가 깊은 도시는 아니었다. 황해도 교회의 전도 사업은 재령 선교지부가 설치되면서 본격화되었고, 그 효과는 몇 년이 안 되어 나타나기 시작하였다. 재령은 철도 노선과 연계되면서 황해도 교통의 중심지가 되었으며, 이는 전도 사업에도 매우 유리한 조건이 되어 황해도 기독교의 중심 도시가 되었다. 1907년부터 1914년까지 설립된 재령의 교회 수는 20여 개에 달하였다.[23]

재령의 초창기 선교사

헌트 선교사는 1897년 한국 파송 선교사로 임명받아 그의 첫 안식년을 갖기까지 평양에서 활동하였다. 헌트는 평양에 머물면서 재령에 선교지부가 세워지기까지 그 지역을 정기적으로 방문하여 순회 전도에 심혈을 기울였으며, 재령 선교를 위한 산파 역할을 했다. 1906년부터 본격적으로 재령 선교를 개시하기 위해 1905년 4월 10일 헌트와 쿤스Edwin W. Koons, 군예빈 선교사 부부, 그리고 화이팅Harry C. Whiting, 황호리 의료선교사

---

23 한국기독교역사연구소, 『북한교회사』, 135~136쪽.

부부가 주택, 병원, 그리고 성경학교를 건축할 장소를 물색하기 위한 목적으로 황해도 여행을 떠났다. 1906년 안식년을 마친 헌트 일가족은 쿤스, 화이팅, 샤프Charles E. Sharp, 사우업 선교사 가족과 함께 선교지부를 열기 위해 황해도 재령으로 돌아왔다. 헌트는 은퇴하던 1939년까지 재령에서 사역했으며, 그곳은 헌트 가족에게 제2의 고향이 되었다. 평양과 재령은 미국 북장로교의 한국 선교에서 매우 중요한 선교지부였을 뿐만 아니라, 한국 장로교회의 역사에서도 빼놓을 수 없는 위치가 되었다.[24]

1906년 마침내 재령에 공식적인 선교지부가 설치되었다. 황해도 재령 선교지부의 설립은 미국 북장로교 확장에 중요한 계기가 되었다. 곧 재령 읍교회 예배당을 새로 건축하고 기존의 교회를 돌보며 인근 지역의 전도 사역에도 힘을 쏟았는데, 권서인들과 함께 성경과 전도지를 들고 수백여 마을을 방문하여 복음을 전하고 교회와 성경학교를 세웠다. 작은 읍이었던 재령에는 사경회, 성경학교, 명신학교 등이 설립, 확장되었고, 성경학교를 통해 배출된 수많은 교회 지도자들은 자발적으로 다양한 전도와 봉사활동에 헌신했다. 뿐만 아니라 1908년에는 재령 제중병원이 설립되어 화이팅 선교사가 순회 진료와 의료사업을 활발하게 전개함으로써 선교에 많은 진전이 있었다. 황해도 재령에서의 선교 사역은 황해도 지역의 교회 부흥과 다양한 사경회, 성경학교, 그리고 명신학교를 통한 인재 양성, 의료를 비롯한 사회적 차원의 관심이 균형을 이루며 한국 장로교회의 발전에 지대한 공헌을 했다.[25]

---

24 박응규, 「한위렴(William B. Hunt)의 황해도 재령 초기 선교 역사」, 『교회사학』 4-1, 2005, 156~162쪽.

25 「선교사열전 ㉓ 재령 선교의 아버지 윌리엄 헌트(William Hunt, 1869~1953)」, 『고신뉴스』, 2022.11.2; 박응규, 「한위렴(William B. Hunt)의 황해도 재령 초기 선교 역사」, 166쪽.

재령이 선교지부로 선정된 후 1906년부터 헌트를 위시해 쿤스, 화이팅, 샤프, 커, 맥키Anna M. McKee, 기아나, 맥큔Katherine McCune, 윤가태 등 선교사들이 재령으로 오기 시작했고, 그들은 각각의 역할을 가지고 선교 사업을 펼쳐 나갔다. 이들 선교사에 의해 황해도 지역 교회의 전도 사업은 세 개의 순회전도 구역, 즉 동부 순회전도 구역, 서남부 순회전도 구역, 서북부 순회전도 구역으로 나뉘어 진행되었다. 동부 순회전도 구역의 책임자는 헌트, 서남부 순회전도 구역의 책임자는 샤프, 서북부 순회전도 구역의 책임자는 쿤스였다.[26]

다음은 재령의 초기 선교사들 명단으로 사역 시기와 사역 활동을 정리한 것으로, 김순호가 활동하였던 1930년까지의 내용으로 한정하였다.

재령 선교지부 초기 선교사[27]

이름(한국 이름)	생몰 연대	황해도 사역 시기	황해도 재령 사역 활동 / 비고*
William Brester Hunt (한위렴)	1869.10.2~ 1953.12.20	1906.5.~ 1939.7.	재령읍 선교지부 총괄, 남자성경학교 교장
Anna Mary Lioyd Hunt	1873.2.28~ 1953.12.6	1906~ 1937.7.	주일학교, 여성사역, 지역 사경회
Edwin Wade Koons (군예빈)	1880.4.~ 1947.11.29	1906.5.~ 1912	명신학교 설립 * 1913년 서울 경신학교 교장
Lucy Floy Donaldson	1885.1.~ 1986.1.	1906.5.~ 1912	* 1913년 정신여학교 영어와 가사 교수

---

26 한국기독교역사연구소, 『북한교회사』, 136쪽.
27 내한선교사사전 편찬위원회, 『내한선교사사전』, 한국기독교역사연구소, 2022.

이름(한국 이름)	생몰 연대	황해도 사역 시기	황해도 재령 사역 활동 / 비고*
Henry Chasles Whiting (황호리)	1865.7.10~ 1945.8.18	1906.5.~ 1919.9.	의료선교 활동, 재령병원 설립, 의학 교육, 주일학교 교사 성경 공부, 사경회 * 1919년 사임 후 귀국
Elizabeth Holmes Fuller Whiting	1869.6.6~ 1915.2.20	1906.5.~ 1915.2.20	부녀자 교육과 계몽 활동, 성서 강좌, 생활개선교육, 여성주일학교 교사 성경 공부, 여성사경회, 가정 성경 공부
Charles Edwin Sharp (사우업)	1870.4.2~ 1952.10.13	1906.5.~ 1921.10.	1910년 1월 남자성경학교 개설, 원장. 평양 장로회신학교 강의, 사경회 * 1921년 10월 사임 후 귀국
Eliza Miller Howell Sharp	1870.3.26~ 1937.10.8	1906.5.~ 1921.10.	여성 사역
William Campbell Kerr (공위량)	1883.8.23~ 1976.6.27	1908.10.~ 1919.10.	동부시찰 22개 교회 순회전도, 남자성경학교, 남자사경회 * 1919년 11월 일본선교회로 소속 옮김
Grace Allerton Kibone Kerr	1887.8.29.~ 1986.6.14.	1912.8.~ 1919.10.	주일학교, 재령 동부시찰 여성 전도, 여자사경회 강사
Anna M. McKee (기아나)	1885.10.13~ ?	1909.8.~ 1930.7.	여성 사역, 사경회, 여자성경학교 설립, 초대 교장, 사경회, 순회전도
Katherine McCune (윤가태)	1880.3.30~ 1942.4.18	1909.9.~ 1923.4.	순회전도, 사경회, 재경여자성경학교 교장, 기혼여행을 위한 여학교 창설

헌트(William Brester Hunt, 한위렴, 1869.10.2~1953.12.20)

선교사 헌트

헌트는 1869년 미국 일리노이주 오타와에서 태어나 1894년 프린스턴신학교에 입학, 1897년 졸업하고 목사 안수를 받았다. 1897년 10월 14일 내한하여 평양 선교부에서 어학 공부를 하면서 선교 준비를 했다. 1898년 9월 6일 옥스퍼드대학 출신 버타 핀레이Bertha V. Finley와 일본 도쿄에서 결혼하고 부인과 함께 10월 5일 평양 선교부로 돌아왔다.

1898년 가을 황해도 재령을 방문하여 천주교의 박해로 거의 해체 위기에 있던 재령읍교회를 부흥시켰다. 1904년 미국 북장로교 한국선교부 연례회의에서 언더우드, 샤프, 휘트모어Norman C. Whittemore와 함께 평양과 서울 사이에 선교지부 설립 장소를 선정하고 부지를 매입할 권한을 부여받아, 재령에 선교지부를 개설하기로 결정하였다.

1906년 5월 1일 재령 선교부에서 활동을 시작한 헌트는 재령읍교회 예배당을 신축하고 김창일을 장로로 장립하였으며, 학교도 설립하였다. 재령 선교부 개척 선교사로 샤프, 쿤스, 화이팅과 함께 부임하였고, 1939년 10월 은퇴하여 귀국했다. 부인 버타 핀레이는 평양 선교부에서 활동하다 새로 이주할 재령을 돌아보고 평양 선교부로 돌아간 지 며칠 후인 1905년 5월 14일 폐렴으로 사망했다. 헌트는 부인의 장례를 마치고 자녀들과 안식년을 갖기 위해 귀국했다.[28]

헌트는 1906년 애나 로이드Anna M. Lloyd와 재혼했다. 부인 애나 로이드

---

28   내한선교사사전 편찬위원회, 『내한선교사사전』, 1313쪽, 1319쪽.

헌트는 1906년 재령에서 어학을 공부하면서 그 지역 주일학교와 여성 사역, 지역 사경회를 맡았다. 1915년 한글반을 운영하여 수백 명의 한국 여성들에게 한글 읽기를 가르쳤고, 집에서 여학생들을 가르쳤으며, 여학생들에게 성경 구절과 교리문답을 암송하게 하였다. 커 부인과 함께 개별적으로 음악도 가르쳤다.[29]

헌트는 1921년 12월 6일부터 재령읍교회 예배당에서 황해도 노회 지경 제직도사경회를 개최하고, 1922년 1월 23일 재령읍 남자성경학교 교장으로 졸업생 7명의 졸업식을 거행하였다. 1922년 1월 13일, 헌트 목사의 25주년 기념식을 재령읍교회에서 거행하였다.[30]

헌트는 네비우스 선교 방법의 확고한 제창자로 한국 교회에 적용하는 데에 지대한 공헌을 했다. 네비우스 선교 방법은 철저하고도 체계적인 성경 연구에 근거한 자립, 자치, 자전의 원리를 추구하는 것으로서 한국 장로교회의 성경 중심 신앙을 확고하게 세워 나갔다. 네비우스 선교 방법은 신약성경의 전도 원칙이며, 한국 교회가 자립하는 첩경이고, 한국 성도들을 훈련시켜서 지도자와 전도자, 그리고 해외에 나가 사역할 선교사들까지 양성할 실천적인 목적을 가지고 시행되어야 함을 강조하였고, 입직자 각자가 자기 성경책을 가지고 끊임없이 연구하도록 격려하였다.[31]

---

29   내한선교사사전 편찬위원회, 『내한선교사사전』, 1313쪽, 1319쪽.
30   「황해도 노회-제직도사경」, 『기독신보』, 1922.12.21; 「한위렴 목사(선교 25주년 기념식)」, 『기독신보』, 1922.1.4; 「남성경학교 졸업식 거행」, 『기독신보』, 1922.2.15.
31   박응규, 「한위렴(William B. Hunt)의 황해도 재령 초기 선교 역사」, 165~166쪽.

쿤스(Edwin Wade Koons, 군예빈, 1880.4.~1947.11.29)

선교사 쿤스

쿤스는 미국 뉴욕주 맥클린에서 태어나 1903년 장로교신학교인 오번신학교를 졸업하고 1903년 2월 선교사로 임명되었으며, 5월 시라큐스노회에서 목사 안수를 받은 후 10월 제물포에 도착하였다. 쿤스는 1905년까지 한국어 공부와 평양 전도 여행을 했으며, 1906년부터 1912년까지 재령에서 근무하면서 명신학교를 설립하였다.

1907년은 한국 교회사의 중요한 전환점이 된 해였다. 이 해는 대부흥운동의 불길이 평양에서부터 타오르기 시작해 전국적으로 파급된 해였다. 뿐만 아니라 장로교 최초의 노회가 결성된 해이기도 하다. 1907년 9월 17일 첫 노회에서 7명의 한국인 목사가 장립되었다. 황해노회는 1911년 12월 8일 초대 노회장으로 쿤스 선교사를 선출하였다.[32] 쿤스는 1912년 8월부터 1년 동안 안식년을 다녀온 후 1913년 서울 경신학교 교장으로 임명되어 재령을 떠나게 되었다. 쿤스 부인은 1913년 서울에 정착하면서 정신여학교에서 영어와 가사 등을 가르쳤으며, 1917~1921년 미국적십자사 한국지부 여성 사역 책임을 맡기도 하였다.[33]

화이팅(Henry Chasles Whiting, 황호리, 1865.7.10~1945.8.18)

화이팅은 미국 아이오와주 마우트 플레전트에서 태어나 파슨스대학을 졸업한 후 의학과 신학을 공부하여 의사 자격증을 받고 미국 북장로

---

32 한국기독교역사연구소, 『북한교회사』, 139쪽.
33 내한선교사사전 편찬위원회, 『내한선교사사전』, 1088쪽.

교에서 목사 안수를 받았다. 엘리자베스 풀러Elizabeth H. Fuller와 결혼하고 부인과 함께 1903년 11월 24일 미국 북장로교 선교사로 내한하였다. 평양 선교부에 배정되어 어학을 공부하면서 평양장로교병원(평양 제중병원)에서 의사로 근무하며, 평북 선천, 황해도 재령 등지를 순회 진료하였다. 1906년 5월 황해도 재령에 새로운 선교부를 개설하면서 재령 선교부 개척 선교사로 헌트, 쿤스 등과 함께 부임하여 1919년 9월 사임하고 귀국할 때까지 재령 선교부에서 의료선교 활동을 했다.

뉴욕 매디슨 애비뉴 장로교회의 기부를 받아 재령병원(재령 제중원) 건물을 신축하고 1908년 1월 3일 개원식을 하였다. 재령병원에서 1908년 재령읍교회 지도자인 의료 조수 유몽택을 비롯하여 몇 명의 학생을 대상으로 의료교실을 운영하였다. 재령병원을 비롯한 그 지역의 의료 사역은 물론, 주일학교 교사 성경 공부와 사경회도 맡았다. 1919년 3·1 독립운동 때 황해도 지역 피해자들을 치료하다 건강상의 문제로 휴가를 허락받아 1919년 9월 재령병원장을 사임하고 귀국하였다.

부인 엘리자베스 풀러는 평양 선교부에서 어학을 공부하면서 여성 사역을 도왔다. 1906년 5월 황해도 재령에 새로운 선교부를 개설하면서 재령 선교부 개척 선교사로 남편과 함께 부임하여 1915년 2월 20일 별세하기까지 여성들을 위한 선교 활동을 했다. 부임한 초기부터 사택을 '화이팅 하우스'라 이름 짓고 개방하여, 부녀자를 위한 교육과 계몽 활동에 힘썼다. 화요반이라는 정기적인 교육과정을 운영하여 성서 강좌와 생활 개선 교육 등을 실시하였다. 1911년 4월 안식년 휴가로 남편과 함께 귀국했다가 1912년 9월 재령 선교부로 복귀하였다. 1914년 8월 서울에서 열린 제30회 연례회에서 남편과 함께 종전대로 재령 선교부에 배정되어 여성 주일학교 교사 성경 공부, 여성사경회 등의 여성 사역을 맡았다. 또한 한 명의 전도부인과 함께 통신 과정인 가정 성경 공부 코스를 여러 해 동안 집에서 이끌어 왔다. 1915년 창세기와 그리스도의 생애 공부에는 1,300명의 여성이 등록하였다. 지병인 심장병으로 1915년 2월 20일 재령에서 별세하여, 21일 장례식을 거행하고 평양 외국인묘지에 안장되었다.[34]

샤프(Charles Edwin Sharp, 사우업, 1870.4.2~1952.10.13)

선교사 샤프

샤프는 미국 아이오와주 워털루에서 태어났다. 1900년 10월 18일 내한하여 서울 선교부에 배정되어 어학을 공부하면서 황해도 지역까지 선교 활동을 했다. 1904년 미국 북장로교 한국선교부 연례회에서 언더우드, 마펫, 헌트, 휘트모어와 함께 평양과 서울 사이에 선교부 설립 장소를 선정하고 부지를 매입할 권한을 부여받아, 1906년 5월 1일 황해도 재령에 선교부를 개설하기로 결정하였다. 재령 선교부 개척 선교사로 헌트, 쿤스, 화이팅과 함께 부임하여 1921년 10월 사임하기까지 재령 선교부에서 선교 활동을 했다.

샤프는 1908년 안식년으로 귀국했다가 1909년 8월 재령 선교부로 복귀하였다. 복귀 후 재령 남서부 순회 구역을 맡아 관리하면서 1910년 1월 재령에 남자성경학교를 개설하였다. 1912년에는 단독 건물을 세우고, 4년 후에는 기숙사를 건축하였다. 이 건물은 남녀 성경학교와 사경회를 위한 공간으로도 사용되었다. 1914년 재령읍교회 협동목사로 있으면서

---

34 내한선교사사전 편찬위원회, 『내한선교사사전』, 1381쪽.

남자성경학교 교장과 사경회 사역을 맡으면서, 평양 장로회신학교에서 강의도 하였다. 1919년 황해도 지역의 만세시위와 일제 탄압 만행 실상을 조사 수집하여 편지와 보고서로 친지들과 선교본부에 보냈다.[35] 1920년 2월 3일 교장으로서 남자성경학교 졸업식을 거행하였다. 1921년 10월 1일 부인과 함께 선교사 직을 사임하고 귀국하여 워싱턴주에서 목회하였다. 부인 엘리자는 1906년 5월 남편과 함께 신설된 재령 선교부에 배정되어 1921년 10월 사임하기까지 여성 사역을 담당하였다.[36]

커(William Campbell Kerr, 공위량, 1883.8.23~1976.6.27)

커는 미국 위스콘신주 오콘토에서 출생하여 캘리포니아대학과 프린스턴대학, 오번신학교를 졸업한 후 미국 북장로교 목사로 안수받고 해외 선교부 파송을 받았다. 1908년 10월 8일 내한하여 황해도 재령 선교부에 배치받아 어학 공부를 시작하였다. 기독교에 개방적이고 적극적인 황해도 재령 선교부에서 커가 맡은 사역은 사리원과 황주, 봉산, 서흥, 신계, 평산 등지 22개 교회를 순회하며 교회와 교인을 관리하고 재령 남자성경학교에서 강의하는 일이었다. 1911년 2월 1,800명이 참석한 선천 남자사경회에 가서 성경 세 과목을 가르쳤고, 300명이 참석한 재령 남자사경회에서 찬송과 성경을 가르쳤다. 1912년 5월 특별휴가를 얻어 귀국해서 결혼한 후 8월 30일 부인과 함께 재령으로 돌아왔다.

커는 자신이 맡은 선교 구역 교인들의 '자급 노력'을 높이 평가하였다. 1914년 선교 보고에서 "조사들은 자기 능력 이상을 발휘하고 있으며 교회

---

35 1919년 3·1운동으로 황해노회는 큰 피해를 입었다. 교인 중 태형 받은 자 80명, 총살당한 자 4명, 감옥에서 죽은 자 1명, 구류하였다가 백방된 자 112명, 교역자 빈 교회가 20여 곳이었다(「황해노회」, 『기독신보』, 1919.9.17).

36 내한선교사사전 편찬위원회, 『내한선교사사전』, 615쪽.

제직들은 자기 책임을 충실히 감당하고 있고 교회는 지역사회에서 맡은 바 사명이 무엇인지 잘 알고 있다"고 하였다. 커는 한국 교회의 해외선교 의지를 높이 평가하며, 이를 통해 한국 교인과 선교사 사이의 이해가 돈독해졌다고 보았다. 1919년 6월 미국 북장로교 한국선교회 연례회에서 그동안 미국 북장로교 일본선교회가 맡았던 한국 내 일본인 선교를 한국선교회가 맡아 줄 것을 부탁받았다. 이에 한국선교회에서는 커 부부를 일본인 선교 담당으로 임명하였고, 커 부부는 1919년 11월 서울 필운동으로 이동하였다.

커 부인은 미국 북장로교 선교사로 사역하고 있던 약혼자 윌리엄 커를 만나기 위해 1911년 9월 내한하여, 평양에서 개최된 미국 북장로교 한국선교회 연례회 기간에 약혼식을 올렸다. 1912년 5월 커와 함께 귀국하여 결혼한 후 미국 북장로교 해외선교부 파송을 받아 남편과 함께 1912년 8월 30일 한국으로 돌아왔다. 이후 재령 선교부에 배치되어 어학 공부를 하면서 재령읍교회 주일학교와 남편의 선교 구역인 재령 동부 시찰 교회들을 순방하며 교회 부인들에게 복음을 전하였다. 어느 정도 한국말을 익힌 후에 재령읍과 지방 여자사경회 강사로 활약하였다.[37]

맥키(Anna M. McKee, 기아나, 1885.10.13~?)

맥키는 미국 캘리포니아주 출신으로 로스앤젤레스 옥시덴탈대학을 졸업하고 미국 북장로교 해외선교부 파송을 받아 1909년 8월 28일 내한하였다. 재령 선교부에 배치되어 캐서린 맥큔과 함께 15년간 재령 선교부 여성 사역을 주관하였다. 선교 2년 차인 1910년 5개 지방 교회 여자사경

---

37 내한선교사사전 편찬위원회, 『내한선교사사전』, 1027~1028쪽.

회를 인도하였고, 1910~1911년 재령에서 총 328회 여자사경회가 개최되어 9,200명이 참석했는데 이는 지방 총 여성 교인 1만 2,600명의 73%에 해당한다. 1911~1912년에도 맥큔과 함께 25회씩 사경회를 나누어 2천여 명씩 교육하였다. 1914년 전도부인을 양성하기 위해 재령여자성경학교를 설립하고 초대 교장으로 취임하였다. 학생 60명으로 시작했으며, 교실은 1912년 건축한 재령 남자성경학교 건물을 함께 사용했다. 1년에 두 학기, 봄에는 한 달, 가을에는 6주 수업을 하였다.

맥키는 재령 이외에도 대구, 서해안 백령도 등에서도 사경회를 인도하였다. 1916년 선교부에서 6천 달러를 보조하여 성경학교 기숙사를 건축하였다. 기숙사는 성경학교 학생뿐 아니라 사경회에 참석하는 지방 교회 부인들의 숙소로도 사용되었다. 재령 선교부의 커 부인은 기숙사 신축 직후 개최된 여자사경회에 참석한 부인들의 모습을 보고 "동양의 천로역정"이라 표현하고 "먼 길을 걸어서 꿈의 동산 기숙사에 도달한 이들은 뜨거운 환영을 받으며 발 씻을 물과 따뜻한 밥과 국 한 그릇씩 대접받았다. 하나님의 딸 맥키가 이들을 환영하고 대접하는 일을 손수 하였다."고 적었다. 그리고 "그날 저녁 함께 준비한 식사를 마친 후 집회를 위해 예배당으로 향하는 그들의 눈에는 광채가 빛나 시내 구석구석을 비추는 듯했다"고 서술하였다.

맥키는 1917~1918년 안식년 휴가를 다녀와 성경학교와 사경회 사역을 재개하였다. 1918~1919년 황해도 지역 사경회에 참석한 교인 수가 2만 1,000명에 달했다. 1920년 봄 사경회는 3·1 독립운동 여파로 참석자가 1만 명으로 줄어들었지만, 1920년대 중반에 들어 2만 명 수준으로 회복하였다. 사경회와 함께 성경학교도 꾸준히 발전하여 1920년대 재학생은 11명 수준으로 늘어났다. 1925년 3월 졸업식을 거행한 후 4월 안식년

휴가를 얻어 귀국하였다. 1926년 12월 귀환하여 여자성경학교 사역을 재개하였다. 1928년에는 여자성경학교 재학생 수가 150명으로 늘어나 남자성경학교를 추월하였다. 이에 기숙사 공간이 좁아지자 1929년 2층짜리 벽돌 기숙사 건물을 짓고 '맥키기념관'이라 하였다. 1930년까지 재령여자성경학교 졸업생은 총 108명에 달했는데, 그중 20명이 전도부인으로 사역하였다. 1914년 학교 설립 이후 1930년까지 총 2천여 명이 성경학교에서 맥키의 수업을 들었다. 성경학교 사역 외에 지방 순회와 사경회 인도도 계속하였다. 무리한 여행과 과로로 건강이 악화되어 1930년 7월 휴가를 얻어 귀국, 치료를 받았으나 회복이 늦어지자 1933년 6월 선교사 직을 사임하였다.[38]

맥큔(Katharine Ann McCune, 윤가태, 1880.3.30~1942.4.18)

선교사 맥큔

캐서린 맥큔은 미국 펜실베이니아주 앨러게니카운티 피츠버그에서 태어나 미주리 파크대학을 졸업한 후 미국 북장로교 해외선교부 파송을 받아 1909년 9월 12일 내한하였다. 재령 선교부에 배치되어 어학 공부를 시작하였고 한 달 먼저 내한한 맥키와 짝이 되어 이후 15년간 재령을 중심으로 황해도 일대를 순회하며 복음 전도 사역을 하였다. 1911년에는 480여 리를 여행하며 여덟 차례 사경회를 통해 600여 명을 가르쳤고, 1912년에는 사경회 인도가 24회로 늘어났다. 1912년 12월에는 대구 선교부로 가서 밀양과 안동 사경회를 인도하기도 하였으며, 1913년에는

---

38 내한선교사사전 편찬위원회, 『내한선교사사전』, 335쪽.

황해도 서해안 초도 섬에서, 1914년에는 해주읍에서 사경회를 인도하였다. 1915년 7월 안식년으로 귀국했다가 1916년 11월에 돌아와 재령여자성경학교 교장을 맡았고, 기존의 명신여학교 외에 기혼 여성을 위한 여학교를 새로 시작하였다. 전도부인 우종선과 함께 지방을 순회하며 사경회 인도와 교회 후원 사업을 계속하였다. 1923년 4월 안식년 휴가를 얻어 귀국했다가 건강이 악화되어 3년간 치료를 받은 후 1926년 12월 귀환하였다. 그 사이 임지가 평양 선교부로 변경되어 신학교 수준으로 발전한 평양여자고등성경학교 교장으로 취임하였다.[39]

3. 재령 선교지부의 선교 활동 – 성경학교와 사경회

선교사들이 전도를 받아 교회에 나오기 시작한 초신자들을 철저한 교육을 통해 양육하는 것은 필수적인 과정이었다. 교인을 원입교인, 학습교인, 세례교인의 세 종류로 나누어 그리스도를 성실하게 따르는 성도들로 교육하였다. 재령에 세워진 최초의 교회는 1893년 설립된 신환포교회였다. 그 후 재령읍교회(남산현교회)가 1895년 설립되어 이 지역의 모체교회 역할을 하였다. 재령읍교회는 헌트 선교사가 부임한 후인 1906년에 예배당을 건축하였으며 지속적으로 발전하였다. 정찬유, 김익수, 김두찬, 최석호 등이 계속 입교하여 적극적으로 활동하였다. 재령읍교회는 교세가 계속 부흥하여, 1913년 재령군 하오면 부성리교회가 재령읍교회의 지회로 분립하였고, 1916년 서부교회가 분립하면서 재령 동부교회로

39　내한선교사사전 편찬위원회, 『내한선교사사전』, 328~329쪽.

교회 이름을 바꾸었으며, 재령 지역 다른 교회들의 발전에 핵심적인 역할을 하였다.[40] 1916년 재령 동부교회에 당대 최고의 예배당이 건축되면서, 1913년 장로교 최초의 산둥 선교사로 파견되었던 박태로가 위임 목사가 되었다.[41]

재령읍교회가 낳은 대표적 인물은 박태로 목사이다. 박태로 목사는 김익두 목사를 신앙의 길로 이끈 장본인이었으며, 그 자신이 목사가 되어 1911년부터 1913년까지 재령읍교회에서 시무하였다. 재령 선교의 가장 영광스러운 열매 중 하나는 황해노회 박태로 목사가 1913년 5월 평북노회 김영훈, 평남노회 사병순과 함께 산둥 선교사로 파송된 것이었다. 이때 라이양 예수교장로회조선총회 선교 구역이 설정되었다. 세 사람의 성과는 대단하였으나, 박태로 목사는 1916년 4월 말 풍토병으로 귀국하였고, 1918년 9월 6일 황해도 봉산 사리원의 자택에서 사망하였다.[42]

중국 산둥성 선교는 한국 교회가 외국 땅에서 행한 최초의 타 문화권 선교 사역으로 그 의미가 매우 크다. 이것은 종래의 교포 선교가 아닌 현지인 선교라는 점에서 본격적인 한국 교회에 의한 해외 선교의 효시였다. 이것은 네비우스 선교 방법이 강조하는 자전自傳의 원리가 한국 교회에 토착화되어 한국 이외의 선교지에서 본격적인 전도 활동에 착수했다는 의미가 있다.[43]

40　박응규, 「한위렴(William B. Hunt)의 황해도 재령 초기 선교 역사」, 164~165쪽; 「황해 서부교회 부흥회 효과」, 『기독신보』, 1923.12.12; 「斷烟同監會」, 『기독신보』, 1920.6.2. 서부교회의 분회는 1916년으로, 1922년으로 서술된 것은 오기다.

41　정안덕, 『중국 산동의 "진꾸냥"』, 20쪽, 각주 28).

42　한국기독교역사연구소, 『북한교회사』, 145쪽; 정안덕, 『중국 산동의 "진꾸냥"』, 18쪽, 각주 22).

43　정안덕, 『중국 산동의 "진꾸냥"』, 16~17쪽; 박응규, 「한위렴(William B. Hunt)의 황해도 재령 초기 선교 역사」, 168쪽.

선교사들이 주력하였던 삼자 정책은 자립·자치·자전으로, 황해도 재령 지역도 이 정신으로 신자들은 스스로의 힘으로 교회를 설립하고, 성경반을 조직하여 성경을 공부하고 타인에게 전도하며 다른 지역까지 순회 전도하는 모습을 보여주었다. 재령에서 성경학교 운동이 매우 활발하게 전개되어, 수많은 교회 지도자가 양성되었다.

재령 선교지부가 설치되기 1년 전에 황해도 지방에는 이미 64개의 성경공부반이 있었다. 선교사들이 재령에서 활동하기 시작한 1906년, 12월 12일부터 22일까지 성인 남자 성경공부반이 개설되었을 때 600여 명이 참석하였으며, 1910년 샤프에 의해 남자성경학교가 활성화되었다. 1910년과 1911년에는 328개의 성경공부반이 개설되었으며, 1912년부터 1921년까지의 기간에는 해마다 평균 278개의 성경공부반이 개설되었다. 1918년과 1919년 재령에서의 성경 공부에 대한 열의는 절정에 달해 총 2만 8,000여 명이 성경공부반에 참여하였다. 이는 같은 해 평양이나 선천의 2배에 달하는 수치이다. 그래서 재령에는 한국뿐만 아니라 세계에서도 가장 두드러진 성경공부반이 있었다고 평가된다.[44]

1910년 개설된 재령 남자성경학교의 졸업식에 대한 기록은 1920년 2월 3일에 처음 보인다.[45] 1921년 12월 20일부터 재령읍 성경학교에 180여 명의 학생들이 모여 헌트, 베어드William M. Baird, 배위량, 솔타우Theodore S. Soltau, 소열도 등 여러 선교사의 인도로 열심히 공부했으며, 1922년 1월 6일 오후 7시부터 학생 친목회를 본 학교 안에서 개최하기도 했다.[46] 1922년 1월 23일 저녁 7시에는 재령읍 성경학교에서 졸업식이 거행되었다. 교장 헌트

---

44 한국기독교역사연구소, 『북한교회사』, 138쪽.
45 「재령성경학원 졸업식」, 『기독신보』, 1920.4.7.
46 「성경학교의 학생 친목회」, 『기독신보』, 1922.1.25.

목사의 인도로 베어드 목사의 강설이 있은 후 7인의 졸업생에게 증서와 많은 상품을 수여한 후, 교장의 권설이 끝나자 졸업생 총대 이근필의 답사가 있었다.[47]

이렇게 남자성경학교가 시작되고 활성화되는 가운데, 여자성경학교도 창립되었다. 황해도 재령읍 여자성경학교는 1914년 무렵 창립되어 많은 졸업생을 배출하였다. 1920년 3월 9일 여자성경학교 졸업식 기록이 보이고,[48] 1925년 3월 26일 교장 맥키의 사회로 졸업식이 거행되었다.[49]

다음으로 이 지역 교회의 부흥사경회에 대한 열의를 들 수 있다. 사경회와 함께 부흥운동의 열기가 황해노회 지역 교회의 성장에 크게 영향을 미쳤다. 황해도 지역 교회 부흥운동의 대표적 인물로는 김익두 목사를 꼽을 수 있다. 김익두 목사는 1874년 11월 3일 황해도 안악에서 태어났다. 1910년 평양 장로회신학교를 졸업하면서 안수를 받고 1913년에 신천교회에서 시무 위임을 받았다. 황해도 지역 교회의 부흥운동에서 김익두 목사가 차지한 비중은 상당하였다.[50] 1921년 9월 15일부터 21일까지 일주일 동안 재령읍 동서부교회가 연합하여 김익두 목사를 청빙하여 동부예배당에서 부흥회를 열어 큰 은혜를 받았으며, 겸하여 서부교회가 동부로부터 분리된 후 예배당이 없어 동부교회 성경학교를 빌려 예배하였는데, 부흥회 이후 열심히 연보하여 장차 예배당을 경영하게 되었다.[51]

황해도 재령읍 동부교회에서는 1924년 2월 16일부터 23일까지 사경회를 열고 진남포 목사 김성탁과 경성 동대문교회 오응천을 청빙하였

---

47 「남자성경학교 졸업식 거행」,『기독신보』, 1922.2.15.
48 「재령성경학원 졸업식」,『기독신보』, 1920.4.7.
49 「재령여성경학생 졸업」,『기독신보』, 1925.4.15.
50 한국기독교역사연구소,『북한교회사』, 140~141쪽.
51 「재령읍교회 대거 부흥회」,『기독신보』, 1921.10.19.

는데, 공부반에 출석한 교인은 장년 남녀가 360여 명이었고, 저녁과 주일예배에는 근 1천 명의 사람이 회집하였으며, 새벽기도에서 은혜를 받고 그중 몇몇 사람은 계속 기도를 하였다.[52] 황해도 재령읍 동부교회에서는 1925년 2월 4일부터 사경회를 열고 300여 명의 교우를 세 반으로 나누어 오응천, 김용승, 간병제, 김충성 제씨가 11일까지 교수하였으며, 저녁마다 오응천의 강설로 700여 명씩 모이는 회중에게 특별한 각성을 주었다.[53]

황해도 재령읍 서부교회에서도 1924년 2월 부흥사경회를 개최하고 수원 현석칠 목사가 새벽기도회와 밤 강설회를 인도하였는데, 매 집회에 600~700명씩 회집하여 많은 은혜를 받고 새로 믿기를 작정한 이가 남녀 20인, 새벽기도를 작정한 이가 80여 명, 매일 성경 읽기를 결심한 이가 70여 명이었고, 남녀 고등학생 중 1년간 계속하여 성경 읽기를 결심한 학생이 120여 명이었다.[54]

성경학교, 사경회 외에도 재령읍교회는 특별강연회를 통해 지역민들이 신앙을 갖도록, 교인들의 믿음이 깊어지도록 하였다. 1918년 7월 개최한 특별강연회에서는 평양의 한석원과 평양 기홀병원 의사 장진섭이 강연을 하였는데, 남녀 청중이 600명이었다.[55]

이상의 황해도 재령 교세 성장의 이면에는 황해도 교회의 자립적인 토대가 있었다는 점을 주목해야 한다. 성경 공부와 부흥사경회의 열의, 그리고 자급 추구로 재령 선교지부 관할 구역의 교회는 빠른 성장을 보였다.

---

52 「재령 동부교회 사경」, 『기독신보』, 1924. 3. 26.
53 「재령 동부교회 사경」, 『기독신보』, 1925. 2. 25.
54 「재령읍 서교회 부흥사경」, 『기독신보』, 1924. 2. 18.
55 「재령읍교회의 특별강연회」, 『기독신보』, 1918. 8. 28.

이 밖에도 수로 및 해상 교통을 이용한 선교의 기동력도 황해도 교회 성장에 한몫하였음을 추측할 수 있다.

1911년 황해노회는 조직 이후 꾸준한 성장을 거듭해 얼마 지나지 않아 한국 장로교 중심 노회의 하나가 되었다. 성경학교와 도 사경회로 황해 전역의 청년 남녀 교우들은 재령을 한 번씩은 찾게 되었고, 그로 말미암아 재령은 일약 황해도의 종교 문화 중심지가 되었다. 남성들이 상투를 자르고 여성들이 틀어올린 머리를 잘라 '낭자머리'를 처음 시작한 곳도 재령이나 신천 등지였다. 주일이 장날인 경우, 상점마다 문을 닫고 장꾼들도 모이지 않으니, 장도 서지 못하는 진풍경이 벌어졌다. 1914년 제3회 총회가 평양, 서울에 이어 재령에서 개최되었고, 재령 서부교회의 초대 목사 임백권 목사가 제9회 총회장에 세워진 사실도 황해도로선 자랑할 만한 일이었다.[56]

황해도 재령이 기독교 신앙에 있어서 다른 지역에 비해 얼마나 특별한 위치에 있었는지를 보여주는 것은 1925년 기록이다. "재령이야말로 기독교 천하이다. 읍·촌은 물론이고, 기독교만 제하고 보면 보잘것없는 것이 사실이다. 그러나 종교 방면은 물론 교육도, 상업도, 농업도 심지어 고리대금까지도 기독교인이다."[57] 황해도 교회는 1931년 5월 18일 재령 선교지부 설치 27주년 기념일을 경축하였다. 27주년 기념일에 즈음한 황해도 교회의 교세는 재령 선교지부 설치 당시의 4배로 증가하였다. 이러한 교세의 증가는 감리교와의 교계예양[58]으로 인한 관할 구역의 축소라는

---

56 『기독공보』, 1965.3.20; 정안덕, 『중국 산동의 "진꾸냥"』, 22~23쪽 재인용.
57 이찬영 편저, 『황해도 교회사』, 소망사, 1977, 520쪽; 정안덕, 『중국 산동의 "진꾸냥"』, 22쪽 재인용.
58 교계예양(教界禮讓) : 피선교국에 대한 기독교의 복음 전파에 있어서 다수의 교회가 동시에 하나의 지역에서 중복 활동하는 것을 피하기 위해, 일정한 원칙을 정해서 교파마다 일정한 지역을 분양하여 선교하도록 하는 '선교 구역 분할'을 뜻한다.

상황을 고려해 볼 때 엄청난 것이라고 할 수 있다. 이러한 성장의 배경 중 중요한 것은 황해도 교회가 보여준 성경 공부에 대한 열정이었다. 성경이 한국 기독교에서 차지하는 위치는 매우 독특하다. 그래서 한국의 기독교는 '성경기독교'로 불리기도 하였다.[59]

이렇게 활발하게 신앙이 번성하였던 황해노회는 일제 말기의 교회 탄압으로 1942년에 폐쇄됨으로써 막을 내렸다. 그러다가 1945년 민족해방과 함께 노회가 재건되었으나, 한국전쟁과 남북분단으로 인해 많은 사람들이 순교하거나 수난을 당하였다.[60]

4. 재령 명신학교의 설립과 발전

1895년 재령에 예수교장로회의 재령읍교회가 설립된 후 장로 송정신이 중심이 되어 아동들에게 성경을 가르쳤으며, 이를 모태로 1898년 남녀공학인 명신학교가 정식 인가를 받게 되었다. 1906년에 당시 최광옥이 조직한 면학회勉學會 활동은 명신학교에도 큰 활력소로 작용하여, 같은 해 장로 김창일이 예배당을 신축하면서 교실을 넓게 확보하였다.[61] 1906년 정찬유 장로가 명신학교를 관리하였다. 초대 교장은 김구영이고, 2대 교장은 김용선이었다.[62]

---

59 한국기독교역사연구소, 『북한교회사』, 137쪽.
60 한국기독교역사연구소, 『북한교회사』, 144쪽.
61 명신학교 https://encykorea.aks.ac.kr/Article/E0018311)-한국민족문화대백과사전 (2024.12.4. 검색).
62 명신학교 http://www.gospeltoday.co.kr (2024.12.4. 검색).

재령 기독교인들이 새로운 교회를 짓기 전에 고등과 남자부를 계획하였다. 1906년부터 1912년까지 재령에서 근무한 쿤스 선교사는 재령에 중등학교인 명신학교 고등과 남자부를 1906년 설립하였다.[63] 1907년 2월에는 60명의 학생들이 출석하고 있어 오래된 교회 건물에 꽉 찰 정도가 되었다. 반면 고등과 여자부의 설립은 늦어지고 있었는데, 1906년 10월 교회의 남자 신도가 60엔을 약속하는 신청서를 가지고 왔다. 이 돈은 여자부를 시작할 수 있는 기금 100엔에 큰 도움이 되었다. 교실을 확보하는 것이 어려웠으나, 남자부 건물이 1907년 봄에 지어지면 남자부가 사용했던 건물을 여자부가 사용하는 것으로 계획되었다. 선생님의 문제는 학교 교실과는 달리, 지위와 자격을 갖춘 지원자가 두 명이나 있었다. 여자부는 1906년 12월 26일 14명의 등록으로 시작되었고, 1907년 2월에는 19명이 되었다.[64]

기독교 학교인 명신학교는 한국 교회와 민족 지도자를 교육하는 데에도 심혈을 기울였다. 당시 명신학교 고등과는 황해노회 유일의 중등학교로 평양의 숭실학교, 선천의 선천학교와 함께 민족 지도자를 양성하는 데 큰 공을 세운 학교였다.[65] 1919년 3·1운동 때에도 명신학교 고등과의 남녀 학생이 서당 생도들과 합세하여 군중을 지도하며 시위하였는데, 시위 양상이 격렬하여 이에 대한 수습책으로 명신학교 고등과 여자부만을 임시 폐교하였다가 다시 개교한 역사가 있다.

1921년에는 재령 동부교회 예배당에 명신학교 보통과 과정을 남겨두고 임택권이 신축한 서부예배당으로 남녀 고등과를 이전하였다. 이와 함께

---

63   내한선교사사전 편찬위원회, 『내한선교사사전』, 1088쪽.
64   Mrs. E. W. Koons, "The Little Girls' School", *KMF* 3-2, 1907.2., 25~26쪽.
65   박응규, 「한위렴(William B. Hunt)의 황해도 재령 초기 선교 역사」, 167쪽.

학교 이름을 '明信學校'에서 '明新學校'로 바꾼 것으로 추정되며, 정규 중등학교로는 인가를 받지 못한 채 4년제 고등과로 계속 운영하였다.[66] 명신학교 고등과는 1922년에 인가를 받았으며, 고등과 남자부 교장은 김낙영이었고, 고등과 여자부 교장은 맥큔 선교사였다.[67] 황해도 재령읍 명신학교 고등과 여자부는 1923년 2월 21일자로 『기독신보』에 학생 모집 광고를 냈는데, 1학년 140명, 각 학년 보결생 약간 인이었다.[68] 황해도 교회가 경영하는 유일한 학교였던 재령읍 사립 명신학교는 1920년대 중반부터 헌트, 임택권, 정찬유, 김낙영 등의 활동으로 30만 원을 모아 재단법인을 운영하고자 노력했다. 정찬유·최석호 두 사람이 5만 원, 식산조합에서 10만 원을 확보하였으나 그 외 뜻을 같이하는 사람이 없어 근근이 유지하고 있었다. 명신학교 고등과 교사들이 희생적 정신을 가지고 끊임없이 활동하던 중 1929년 6월경 선교사 미구회美㐖會로부터 건축비 2만 5천 원을 받고 기뻐하였다. 그런데 또다시 읍내 예수교회에서 다년간 시무하던 장로 박태환이 250석을 추수할 수 있는 양전옥답을 하나님께 드린다는 의미로 기부하였다. 이에 임택권, 정찬유, 헌트, 김낙영 등은 새로운 용기를 가지고 더욱 활동하여 재단법인의 완성도 불원간 보게 될 것이라 하였다.[69] 1929년 고등과 남자부를 북산 기슭에 신축한 근대적 교육시설로 이전함으로써 실제 남녀 학교의 분리가 이루어졌다.[70] 재령 명신학교

---

66 명신학교 https://encykorea.aks.ac.kr/Article/E0018311)-한국민족문화대백과사전 (2024.12.4. 검색).
67 명신학교 http://www.gospeltoday.co.kr (2024.12.4. 검색).
68 「생도 모집」, 『기독신보』, 1923.2.21.
69 「명신학교의 서광」, 『기독신보』, 1929.10.2.
70 명신학교 https://encykorea.aks.ac.kr/Article/E0018311)-한국민족문화대백과사전 (2024.12.4. 검색).

고등과는 1929년 학생이 127명이었는데, 1930년에는 224명이 되었고 각처에서 야학과 강습을 장려, 실시하였다.[71]

 1933년 말부터 산하 교회와 각 분야 유지들로부터 성금 약 1만 원을 모아 새로운 교사校舍를 짓기 시작해 1934년 봄에 준공하였다. 이때 학생은 약 400명이었다. 이에 따라 고등과 남자부는 정찬유의 재산 희사 등으로 1938년 4월에 5년제 정규 중등학교인 명신고등학교로 인가받았으며, 1940년에는 9학급 재학생 477명으로 늘어났다. 1940년 당시 4학급에 재학생 218명이었던 고등과 여자부는 김응석 등의 출자로 새 교사를 마련하여 1941년 정규 중등학교인 4년제 명신고등여학교로 인가받았다.[72]

 재령읍교회에서는 1919년경부터 교회 청년 여성들을 위해 명신학교 내에 여자학원을 설치하고 주학과 야학으로 매년 수십 명의 청년 여성을 교육하였다. 1922년에도 야학을 열고 수십 명의 학생을 교육하였다. 이전에는 보통학교 3학년 수준의 교육을 하고 졸업시켰던 것을 1922년부터 내용을 더욱 충실히 하고 강사도 유명한 사람들로 편성하자, 많은 사람이 입학을 희망하였다. 이에 1922년 11월 27일 여자학원은 동부예배당에서 강연회를 열고 여자 교육에 대하여 크게 선전하였다. 당시 강연회의 연사와 강연 주제는 강제모-'여명기黎明期에 있는 조선 여자의 각성', 설명화-'여자 교육 필요에 대하여', 간병제-'여자 교육과 가정에 있는 구고舅姑, 시부모'였다.[73] 1920년을 전후한 시기 재령의 교육에 대한 열망, 특히 여성 교육이 활성화되는 모습을 볼 수 있다.

---

71 「황해노회」, 『기독신보』, 1930.6.4.
72 https://encykorea.aks.ac.kr/Article/E0018311)-한국민족문화대백과사전(2024.12.4. 검색).
73 「명신학교 내 여자학원 확장」, 『기독신보』, 1922.12.27.

해방 전 명신고등여학교(위)와 해방 직전 명신고등학교(아래)

이렇게 성경학교, 사경회, 명신학교 등을 통해 신앙을 키운 청년들은 황해도 재령 기독청년회를 설립하고, 1926년 8월 2일부터 16일까지 읍내 동서 두 교회의 후원으로 제3회 하기학교를 개최하였다. 방학을 한 날 밤에는 학예회와 수업식이 있었는데, 학생 454명 중 무산無産 아동과 믿지 않는 아동이 200여 명이었으며, 수업증서를 받은 학생은 178명이었다. 학예회는 여러 가지 재미있는 순서로 가득 채워 내빈으로부터 큰 호응을 받았다.[74]

기독청년회 이외에도 1925년 3월 창설된 재령군 북률면 남지리 교회 여자면려청년회는 창립된 이래 회원들의 노력으로 많은 사업을 하였으며, 특히 여성들의 문맹 퇴치를 위한 야학부를 설치하고, 본 회의 고문으로 공헌이 많은 송대윤이 30여 명의 여학생을 열심히 가르쳤다.[75] 재령읍교회 남녀면려회는 1927년 8월 3일부터 18일까지 서부교당과 국화리 성경학교에서 하기학교를 개최하고 교장 최희준의 인도 하에 남녀 교사 15인이 남녀 아동 180여 명을 가르쳤다.[76]

김순호가 태어나고 성장하였던 시기는 이상과 같이 1895년 재령읍교회가 설립된 후 기독교인들이 자체적으로 교회 내에 학교를 설립하였고, 재령이 선교지부로 결정되면서 1906년 선교사들이 들어와 본격적으로 기독교를 전파하던 시기였다. 김순호가 적을 두었던 재령읍교회에서는 사경회, 부흥운동, 성경학교 등이 활성화되었고, 명신학교는 점차 자리 잡아 가며 학생 수도 증가하였다. 김순호는 황해도 각지의 기독교인들이

---

74 「재령 하기학교」, 『기독신보』, 1926.9.1.
75 「여자면려회 야학과 기념」, 『기독신보』, 1927.3.16.
76 「하기학교 상황 재령」, 『기독신보』, 1927.9.7.

모여드는 재령에서 성장하며 명신학교에서 교육을 받았고, 재령 동부교회에서 신앙을 받아들이고 박태로 목사가 산둥 선교사로 파송되는 것도 지켜보면서 유년 시절을 보냈음을 알 수 있다.

II
김순호의 신앙과 애국심이 깊어진 정신여학교

　명신보통학교에서 공부한 김순호는 고향인 재령을 떠나 서울 정신여학교에서 유학하였다. 1919년 3월 독립운동에 참여하였고, 1919년 12월 세브란스병원간호부양성소 학생 신분으로 독립운동에 참여하여 실형을 받았으며, 1920년 4월 영친왕의 혼례로 인한 특사로 풀려나 1921년 정신여학교를 졸업하였다. 이러한 정황을 보면 1919년 3월에는 당시 학제에 따라 최고 학년인 4학년 진입을 앞두고 있었을 것이다. 이를 역산하면 1916년 정신여학교에 입학한 것으로 추정할 수 있다.

　이번 장에서는 1916년부터 1919년 3·1운동에 참여한 이후 세브란스병원간호부양성소에 입소하기 전 3년간의 정신여학교에서의 생활을 살펴보고자 한다. 정신여학교에서의 김순호에 대한 직접적인 자료는 찾기 어려웠다. 따라서 김순호가 공부했던 정신여학교의 교육 이념과 교육 활동을 1915년 이후의 시기를 중심으로 살펴보고, 당시의 교육과정, 정신여학교의 선생님과 동기, 선후배들의 면면을 살펴보고자 한다. 이러한 작업은 다음 장에서 살펴볼 김순호가 1919년 12월 만세시위 사건에 참여하게 된 배경, 그리고 이후 선교사로서 활동하게 되는 신앙적 성장에 대해서 유추해 볼 수 있는 단서를 제공할 것이다.

1. 정신여학교 설립과 1910년 한일병합 이전의 면모

 김순호가 다녔던 정신여학교는 1887년 미국 북장로교 여선교사인 애니 엘러스Annie J. Ellers가 정동에 '정동여학당貞洞女學堂'을 설립하면서 시작되었다. 1887년 6월 엘러스는 고종에게 하사받은 정동에 교사를 마련하고 미국 북장로교 선교사 언더우드의 고아원에 있던 다섯 살 고아 여자아이인 정례를 데려와 가르치기 시작했는데, 이것이 정동여학당의 출발이다. 그해 12월 사택 뜰에 있는 기와집으로 장소를 옮겨 교육하였으며, 운영비는 미국 선교부의 보조와 교사들의 봉사로 충당되었다. 미국 북장로교 여학교인 정동여학당 초창기에는 학생 모집에 어려움을 겪어 학생들은 대부분 집안 형편이 어려운 아동이거나 고아였으며, 1903년까지 학비와 기숙사비가 무료였다.

정신여학당 교장 헤이든과 교사 도티(1890)

정동여학당은 1895년 10월 20일 연지동으로 교사를 옮기면서 '연동여학교蓮洞女學校'로 개명하였다. 당시 연동여학교의 졸업은 따로 정해진 시기가 없었으며, 수업 연한에 관계 없이 어려서부터 키우고 가르치다가 나이가 들면 결혼시켜 학교를 떠나게 하였다. 1896~1897년경 최초의 결혼식이 있었고, 1904년에는 3인의 합동결혼식이 있었다. 1903년 중학 과정 시행으로 연동여학교가 연동여자중학교로 승격되면서 양반 계층의 자녀들이 자진하여 입학하기 시작하였다. 중학 교육과정은 조선어(한글), 한문, 영어, 이과, 역사, 지리, 수학, 동식물, 생리, 도화, 습자, 작문, 음악, 가사, 수예 침공, 도의(수신), 화학, 위생 등이었으며, 교사는 주로 미국 선교사들이었다. 교재는 없었으나 미국 여자중학교 수준으로 지도하였다.[1]

1907년에 이르러 중학교의 학제(고등여학교의 학과 과정)를 마치고 정식 교육기관으로서 첫 졸업식을 거행하였다. 제1회 졸업생 10명, 제2회 졸업생 6명, 제3회 졸업생 7명을 내놓은 상태에서 1909년 '정신여학교'로 교명을 개칭하고 정부의 인가를 받았다. 내부적으로 교수나 학과 등에 변화는 없이 연동여학교의 모든 과업이 그대로 수행되었다.[2] 성경과 국어(김정삼), 교회사와 천문학(게일 James S. Gale), 한문(정태용, 정빈, 김도희), 영어(디캠프 Allen F. DeCamp), 대수(밀러 Mattie H. Miller), 화학(에비슨 Oliver R. Avison), 물리(언더우드 Horace G. Underwood), 박물, 지리, 조선사 등의 과목을 가르쳤다. 체조, 미술, 수학, 과학, 영어, 역사, 지리, 음악, 편물, 성경, 국어 등의 교과목을 가르쳐 균형 잡힌 교육이 이루어졌다.[3]

---

1 정신백년사출판위원회, 『정신 100년사』 上, 167~168쪽.
2 이방현·이방원, 『한국사회복지역사』, 신정출판사, 2018, 238쪽; 정신백년사출판위원회, 『정신 100년사』 上, 167쪽, 220쪽.
3 이명화, 「한국 여성독립운동의 요람지, 정신여학교」, 『김마리아와 정신의 독립운동가들』 (3·1운동 100주년 및 김마리아 서거 제75주기 기념 학술대회 자료집), 2019, 128쪽.

1895년 연동으로 이전한 후 연동여학교의 명성을 듣고 전국에서 여학생들이 입학하기 시작하였다. 대표적으로 안창호가 1897년 그의 약혼녀 이혜련과 여동생 안신호에게 연동여학교에서 신학문을 공부하도록 하였다. 정치범으로 감옥에 갇혔던 독립협회 회원 유성준은 기독교를 받아들이고 자신의 딸 유각경을 연동여학교에 입학시켰다. 연동교회 담임목사 게일의 조력자였던 이창직 장로는 자신의 세 딸 이원경, 이혜경, 이은경을 연동여학교에 입학시켰고, 제중원에 입학하여 의학을 공부하고 있던 김필순은 자신의 여동생 김구례, 김순애, 김필례, 그리고 조카 김함라, 김미렴, 김마리아, 김세라를 연동여학교에 입학시켰다. 독립운동가 채성하의 딸 채계복, 이동휘의 딸 이인순과 이의순, 노백린의 딸 노숙경과 노순경 등이 정신여학교 출신이다.[4]

No	독립운동가	정신여학교 출신 가족(졸업 기수)
1	안창호	약혼녀 이혜련, 여동생 안신호
2	유성준	딸 유각경(4)
3	이창직	딸 이자경(1), 이혜경(1), 이은경(4)
4	김필순	동생 김구례, 김순애(3), 김필례(1) 조카 김함라(2), 김미렴(4), 김마리아(4), 김세라
5	채성하	딸 채계복
6	이동휘	딸 이인순(5), 이의순(5)
7	노백린	딸 노숙경, 노순경(28회 추가)

---

4 이명화, 「한국 여성독립운동의 요람지, 정신여학교」, 122~125쪽.

이상과 같이 1910년 한일병합 이전에도 열강들의 난립, 일제의 침략과 식민지화 정책이 구체적으로 진행되는 시기, 자주독립의 의지로 활동하고 있던 운동가들의 자녀와 여형제 등이 연동여학교에 입학하여 신학문을 익혔다. 또한 이들은 신학문을 공부하는 것 외에도 독립운동에 힘을 보탰다. 1907년 군대 해산 시기 일본군에게 부상을 당한 한국군을 의료선교사 에비슨, 한국인 의사 김필순 등이 세브란스병원에서 치료할 때, 연동여학교 학생 김필례, 김마리아 등은 보구여관간호원양성소·세브란스병원간호원양성소의 졸업생·학생들과 함께 도왔다. 군대가 해산당할 때 일제의 부당한 횡포에 항거하고 나라를 지키려는 한국군의 애국심을 목격한 김필례, 김마리아 등은 이후 독립운동과 교육 일선에서 나라 사랑을 실천하는 인물로 성장하였다.

1909년 12월 이재명 의사가 명동성당에서 벨기에 황제 레오폴트 2세 추도식을 마치고 나오는 이완용의 복부와 어깨를 단검으로 찔러 부상을

정신여학교 세브란스관

입히고 현장에서 체포되었다. 이 소식을 듣고 이자경·이혜경 자매와 이인순·이의순 자매, 고원섭(함태영 부인), 홍은희, 최학현 등 정신여학교 출신 여성들이 '7형제애국단'을 조직해 이재명 의사의 부인 오인성을 돕기 위한 모금 운동을 적극적으로 전개하였다.[5] 이처럼 정신여학교는 개교 초창기부터 구국 정신을 가지고 자주국권 유지를 위한 운동에 참여하였다.

1910년 당시 정신여학교는 신앙과 구국정신으로 무장된 신학문 교육기관임과 동시에 학생들이 공부하는 공간 역시 최고의 환경을 갖추고 있었다. 세브란스 본관이 1910년에 완공되고, 학교 내의 교재 기구와 기숙사의 가구 등이 일체 미국식 문명 물건으로 일신되었으며, 건물도 수세식 화장실, 최신식 생활 집기를 갖추었다.[6]

2. 한일병합 이후 1910년대 정신여학교의 교육과정

강제병합 후 일제는 1911년 「조선교육령」을 공포하고 식민지 동화 교육을 강화해 나갔다. 일제는 한국 사람의 민도에 맞는 교육을 시킨다고 하면서 학교별 교육 연한을 보통학교 3~4년, 고등보통학교 4년, 여자고등보통학교 3년, 실업학교 2~3년, 전문학교 3~4년으로 정하였다. 여기서 주목할 것은 여자고등보통학교 교육 연한이 3년이고 여자를 위한 사범과가 1년이라는 점이다. 한국인의 교육 수준을 의도적으로 낮추었을 뿐 아니라 각급 학교 규칙에 규정되어 있는 학과목 이외의 교과 교수를 금지하는 등, 식민지 국민을 대상으로 한 열등한 교육 조치를 취하였다. 이

---

5 이명화, 「한국 여성독립운동의 요람지, 정신여학교」, 125쪽.
6 김영삼, 『정신 75년사』, 정신여자중고등학교, 1962, 166~167쪽.

같은 사학 탄압 조치는 많은 학교가 폐교되는 결과를 초래하였다. 특히 기독교 계통 학교들은 성경과 종교적 의식의 통제로 경영에 점점 어려움을 겪게 되었다.[7] 「조선교육령」을 공포하였던 1911년경 황해도 재령에서 보통학교인 명신학교를 다니기 시작한 김순호는 졸업 이후 타 지역에 있는 상급 학교로의 진학을 고려하였다.

「조선교육령」에 규정된 여자고등보통학교의 교육은 '여자의 천분과 생활의 실제'에 중점을 두었다. 즉 「조선교육령」에 따르면 "여자고등보통학교는 여자에게 고등의 보통교육을 하는 곳으로서 부덕을 길러서 국민다운 성격을 도야하고 그 생활에 유용한 지식 기능을 수업"하는 교육기관이었다(제15조). 여자고등보통학교에 입학할 수 있는 자는 연령 12세 이상으로서 수업 연한 4년의 보통학교를 졸업한 자 또는 이와 동등 이상의 학력이 있는 자로 규정하였다(제17조). 수업 연한 3년 동안 배우는 교과목으로는 수신, 일본어, 조선어 및 한문, 역사, 지리, 산술, 이과, 가사, 습자, 도화, 재봉 및 수예, 창가, 체조가 있었다.[8]

1911년 공포된 「조선교육령」에는 여자고등보통학교의 학제를 3년으로 규정하고 있으나, 정신여학교 졸업생들의 기록으로 미루어 볼 때 3년의 정규적 학제로 매년 졸업이 이루어졌다고 보기는 어렵다. 1911년 이전에 정신여학교를 다녔던 학생들의 기록을 보아도 학제를 일정하게 정하고 운영하지는 못했던 것으로 보인다. 정신여학교 출신의 대표적인 독립운동가인 김마리아의 경우 1906년 6월에 입학하여 1910년 6월 16일 제4회로 졸업하였고, 독립운동가 김영순의 경우는 1910년 6월에 입학하여

---

7 정신백년사출판위원회, 『정신 100년사』 上, 235~236쪽, 243~244쪽.
8 정신백년사출판위원회, 『정신 100년사』 上, 235~237쪽.

1916년 제8회로 졸업한 것이 그 예이다.⁹

조선총독부는 1911년 「조선교육령」과 「사립학교교육령」을 공포하여 사학을 감독하기 시작하였으나 기독교계 학교에 큰 영향력을 미치지 못하자, 한일병합 이전부터 민족주의를 전파한 사립학교들을 탄압하기 위해 1915년 3월 「사립학교규칙」을 발표하였다. 「사립학교규칙」에서 문제가 된 것은 사립중학교를 고등보통학교로 승격시켜서 새로 인가를 받게 한 것이었다. 총독부는 전문학교의 입학 자격을 (여자)고등보통학교 졸업자로 제한하였고, 성경이나 지리, 역사 등의 과목을 가르치지 못하도록 규정하여 사립학교를 그들의 방침에 따르도록 통제하였다.¹⁰ 제6조 2항에 "사립학교의 교과과정은 각급 학교 규칙에 규정한 교과과정에 준하여 성경, 지리, 한국 역사 등의 과정을 과하여서는 안 된다"고 하고, 그 대신 국민의례와 애국 사상 고취 방법으로 신도神道를 가르치라고 하였다. 한국사를 가르치지 못하게 한 것은 민족의식 말살 정책의 하나이며, 성경을 가르치지 못하게 한 것은 기독교 선교사를 통한 민족주의 운동이나 민주주의 사상의 유포를 통제하기 위해서였다. 이런 이유로 조선총독부 학무국은 기독교계 학교에 성경 과목을 없애라고 지시하였다. 또한 교과용 도서는 "총독부가 편찬한 것 또는 조선 총독의 검정을 받은 것이 아닐 경우에는 조선 총독의 인가를 받아야 한다"(제9조, 제10조)고 하여 교육과정 자체를 엄격히 통제하였다. 이는 기독교계 학교 설립 목적과 어긋나는 일이었으므로 1915년 기독교선교연합회는 '개정교육령에 관한 결의문'을 통해 성경 과목 교수의 자유를 당국에 강력히 요구하였다. 그러나 1915년 9월 총독부는 '사립학교 성서 교수에 관한 통첩'으로

---

9   김숙영, 「간호부 이정숙의 독립운동」, 『의사학』 24-1, 2015, 5~6쪽.
10 김숙영, 「간호부 이정숙의 독립운동」, 8쪽.

이를 거절하였다. 총독부의 결정에 대하여 대부분의 장로교 학교들은 10년 동안의 유예 기간을 두고 총독부를 상대로 투쟁하다가 실패하면 폐교하기로 결정하였고, 그 결과 수많은 장로교 학교가 문을 닫았다.[11]

당시 학교들이 이상의 법령에 항의하며 교과과정 변경을 거부하였으나, 결국 숙명, 진명, 양정, 이화, 배재, 보성, 휘문, 광성, 호수돈, 중앙, 배화, 동덕 등 많은 학교가 일제의 정책에 타협하고 고등보통학교로 승격되었다.[12]

감리교계 기독교 학교들은 조선총독부의 교육정책을 받아들여 (여자) 고등보통학교로 인가받은 반면, 경신과 정신 등 미국 북장로교 계통의 학교들은 기독교 신앙의 정절을 지켜 나가고자 이를 따르지 않아 (여자) 고등보통학교로 인가를 받지 못하고 '잡종학교雜種學校'로 분류되었다. 정신여학교는 성경과 기도회를 정규 과목에 넣은 채 여러 차례 인가를 신청했지만 총독부는 이를 거부하였다. 총독부는 전문학교의 입학 자격을 (여자)고등보통학교 졸업자로 정하여, 정신여학교 출신자들의 상급 학교 진학에 큰 지장을 초래하였다. 조선총독부의 무단정치가 시작된 이후 1919년 3·1운동이 일어나기까지의 10년간 일제는 「조선교육령」과 「사립학교규칙」을 공포하며 학교 교육에서 일본어 사용 강요, 일본 문물 주입, 일인 교사 강제 배치, 교과목 및 교과서 통제 등으로 '황국신민화 교육'을 하기 위해 광분하였다. 그러나 정신여학교와 경신학교, 신성학교, 숭실학교, 영생학교 등은 1920년대 내내 교과에서 신앙 과목을 포기하지 않았으며 타협적인 학교 승격을 거부하였다.[13]

---

11 정신백년사출판위원회, 『정신 100년사』 上, 238쪽, 271~272쪽.
12 김숙영, 「간호부 이정숙의 독립운동」, 9쪽.
13 이명화, 「한국 여성독립운동의 요람지, 정신여학교」, 129쪽; 정신백년사출판위원회, 『정신 100년사』 上, 243쪽, 260쪽.

1916년경 김순호가 입학하였을 당시 '잡종학교'로 분류되어 있던 정신여학교는 성경과 기도회를 정규 과목으로 가르치며 신앙 교육을 철저히 하고 있었다. 당시 정신여학교 교사들은 선교사들이 한국어 실력 부족으로 성경을 잘 설명하지 못하였으므로 성경을 암송시키는 데 주력하였고, 한문, 국사, 서도는 이창직, 김도희, 김원근 세 교사를 위시하여 애국심이 강한 여러 교사들이 교육하였다.[14] 정신여학교는 기독교 신앙을 갖춘, 그리고 근면 검소하고 예의범절을 아는 높은 인격을 갖춘 한국 사회의 여성 리더를 길러내고자 노력하였다. 김순호가 정신여학교에 입학하였을 당시 교사로는 신마리아, 김원근, 김필례 등이 있었다.

교장 루이스는 대체로 5~6월경 연례보고서를 작성하였는데, 이는 졸업식 이후 이전 1년을 정리하기 위해 그 시기에 기록한 것으로 보인다. 김순호가 정신여학교를 다녔던 1916년부터 1919년까지의 정신여학교 상황 및 학생들의 활동을 교장 루이스의 연례보고서를 통해 엿볼 수 있는데, 그 내용은 다음과 같다.

No	내 용	출처
1	• 아침 주일학교와 어린이 주일학교에서 지도했다. 크리스마스 때에는 가난한 교회에 물품을 보내는 대신, 중국에서 일하고 있는 한국 장로교 선교사에게 학생들이 자발적으로 헌금을 모아 보냈다.	1916년 6월 연례보고서 (선교편지, 531쪽)
2	• 여학생들은 한 달에 4달러씩 서울 남부 지역에 있는 한 여전도사를 후원하고 있다. 그들은 또한 중국에 있는 한국 선교사의 사역에도 많은 관심을 가지고 있다.	1917년 9월 연례보고서 (선교편지, 548쪽)

---

14   정신백년사출판위원회, 『정신 100년사』 上, 157쪽.

No	내 용	출처
3	• 기독교 단체는 매월 선교 모임을 갖고 있는데 이것은 여학생들에게 매우 가치 있는 일로 입증되고 있다. 이제 여학생들이 모시고 있는 여전도사님은 그들에게만 아니라 그가 일하는 지역의 사람들에게도 만족을 주고 있다. 그녀는 몇 주에 한 번씩 학생들에게 상황을 알려주기 위해 찾아온다. 그리고 올 때마다 항상 뭔가 특별한 이야기를 들려줌으로 여학생들이 열성을 가지고 선교 활동을 하도록 불을 지펴 준다. • 크리스마스에는 여학생들이 중국에 있는 세 분의 선교사와 그 가족들에게 선물과 책을 전달하였으며 우리는 그분들에게 받은 편지를 통해 그들이 매우 감사하고 있음을 알 수 있다.	1918년 5월 연례보고서 (선교편지, 560쪽)
4	• 시위(3월 5일 만세운동 : 필자)가 끝나자마자 교장선생님은 독립을 이룰 때까지 공부를 하지 않겠다는 학생들의 편지를 받았다. • 20명의 졸업식을 치르지도 못하고 … 졸업장은 나중에 학생들이 요구할 때 수여하게 될 것이다. • 수업은 6월 3일 1학년 학생 세 명으로 시작되었다. 하지만 2주일가량 공부한 후 6월 14일에 종강했다.	1919년 연말보고서 (선교편지, 574쪽)

당시 정신여학교 학생들은 교과목 학습 이외에 교회 활동을 열심히 했는데, 여전도사가 정기적으로 와서 자신의 활동을 학생들에게 알려주어 학생들이 선교 활동에 열성을 가지도록 하였다. 또한 중국에서 활동하고 있던 한국인 선교사를 위해 크리스마스를 전후해 헌금과 선물 등을 보내고 있었다. 이러한 일들을 적어도 1916년 이후부터 지속적으로 하고 있었으며, 이는 김순호가 졸업한 1921년 이후에도 다음과 같이 유지되었다.

No	내용	출처
1	• 한 해 동안 우리 학교 주일학교의 헌금으로 … 12엔은 요코하마에 있는 한인 주일학교를 위해 성경과 찬송가 구입에 사용했는데, 신학교에서 공부하고 있는 우리 졸업생 중 한 명이 그곳에서 가르치고 있다.	1925년 5월 연례보고서 (선교편지, 616쪽)
2	• 한국 교회의 해외선교 사역을 맡고 있는 여학생들이 중국 북부에서 한국 선교사들이 담당하고 있는 중국 아이들을 위한 초등학교의 한 선생님을 돕고 있다.	1930년 5월 연례보고서 (선교편지, 676쪽)
3	• 중국에서 펼치고 있는 총회의 선교사업에 매달 헌금을 보내고 있으며, 그곳은 우리 졸업생 한 사람이 한국 장로교 여성 선교회로부터 최초의 여성 선교사로 파송된 곳이기도 하다.	1932년 5월 연례보고서 (선교편지, 694쪽)
4	• 종교부는 가장 열심히 일하고 있다. … 그들은 산둥 지역에서 한국 선교사들이 운영하고 있는 학교를 위해 매 학기 30엔 이상의 헌금을 하고 있다.	1933년 5월 연례보고서 (선교편지, 702쪽)
5	• YWCA 학생들이 연례모임 개막식 때 음악회를 개최하였는데 모든 면에서 매우 성공적이었다. 우리를 돕기 위해 최선을 다해 준 학생들의 훌륭한 재능뿐 아니라, 많은 관객들이 모여 재정적으로도 매우 성공적이었다. 이로 인하여 이번 학기에 다시 한 번 중국에서의 선교사업을 위해 여학생들이 기금을 보낼 수 있게 되었다.	1934년 10월 연례보고서 (선교편지, 710쪽)
6	• 학생들은 매 학기 중국 북부에 복음 전도를 위해 도움을 주고 있는 조선 장로교 교회에 40엔씩 보내고 있다.	1935년 6월 연례보고서 (선교편지, 720쪽)

이상의 기록을 보면 1924년경 요코하마 한인주일학교가 성경과 찬송가를 구입하는 데 도움을 주기 위해 헌금을 전달하였는데, 정신여학교 졸업생이 그곳에서 가르친다고 하였다. 이 학생은 김순호로, 당시 정신여학교 교사와 학생들이 기도와 헌금을 통해 김순호의 학습과 활동을 격려하

였음을 알 수 있다. 또한 이는 김순호가 산동 선교사가 된 후 해당 지역에 특정 시기, 1년에 한 번이 아닌 매달 또는 매 학기 헌금을 보냈으며, 특별 활동으로 돈이 생기게 되면 그 돈을 중국 선교 사업에 사용하였음을 알 수 있다. 이는 모두 졸업생인 김순호와 관련이 있다.

『정신 75년사』에는 "1921년 제13회 졸업생 김순효를 한국여전도대회에서 선교사로 파견했다. 중국 산동성 래양에 파견시킨 김순효는 여전도대회와 모교 정신여학교의 절대적인 후원으로 그곳에 교회를 짓고 중국인들을 주님 앞으로 이끌어 주는 사도가 된 것이다."라면서 여전도회와 정신여학교가 김순호 선교사의 산동 선교 사업의 절대적인 후원자였음을 밝히고 있다. 이후 김순호는 안식년으로 한국에 돌아왔을 때 1936년 11월 5일 정신여학교를 방문하여 학생들을 대상으로 산동성 선교 사정에 대해 보고하였다.[15]

3. 김순호 학창 시절(1916~1919) 정신여학교 교사진

정신여학교의 초창기 선교사 교장들은 엘러스1887.6~1888.9. → 헤이든 Mary Hayden, 1888.9.~1890 → 도티Susan A. Doty, 1890~1904 → 바레트Marry Barrett, 1904~1905 → 밀러Mattie H. Miller, 1906~1912 → 루이스Margo L. Lewis, 1912~1939 등이었다.[16] 김순호가 정신여학교에 입학할 당시에는 1912년 임명된 루이스 교장이 학교를 운영하고 있었다.

아래에서는 김순호가 정신여학교 재학 시절, 교장과 김순호가 영향을

---

15   김영삼, 『정신 75년사』, 250쪽.
16   정신여자고등학교 홈페이지 https://chungshin.sen.hs.kr/69522/subMenu.do 참조.

받았을 주요 교사들을 소개하고자 한다. 10대 후반의 김순호는 이들의 교육 안에서 성장하였다.

마고 루이스(Margo Lee Lewis, 손진주, 1885.12.31~1975.1.17)

미국 일리노이주 출신으로, 1909년 미네소타 대학을 졸업한 후 매사추세츠 마운트홀리요크 대학에서 1년간 교원으로 봉직하다가 해외선교를 지원, 미국 북장로교 해외선교부 파송을 받아 1910년 9월 3일 내한하였다. 서울 연지동 선교부에 배치되어 어학 공부를 시작하였고, 어느 정

교장 마고 루이스

도 한국말을 익힌 1911년 가을부터 정신여학교 학생들을 가르치기 시작했다. 그리고 1912년 2월 정신여학교 사역을 담당했던 밀러 부인이 건강 문제로 귀국하자, 후임 교장이 되어 27년간 정신여학교 발전을 위해 헌신하였다. 당시 정신여학교 재학생은 63명이었는데 대부분 지방에서 올라온 학생들이었다. 1912년 가을 미국 사업가 세브란스Louis H. Sevrance의 후원으로 2층짜리 벽돌 건물 기숙사를 신축하였다.

1915년 3월 총독부는 「개정사립학교규칙」을 반포하여 기독교계 사립학교의 한글 교육과 성경 교육, 그리고 학생들의 종교 활동을 규제하고 대신 일본어와 일본 역사 교육 강화를 통보하였다. 이에 루이스는 1916년 7~8월 여름방학 때 남감리회 계통의 개성 호수돈여학교 교장 틴슬Hortense Tinsley과 함께 도쿄로 가서 일본어 연수를 받고 왔다.

1919년 일본으로 유학 갔던 김마리아를 비롯해 장선희, 신의경, 김영순, 이성완, 이정숙 등 정신여학교 교사와 졸업생, 재학생 수십 명이 3·1

만세시위와 애국부인회 사건에 연루되어 옥고를 치렀다. 여학생들의 만세시위를 현장에서 목격한 루이스는 학생 보호와 석방을 위해 노력하였고, 안식년 휴가를 얻어 1919년 5월 귀국했다가 1920년 5월 귀환하였다. 귀환 후 독립운동으로 큰 희생을 치렀고 그 일로 일본 경찰의 감시와 통제를 받고 있던 학교를 정상화하는 일에 몰두하였다. 그리고 여자기독교청년회YWCA와 여자기독교절제회WCTU 운동을 적극 지원하였다.[17]

루이스가 정신여학교에 재직할 당시 많은 졸업생을 외국으로 유학 보냈는데, 당시만 해도 한국에는 대학 과정을 제대로 가르치는 학교가 없었기 때문에 부득불 일본이나 미국으로 떠나야 했다. 루이스 교장은 해마다 배출되는 졸업생들 가운데 우수한 성적으로 졸업한 학생을 한 해에도 몇 명씩 선발하여 대학 진학과 해외 유학의 길을 터주었고, 학비는 물론 유학하는 동안 쓸 생활비를 부담하여 학생들이 공부에 전력할 수 있도록 도움을 주었다. 교장으로 재직하는 동안 루이스의 도움으로 일본, 미국 등으로 해외 유학을 떠난 학생의 수가 총 50여 명에 달하였다.[18]

릴리안 딘(M. Lillian Dean, 천미혜)

딘은 1916년 내한하여 1920년까지 정신여학교에서 학생들을 가르쳤다. 1919년 3·1운동 당시 부교장으로 있었고, 루이스 교장이 안식년으로 미국에 가 있는 동안 정신여학교를 운영하였다. 1919년 10월 딘의 사택 2층에서 김마리아가 주축

부교장 릴리안 딘

17　정신백년사출판위원회, 『정신 100년사』 上, 488~490쪽, 541~542쪽; 내한선교사사전편찬위원회, 『내한선교사사전』, 244쪽.
18　김영삼, 『김마리아』, 태극출판사, 1972, 98~99쪽.

이 되어 대한민국애국부인회를 설립한 이야기는 유명하다. 신변의 위험을 무릅쓰고 독립운동을 적극 후원한 딘의 공은 특기할 만한 사실이다. 딘은 1920년 이후 청주 지방을 중심으로 선교 활동을 하였다.[19]

신마리아(1873~1921)

교사 신마리아

1873년 10월 1일 김홍택의 둘째 딸로 태어났고, 신정우에게 출가하여 3남1녀를 두었다. 신마리아는 한국 최초의 여의사인 박에스더와 세브란스병원간호원양성소 제1회 졸업생 김배세의 언니이다.[20] 그는 배움에 대한 간절한 열망으로 가정주부로서 시대와 환경의 모든 장애를 물리치고 1893년 정동여학교에 입학했다.[21]

신마리아는 당시 여성 교육으로 가장 중요하게 생각하였던 가사와 침공針工 관련 생활교육을 가르치기 위해 1896년 10월 3일 연동여학교에 부임하였다.[22] 신마리아는 1897년부터는 3년간 제중원의 부속 의학부에 나아가 남학생들과 함께 에비슨 의사와 언더우드 목사 등으로부터 생리, 화학, 산학, 지리, 역사와 천문학을 배웠고, 이후 연동여학교에서 성경과 산수를 가르쳤다.[23] 신마리아는 연동여학교에서 교편을 잡으면서 일생

---

19 내한선교사사전 편찬위원회, 『내한선교사사전』, 422쪽; 정신백년사출판위원회, 『정신 100년사』 上, 294쪽, 491쪽.
20 한국 최초의 여의사인 김점동은 에스더로 세례를 받고, 남편 박여선과 결혼한 후 박에스더로 불렸고, 언니는 신정우와 결혼하여 신마리아로 불렸고, 김배세는 결혼을 하지 않아 성이 바뀌지 않았다. 이러한 이유로 세 명은 자매이나 성이 각각 다르게 되었다.
21 정신백년사출판위원회, 『정신 100년사』 上, 156쪽.
22 박용옥, 『김마리아: 나는 대한의 독립과 결혼하였다』, 홍성사, 2003, 103~104쪽.
23 윤세민, 「봉사란 후회 없는 아름다움」, 『빛과 소금』, 1991, 32~33쪽; 대한예수교장로회 연동교회 역사위원회, 『연동교회 애국지사 16인 열전』, 대한예수교장로회 연동교회, 2009, 362쪽.

교회 사업과 교육 사업에 전념하였다. 선교사 교장들이 서구 문화를 소개하는 역할을 했다면, 신마리아는 교육 이념과 실천 방법을 검토하면서 연동여학교 교육 터전을 닦는 일을 하였다. 신마리아의 교육 목표는 경천애인하는 국민, 즉 한민족이 하나님을 깨달아 알게 하는 것과 민족과 국가를 사랑하여 목숨을 아끼지 않는 애국적 인재를 양성하는 것이었다. 성경의 교훈에 비추어 본 교육 이념은 썩은 한 알의 밀알이 되는 것이었다.[24]

신마리아는 생활 과목, 성경과 산술 등을 가르쳤다. 그의 성경 시간은 학생들을 감화시켜 매일매일 새로운 각오와 결심을 다지게 했고, 수학의 권위자였던 이교승 선생이 오기 전까지 학생들에게 산술을 가르쳤다. 신마리아는 모든 일의 출발은 가정에 있다고 생각하여, 학생들로 하여금 현모양처의 이상을 갖게 하는 동시에 가정생활에 필요한 만반의 실력을 갖추게 하였다. 학생들은 입학한 뒤에는 정결, 정직, 근면, 검소해야 하며 친절과 우애로 모든 예의를 갖추어야 했다. 즉 그것은 신앙을 토대로 한 인격 교육이었다. 신마리아는 학생들과 같이 숙식 기거하며 이 모든 미덕을 이론으로만 지도한 것이 아니고 실천궁행으로 학생을 육성하였다.

신마리아는 1919년 3·1운동이 일어나고, 사랑하던 제자들이 비밀리에 거사를 준비하는 것을 보며 그들을 위해 전심으로 기도하였다. 그러나 1919년 11월 김마리아를 필두로 자신의 딸인 신의경, 학교 선생과 학생들이 애국부인회 사건으로 입건되어 모진 고문을 받고 투옥되는 것을 보고는 병을 얻었다. 온 교회와 학교가 신마리아의 병을 치료하려고 백방으로 노력하였지만 결국 향년 49세 되던 1921년 6월 24일 숨을 거뒀다.[25] 신마리아가 정신여학교에서 20여 년간 봉직하는 동안 그의 자주적

---

24 정신백년사출판위원회, 『정신 100년사』 上, 157쪽.
25 정신백년사출판위원회, 『정신 100년사』 上, 157~158쪽.

이고 애국적인 인성 교육은 정신여학교를 민족의 여학교로 끊임없이 성장하게 했다.[26]

김원근(1870~1944)[27]

정신여학교는 교장을 비롯한 여러 미국 선교사들 이외에도 한국인 선생님들이 차츰 부임하여 학생들의 학습에 도움을 주었다. 정신여학교 평교사로 학생들의 정신 교육과 인격 형성에 큰 영향을 미친 교사로는 김원근을 들 수 있다. 1906년 37세의 장년 김원근이 한문 선생으로 부임하였다.[28]

교사 김원근

김원근은 1870년 서울에서 출생하여 구학문을 배운 후 배재학당에서 신학문을 익혔다. 1906년 연동여학교 시절부터 근무를 시작한 김원근은 1941년까지 35년간 그의 일생을 정신여학교에 고스란히 바쳤다. 구한국 시대의 뛰어난 한학자였으며, 겸손하고 원만한 인격은 사람들로 하여금 저절로 머리를 숙이게 하였다.[29]

김원근은 역사 교육 수업에서 한국 역사를 바르게 교육함으로써 민족의 얼을 찾게 하여 학생들의 피를 끓게 하였고 애국 정신을 북돋아 주었다. 한문 교육에서는 성현들의 행적을 통해 인간 근본의 성리性理와 인간이 지녀야 할 기본적인 자세를 가르쳤고, 예의범절에서는 동양의 미덕을

---

26 박용옥, 『김마리아: 나는 대한의 독립과 결혼하였다』, 104쪽.
27 박용옥, 『김마리아: 나는 대한의 독립과 결혼하였다』, 105쪽; 정신백년사출판위원회, 『정신 100년사』 上, 192~194쪽.
28 정신백년사출판위원회, 『정신 100년사』 上, 192~193쪽.
29 정신백년사출판위원회, 『정신 100년사』 上, 193~194쪽.

가르치며 전인교육을 시켰다. 그의 고매하고 엄격하고 애국심에 불타는 교육은 일제 말기까지도 계속되었다. 당시 학생들의 머리와 가슴에 커다란 기둥이 된 교훈은 김원근의 한문과 역사 교육을 통해서 함양된 애국정신이었다. 그러한 애국 정신은 3·1운동, 애국부인회 사건, 광주학생 사건과 6·10만세 사건에 호응하는 애국심의 밑바탕이 되었다. 김원근은 정신여학교의 애국자들을 길러낸 온상이자 밑거름이 된 스승이다. 김원근은 정신여학교에서 평생을 중등교육에 몸바치다가 1944년 향년 75세의 나이로 사망하였다.[30]

김필례(1891~1983)

교사 김필례

김필례는 1903년 13세에 연동여학교에 입학하여 자매와 조카와 함께 수학하고, 1907년 17세에 연동여학교 제1회 졸업생이 되었다. 김필례는 졸업 후 일본 동경여자학원에서 유학하였다. 김필례는 동경여자학원을 졸업한 후 동경여자학원에 남아 학생들을 가르치기로 약속되어 있었으나, 일본 동경까지 찾아온 루이스 교장의 간곡한 요청에 따라 1916년 정신여학교 교사로 부임하였다.

김필례가 일본에서 유학하고 있는 동안 연동여학교는 여러 변화가 있었다. 먼저 교명이 정신여학교로 바뀌었다. 미국 사업가 세브란스가 거액을 기부하여 1905년에서 1910년에 걸쳐 지하 1층, 지상 3층의 4층 벽돌 건물로 총건평이 679.5평에 달하는 본관이 건축되었다.

---

30 박용옥, 『김마리아: 나는 대한의 독립과 결혼하였다』, 105쪽; 정신백년사출판위원회, 『정신 100년사』上, 194쪽.

1913년 1월 같은 미국 북장로교 소속의 경신소학교와 정신소학교가 교명을 보영학교라 정하고 통합되었으나, 언더우드가 사망한 후 1916년 폐교되었다. 또한 이 시기는 1915년 「사립학교규칙」 반포로 인해 성경을 가르치지 못하게 하여 정신여학교가 폐교될 위기에 놓여 있었다. 1912년 부임한 교장 루이스는 정신여학교를 살리기 위해 일본에서 학업을 마친 김필례에게 도움을 청하였다. 김필례는 1916년 동경여자학원 고등부를 졸업하고 귀국하여 4월 모교인 정신여학교에 취직하였다.[31]

정신여학교는 대학 예과에 해당하는 보수과를 두었다. 김필례는 정신여학교 선생이 되어 보수과 5·6학년의 역사와 수신을 담당했다. 5학년 학생들에게는 세계사를, 6학년 학생들에게는 교회사를 추가로 가르치기도 했다.[32] 김필례의 교육이 학생들에게 미친 영향은 3·1 만세 사건으로 구속되어 실형을 받은 독립운동가 이아주의 기억을 통해 확인할 수 있다. 이아주는 정신여학교에 다니면서 김필례에게 한국 역사를 배웠다. 김필례도 투철한 역사 의식에 입각하여 가르쳤지만 우리 역사를 바로 알고자 하는 정신여학교 학생들의 의욕 또한 뜨거웠다. 김필례는 우리나라 역사를 가르치는 시간을 통해 우리 민족이 열강의 틈바구니 속에서 독립할 날이 반드시 올 것이며, 독립은 남의 힘을 빌려서가 아니라 우리 자신의 힘을 길렀을 때 가능하다고 역설했다. 조선 사람으로 이 땅에 태어난 자는 모름지기 조선에 대한 무한한 애정과 겨레의 살붙이를 사랑하는 마음 또한 뜨거워야 한다는 것을 애써 강조했다. 이 무렵 정신여학교 학생들은 김필례의 가르침에 깊은 감동을 받았고 그것을 생활 속에서

---

31 정신백년사출판위원회, 『정신 100년사』 上, 263쪽, 269쪽.
32 이기서, 『교육의 길, 신앙의 길, 김필례 그 사랑과 실천』, 북산책, 2012, 92쪽; 정신백년사출판위원회, 『정신 100년사』 上, 271쪽.

정신여자중·고등학교 교목 회화나무 (2024년 12월 철거)

실천하고자 애썼다. 3·1운동 때 학생들이 김필례가 가르친 역사 공책을 교정 회화나무 밑동에 난 구멍에 감추어 두고 만세 대열에 참가했다는 것은 유명한 일화이다.

　김필례는 3·1운동이 일어나기 전인 1918년 6월 결혼하고 시댁인 광주로 내려가 있었지만, 정신여학교에 있으면서 뿌린 씨앗은 이 학교 학생들이 3·1 만세시위를 주도하는 것으로 꽃피웠다. 3·1 만세 운동으로 실형을 받았던 정신여학교 학생 이아주는 그의 강렬한 조국애와 민족애는 정신여학교에서 김필례로부터 받은 역사 교육에 힘입은 바 컸다고 뒷날 여러 차례 술회했다.[33]

장선희(1893~1970)

교사 장선희

　장선희는 8세에 황해도 안악에서 양산소학교 여자반에 입학하여 다니다가 12세 때 새로 설립된 안신소학교에 입학하였다. 장선희는 1908년 안신소학교를 졸업한 후 3년간 그곳에서 교편을 잡았다가 평양 숭의여학교에 다시 진학하였다. 입학 일 년 만에 다시 정신여학교로 전학하여 1914년 졸업하고, 1915년 경성여자고등보통학교 기예과를 졸업하였다. 졸업 후 모교인 정신여학교에서 자수, 편물, 도화를 가르치면서 학생들에게 뜨거운 애국 정신을 길러 주었다. 장선희는 김순호가 정신여학교에 입학할 당시 교사로 활동하고 있었다.

　장선희의 성향은 다음의 사실에서 확인할 수 있다. 장선희는 1919년

33　이기서, 『교육의 길, 신앙의 길, 김필례 그 사랑과 실천』, 112~115쪽.

서울에서 3·1운동이 일어난 다음 날, 지방에서의 만세시위 거사를 위하여 2·8 독립선언문과 3·1 독립선언문, 경고문 등 1천 매가량의 비밀문서를 가지고 고향인 황해도로 갔다. 그는 재령의 자기 집에 도착하여 오빠 장인석과 의논한 후, 명신학교 교장 안병균과 그의 부인 김성무를 만나 김용승 목사와 김말봉 등과 연락하여 장날을 택해 독립만세를 부르도록 지시하고 3월 6일 다시 아주머니 행색을 하고 상경하였다. 상경 즉시 3·1운동 이후 정신여학교 교사 김마리아와 만세시위에 참여하였던 학생들이 검거된 사실을 듣고, 세브란스병원과 동대문부인병원 등에 위장 입원하여 몸을 숨겼다. 3월 중순 장선희는 오현주 자매와 이정숙, 이성완을 중심으로 혈성부인회를 조직하고 3·1 만세 사건 때 경찰에게 검거 투옥된 이아주, 임충실, 박남인, 김경순 등의 학생들과 그 외의 투옥 지사 옥바라지와 그 가족의 구호를 위한 자선사업을 기획, 실천하였다. 이후 김마리아가 대한애국부인회를 조직했을 때는 재무 겸 지방 통신원 직책을 맡았고, 재령 지부장으로 김성무를 선임하였다.[34] 장선희가 황해도 출신으로 재령에 근거를 두고 있었고 명신학교 교장 부부를 알고 지낸 것을 보면, 황해도 재령 출신이고 명신학교를 졸업한 김순호가 정신여학교에 입학하는 데 영향을 받았을 것이며, 정신여학교 재학 당시 같은 고향 교사와 학생으로서 가깝게 지냈을 것으로 추정된다.

김영순(1892~1986)

김영순은 정신여학교 교사 김원근의 딸로 1914년 정신여학교를 졸업하고 군산 메리볼덴 교사로 2년간 근무하다가 모교인 정신여학교 사감으

34　정신백년사출판위원회, 『정신 100년사』 上, 415쪽, 427쪽.

로 부임하였다. 1919년 3월 5일 서울 장안의 각 학교 학생들이 만세시위에 참여하였을 때 학교 당국은 사감인 김영순에게 "학생을 보호해 달라"고 당부하며 안절부절 못하였다. 김영순은 만세를 부르러 나간 학생들을 찾아다니느라고 만세를 부르지 못하였다. 3월 5일 학생 만세 사건으로 정신여학교 학생 60여 명이 체포되자, 김영순은 학생들에게 사식을 넣어 주었다. 이후 김마리아가 조직한 대한애국부인회에서 김영순은 서기를 맡았다. 1919년 12월 28일 대한애국부인회가 일본 당국에 밀고되어 정신여학교 직원실로 형사들이 들이닥쳤다. 이때 김마리아, 김영순, 신의경이 교실에서 체포되었다.[35] 김영순은 김순호가 학생이었을 당시 기숙사 사감으로 가깝게 생활하며 구국정신을 함양하는 데 영향을 끼쳤을 것이다.

김마리아(1892~1944)

교사 김마리아

여성 독립운동가로 가장 크게 활약한 인물 중 한 명인 김마리아는 1906년 6월 14세에 연동여학교에 입학하고, 1910년 6월 16일 정신여학교 제4회로 졸업하였다. 김마리아는 광주 수피아여학교 교사, 히로시마여학교 유학, 정신여학교 교사를 거쳐 1915년 일본 동경여자학원 본과 및 대학부에 입학하였다. 1919년 2월 말 독립선언서를 몰래 가지고 귀국하여 독립운동을 전개하였으며, 1919년 3월 6일 정신여학교 교무실에서 일본 경찰에게 체포되었다. 1919년 3·1운동 전후 김마리아가 정신여학교에서 학생들을 가르쳤음을 알 수 있다.

35　정신백년사출판위원회, 『정신 100년사』 上, 417~418쪽.

김마리아는 1919년 10월, 대한민국임시정부를 지원하고 독립운동을 하기 위해 대한민국애국부인회를 조직하였다. 활발히 활동하던 중 11월 말 조직이 발각되어 간부들이 일제히 체포되었고, 회장인 김마리아는 3년형을 받았다. 김마리아의 독립에 대한 열정은 3·1운동을 전후한 시대 상황에서 정신여학교에서 교육받은 김순호에게 고스란히 전달되었을 것이다.[36]

오천영

오천영은 황해도 출신으로 1903년 복음을 전해 듣고 예수교에 입신하였고, 서울로 상경하여 경신학교를 나온 후 같은 학교에서 교편을 잡았다. 그 뒤 일본 와세다대학 영문과와 평양 숭실대학 문과를 졸업하였다. 1913년부터 1919년까지 정신여학교 교사로 지내던 중 1916년 연동교회 장로로 장립되었다. 1920년 다시 평양신학교에 입학하여 최고 신학부를 마친 뒤 서울 안동교회 목사로 안수 장립되어 2년간 목사 사무에 임하였다.[37]

쿤스 부인(Lucy Floy Donaldson, 1885~1986)

쿤스는 1906년부터 1912년까지 재령에서 근무하면서 명신학교를 설립하였다. 쿤스 부인은 1913년 서울에 정착하면서 정신여학교에서 영어와 가사 등을 가르쳤으며, 1917~1921년 미국적십자사 한국지부 여성 사역 책임을 맡기도 하였다.[38] 쿤스 부인은 재령 선교 활동 시기에 장로의

---

36 안병호, 「김순호 선교사의 생애와 선교적 역사적 의의에 대한 연구」, 9쪽.
37 정신백년사출판위원회, 『정신 100년사』 上, 505쪽.
38 내한선교사사전 편찬위원회, 『내한선교사사전』, 1088쪽.

딸이자 명신학교 학생이었던 김순호를 알았을 것이며, 김순호가 정신여학교에 입학하는 데 영향을 끼쳤을 것으로 생각된다.

1915~1921년 사이 정신여학교 교장 루이스, 부교장 딘, 교사 신마리아, 김원근, 김필례, 장선희, 김영순, 오천영, 김마리아 외에도 왐볼드는 체조, 미술 등 예체능 과목을, 이원모는 한문을, 이교승은 수학을 가르쳤다. 초기 정신여학교 교사는 연동교회 신자로서 교회의 중직을 겸하기도 하였다.[39] 당시 외국인 선교사와 한국인 교사들은 특정 교과의 전문가로서 수업을 담당하였으며, 수업과 그 이외의 교내 활동 시간에 국가에 대한 애국심을 고취시켰다. 이러한 수업 분위기 때문에 정신여학교 학생들은 3·1운동 만세시위에 적극적으로 동참할 수 있는 정신과 실천력을 갖출 수 있었다. 김순호 역시 이상의 교사들의 영향으로 신앙심과 애국심이 투철한 인물로 성장하였다.

---

39 정신백년사출판위원회, 『정신 100년사』 上, 192~196쪽.

4. 학창 시절을 함께 보낸 동기와 선후배

1910년대 학교를 다닐 수 있었던 여학생은 극소수에 불과하였다. 정신여학교 학생들은 사회의 관심과 기대를 한 몸에 받았으며, 스스로 자신들은 여성 선각자라는 자부심을 가지고 사회 현실 및 조국의 앞날에 대한 책임감을 갖고 생활하였다.[40] 김순호가 정신여학교를 다녔을 때 함께 공부한 선후배와 동기는 대략 100여 명 되지 않을까 추측된다. 1916년 김순호가 입학했을 당시 최고 학년인 4학년과 함께 공부하였는데, 이들이 1917년 9회 졸업생이 되었을 것이다. 1917년 9회 졸업생 15명, 1918년 10회 졸업생 13명, 1919년 11회 졸업생 20명, 1920년 12회 졸업생 2명, 1921년 13회 졸업생 6명, 1922년 14회 4명, 1923년 15회 17명, 1924년 16회 15명 등으로, 김순호가 1916년 입학하고 1921년 졸업할 때까지 1919년 3·1운동으로 졸업을 하지 못해 졸업생 수가 적어졌다고 해도 한 학년 재학생이 20명 내외였을 것이며, 따라서 정신여학교 당시 재학생 수는 80명 내외였을 것으로 생각된다. 80여 명의 재학생이 한 공간에서, 그것도 지방에서 상경하여 기숙사에서 생활했던 만큼 매우 가까운 사이가 되어 서로 영향을 주고받으며 성장했을 것이다.

김순호와 함께 여학교 시절을 보낸 대표적인 선후배 및 동기의 면면을 살펴봄으로써 김순호의 학창 시절을 유추하고자 한다. 1924년 졸업 기수의 동창부터는 김순호와 깊은 교류를 하지 못한 학년으로 보여 1923년 제15회 졸업생까지만 정리하였다. 제15회 졸업생 이후 일제강점기 정신여학교 동창의 면면은 『정신 100년사』 등을 참고하기 바란다.

---

40 김숙영, 「간호부 이정숙의 독립운동」, 7쪽.

1917년 제9회 졸업생 – 주경애, 김영순

주경애는 1917년 제9회 졸업생 15명 중 한 사람으로 김순호가 1916년 입학할 당시 4학년이었다. 주경애는 1919년 3·1운동 시기 부산 동래 일신여학교 교사로 있었는데 학생들과 비밀리에 독립선언서를 낭독하였다. 이들은 제2상업학교 학생들과 연락하여 3월 11일 남녀 두 학교 학생들이 중심이 되어 만세운동을 시작하자 300~400명의 군중이 합세하였다. 주경애는 체포되어 2년형을 언도받았으며, 1920년 영친왕의 결혼을 계기로 출옥하였다.[41]

김영순은 1900년 서울 출생으로 12세에 정신여학교에 입학하여 1917년 18세에 졸업하였다. 졸업 후 목포로 내려가 살았는데, 3·1 만세시위에 가담하여 공주 감옥에 투옥되었다. 그는 감옥에서 나온 후 경남 안신소학교에서 1922년까지 2년간 교사 활동을 하다 1923년 상해임시정부를 왕래하던 독립투사 백우학과 결혼하였다.[42]

1918년 제10회 졸업생 – 김말봉, 유보경, 김필애, 신연애

정신여학교 제10회 졸업생들은 1914년에 입학하여 4년 과정을 마치고 1918년 졸업하였다. 김순호가 입학했을 때 3학년생으로 함께 학교생활을 한 선배들이다. 1919년 3·1 만세운동 당시 각 지방의 여학교 교사로 재임하고 있다가 3·1운동을 주도하다 검거된 김말봉, 유보경, 김필애, 신연애 등이 이들이다.

김말봉은 1901년 부산 출신으로 황해도 재령읍 명신학교 고등과 여자부 교사로 있던 중, 3월 3일 정신여학교 교사 장선희에게 독립선언서를

---

41 정신백년사출판위원회,『정신 100년사』上, 445쪽.
42 정신백년사출판위원회,『정신 100년사』上, 447쪽.

받고 명신학교 교장 안병균과 그의 부인 김성무, 서부교회 임택권 목사, 동부교회 김용승 목사 등과 한자리에 모여 "9일 주일예배 후에 동부, 서부 양 교회 문을 나서 쌍방이 중앙 지대에 와서 합류하여 대규모의 시위를 벌이자"고 약속했다. 김말봉이 독립선언서 원문을 낭독하였고, 그날 헌병에게 쫓겨 다니다 모두 검거되었다.[43]

유보경은 진주로 내려가 호주 선교사가 설립한 광림여학교 교사로 있을 때 동료 교사 박덕술 등과 모의하여 배돈병원 간호원들과 같이 만세를 불렀다. 애국부인회 초창기 창립 회원 16명 중 한 명으로 전북지부장으로 활약하였다. 김필애는 졸업 후 고향인 마산에 내려가 의신여학교 교사로 있으면서 애국부인회 경남지부장을 맡았다. 신연애는 유보경, 신의경 등과 함께 3·1운동에 참여하였으며, 대한애국부인회 황해도 지부장으로 활약하였다.[44]

1919년 제11회 졸업생 – 이성완, 임충실, 박남인, 정근신, 문덕은

정신여학교 제11회 졸업생들은 1915년에 입학하여 4년 과정을 마치고 1919년 졸업하였다. 김순호가 1916년 입학했을 때 2학년생으로 함께 학교생활을 한 선배들로, 이성완, 임충실, 박남인, 정근신, 문덕은 등이다.

이성완은 1919년 장선희, 오현주, 오현관, 이정숙 등과 함께 혈성단(혈성부인회)을 조직하고, 그 이유를 "3·1운동 사건으로 수감된 이들의 사식이나 생활필수품을 차입시켜 주고 또 그들의 가족을 도와 생활 구제 방침을 세워 주기 위함"이라고 밝혔다. 이성완은 오등선(33인 중 한 명인 오화영 목사의 딸)과 차숙경(33인 중 한 명인 이갑성의 부인) 등과 같이 일용품에 대한 간이

---

43 정신백년사출판위원회, 『정신 100년사』 上, 431쪽.
44 정신백년사출판위원회, 『정신 100년사』 上, 431쪽, 447~448쪽.

구입부 형식을 취하여 자금을 조달하였다. 4월 19일 차숙경을 도와 감옥에 차입할 아침식사를 준비하다가 갑자기 형사들이 몰려와서 서대문경찰서로 연행되었다가 경무총감부로 넘어가서 14일 동안 모진 고문을 받았다. 그해 8월 4일 김마리아, 나혜석, 박인덕, 신준려, 황애덕, 김경순 등과 함께 예심 면소로 출감되었다. 이후 김마리아의 대한민국애국부인회 조직에서 백신영과 함께 결사대장이라는 요직에 안배되어 활동하였다.

임충실과 박남인은 1919년 3·1 만세시위 사건 때 이아주, 김경순 등과 함께 체포되었다가 3월 24일 석방되었다. 정근신과 문덕은 홍수원에서 애국부인회 회원으로 활동하였다.[45]

1920년 제12회 졸업생—1919년 3·1운동 당시 4학년— 김경순, 김유실

1916년 입학하여 1919년 3·1운동 당시 4학년으로 1920년 제12회 졸업생이 되어야 했던 학년으로, 김순호와 동기들이다. 1919년 4학년 학생들은 3·1 만세시위 사건으로 투옥되고, 3·1운동 직후 휴교된 후 9월이 되어서야 복교되는 등 제대로 학교 수업이 이루어지지 못해 1920년 제12회 졸업생은 김경순과 김유실 단 두 명뿐이었다.[46]

김경순은 함경남도 태생이며 1919년 3월 5일 만세시위 사건으로 이아주, 임충실, 박남인 등과 같이 체포되었으나, 임충실의 부친과 유각경 부친 유성준의 노력으로 3월 24일 석방되었다. 만세시위 사건 이후 곧 졸업하였다. 졸업 후 신앙 생활과 전도 활동을 열심히 하며 여전도총회 제5회 총회 서기와 함경남북연합회장으로 일하였다. 해방 이후 북에서 남하하지 못하고 한국전쟁 시기 공산당에게 죽임을 당하였다. 김유실은 1920년

45　정신백년사출판위원회, 『정신 100년사』 上, 449쪽.
46　김영삼, 『정신 75년사』, 256쪽.

1월 하순 삐라 사건 및 만세 사건에 연루되어 투옥되었다. 서효애 등과 애국운동에 가담하였다.[47]

1921년 제13회 졸업생 – 김순효, 박덕기, 이도신

정신 13회 졸업생은 김순효金順孝, 노유선, 서옥윤, 박덕기, 신원혜, 오성순, 강윤영, 이도신이었다. 김순호는 『정신 100년사』에 김순효金順孝란 이름으로 기술되어 있다. 『정신 100년사』에는 1902년 황해도 태생이며 대동단 사건(훈정동 종묘 만세시위 사건 : 필자)으로 투옥되었고, 신앙적으로 뛰어나 중국 산둥성 여선교사로 파송되어 평생 전도사로 일했으며, 만년엔 평양신학교 교수로 시무하다가 공산당에게 순교당했다고 적혀 있다.

함께 졸업한 박덕기와 이도신도 종묘 만세시위 사건에 연루되어 체포되었다가 모두 1921년 3월 26일 졸업하였다. 함께 종묘 만세시위 사건으로 복역한 노순경은 이후 1936년 제28회 졸업식 때 추가 졸업생 10명 중 한 명으로 졸업하였다.[48]

1919년 3·1운동 당시 3학년 – 채계복, 이아주

1917년 정신여학교에 입학하여 1919년 3·1운동 당시 3학년이었던 학생 중에는 3·1운동 참가로 인해 졸업하지 못했던 채계복과 이아주가 있다. 채계복은 블라디보스토크 신한촌에서 반일 독립운동가로 일제의 주목을 받았던 독립운동가 채성하의 맏딸로 정신여학교로 유학을 왔다.[49] 채계복은 3·1운동 당시 정신여학교 3학년으로 정신여학교 안에 독립

---

47 정신백년사출판위원회, 『정신 100년사』 上, 449~450쪽.
48 정신백년사출판위원회, 『정신 100년사』 上, 450~451쪽, 463쪽.
49 이명화, 「한국 여성독립운동의 요람지, 정신여학교」, 130~131쪽.

운동 밀서를 사전에 반입한 학생이었다. 독립신문, 경고문, 삐라 등을 비밀리에 전달하였는데, 1919년 2월 28일 저녁 채계복은 선배 이성완과 함께 기숙생들에게 선언서를 전했다. 채계복은 정신여학교를 졸업하지 못했으며, 후일 신한촌에서 이의순, 이혜주 등과 함께 항일부인회(1919년 부인독립회로 개칭)를 조직하고 활동하는 등 독립운동을 하였다.[50]

동문 이아주

세브란스병원 간호원이었던 이아주는 정신여학교 교사 김필례가 입원하였을 때 인연이 되어 정신여학교에 입학하였다. 이아주는 3·1운동 당시 3학년이었는데 기숙사생들과 3월 5일 만세운동에 일제히 가담하기로 다짐하였다. 3월 5일 아침 30여 명의 기숙생들과 함께 교직원들이 출근하기 전에 학교를 나서서 대한문 쪽으로 걸어갔다. 시민들과 만세를 부르다가 임충실, 박남인, 김경순 등과 함께 체포되었다. 이아주는 재판 과정에서 "독립운동을 할 기회가 있으면 또 한다"고 하면서 판사 앞에서도 서슴없는 태도를 보였고, 결국 3월 5일 체포된 여학생 중 이아주가 유일하게 실형을 받았다. 이아주도 1936년 추가 졸업하였다.[51]

---

50 정신백년사출판위원회, 『정신 100년사』 上, 427~428쪽.
51 정신백년사출판위원회, 『정신 100년사』 上, 428~429쪽.

1922년 제14회 졸업생 황희수
1923년 제15회 졸업생 방순희

동문 방순희

1918년 입학하여 1919년 3월 당시 2학년이 된 학생들 중 『정신 100년사』에 황희수의 이름이 보인다. 황희수는 3·1운동에 참여하였고, 정신여학교 선배 이정숙의 권유로 김경순과 3인이 애국부인회에 가입, 활동하였다.

방순희는 러시아 블라디보스토크에서 초등학교를 다녔으며, 교사가 되기 위해 1919년 3·1운동의 여파로 정신이 없었던 시기 10월에 단신 귀국하여 정신여학교에 입학하였다. 4년제 과정을 우수한 성적으로 이수하고 1923년 제15회 졸업생이 되었다.[52] 이후 방순희는 블라디보스토크로 돌아가 신한촌 백산소학교에서 한국인들을 교육하였고, 이후 러시아, 상하이, 만주 등에서 여성 독립운동가로 활약하였다.

---

52 정신백년사출판위원회, 『정신 100년사』 上, 434쪽.

5. 1919년 3·1운동과 김순호

1919년 서울에서의 3·1 만세운동은 실제 3월 5일 본격적으로 일어났다. 정신여학교 학생들은 기숙사 사감의 눈을 피해 1919년 3월 5일 아침 일찍 학교를 나섰다. 30여 명의 기숙생들은 남대문역 앞에서 시위를 하기 위해 모두 흰 저고리에 검정 치마를 입고, 댕기 꼬리가 일본 순경에게 붙잡히지 않도록 머리를 꼭꼭 땋아 둘레머리를 하고 버선발에 미투리를 신었다. 일행은 대한문 앞에 이르렀을 때 목소리를 높여 만세를 불렀다. 일본 순경은 만세를 부르는 이들을 모조리 체포하였는데, 그때 정신여학교 학생들 중에 임충실, 이아주, 박남인, 김경순 등이 체포되었다가 3월 24일 석방되었고, 이아주는 실형을 받았다.[53] 당시 기숙사에서 생활하던 김순호도 만세시위에 참여하였을 것이며, 같이 시위에 나갔던 동기와 후배들이 체포되어 고초를 당했던 것을 직접 목도하였을 것이다.

학생들의 참여가 점차 늘어나자 3월 10일 조선총독부는 휴교령을 내렸다. 학교가 휴교하자 정신여학교 학생들도 고향으로 내려가 각 지방 3·1운동의 주역이 되었다. 정신여학교 졸업생이나 재학생 중에서 지방 3·1운동을 선도한 이들은 정순애(부산진), 주경애(동래 일신여학교), 이순길(군산), 김현경(공주), 김영순(목포), 유보경(진주) 등이다.[54]

---

53 정신백년사출판위원회, 『정신 100년사』 上, 449쪽.
54 이명화, 「한국 여성독립운동의 요람지, 정신여학교」, 131쪽.

III
3·1운동 이후 김순호의 만세시위와 교사 활동

1장에서 언급한 바와 같이 선교사 김순호의 이름은 시기마다 다르게 불렸다. 1919년 당시 김순호는 김효순이란 이름으로 생활하였던 것으로 보인다. 따라서 1919년 세브란스병원간호부양성소 학생으로서 독립운동을 하였던 김효순이 선교사 김순호와 동일 인물인지 모르는 경우가 많다. 이 장에서도 서대문감옥 수형자 기록 카드에 적혀 있던 김순호로 통일해 서술하였다.

1. 1919년 3월 세브란스병원간호부양성소 입학 [1]

세브란스병원간호부양성소는 간호선교사 쉴즈Esther L. Shields에 의해 1906년 설립되어 전문적인 간호 교육을 시작한 후, 1910년 제1회 졸업생을 배출한 기독교 간호 교육기관이다. 일제는 1915년 3월 24일 총독부령 제24호로 「개정사립학교규칙」을 공포하면서, 사립학교를 철저한 통제정책 아래 묶어 놓았다. 일제의 교육정책에 따라 기독교계 사립학교는

---

[1] 이방원, 「세브란스 간호사의 독립운동」, 『연세의사학』 22-1, 2019, 93~98쪽의 내용 중 관련 사항을 인용하였다.

종교 교육을 할 수 없었으며, 기독교계 사립 간호원양성소를 졸업한 간호원들은 조선총독부의 지정을 받을 수 없었다.[2] 세브란스병원간호부양성소는 1903년 개소한 보구여관간호원양성소와 더불어 한국에서 정규 간호 교육을 시작하였고 간호선교사의 지도 하에 전문 간호원을 배출하고 있었음에도 불구하고, 총독부의 지정을 받지 못하였기 때문에 졸업한 간호원들은 총독부에서 주최하는 간호원 자격 시험에 합격해야만 면허를 받을 수 있었다.[3]

1917년 5월, 세브란스연합의학교의 교명이 '사립세브란스연합의학전문학교'로 개칭되면서 세브란스병원간호부양성소 또한 '사립세브란스연합의학전문학교 부속 간호부양성소'로 그 명칭이 바뀌었다.[4] 1918년 제정된 「사립세브란스연합의학전문학교 부속 간호부양성소 규칙」은 일제가 1914년 반포한 「간호부 규칙」에 근거하여 제정되었고, 이때 간호부양성소의 입학 자격 규정이 보통학교 졸업자와 고등보통학교에 1년 이상 통학한 자 및 그와 동등 이상의 학력을 가진 자가 입학할 수 있다고 상향 조정되었다.[5]

---

2 연세대학교 간호대학 100년사 편찬위원회, 『연세대학교 간호대학 100년사』, 연세대학교 간호대학, 2008, 56~57쪽. 당시 지정을 받은 간호원양성소는 졸업과 동시에 간호사 자격을 얻고 공식적으로 간호 활동을 할 수 있었다.
3 연세대학교 간호대학 100년사 편찬위원회, 『연세대학교 간호대학 100년사』, 60쪽.
4 연세대학교 간호대학 100년사 편찬위원회, 『연세대학교 간호대학 100년사』, 83쪽.
5 첫째, 품행이 방정하며 연령이 18세 이상이어야 하고, 부모의 동의서와 교사 또는 목사의 추천서를 갖춘 자, 둘째, 보통학교 졸업자와 고등보통학교에 1년 이상을 통학한 자 및 그와 동등 이상의 학력을 가진 자로 비로소 학력 수준을 입학 자격의 기준으로 삼기 시작하였으며, 셋째는 간호학을 수학하기에 적당한 신체 및 정신 상태의 여부를 확인하기 위한 의사의 증명서를 제출해야만 했다. 또한 질병으로 고통받는 환자를 간호할 때 환자의 정신적인 요청에도 민감하게 반응할 수 있어야 함을 강조하며 간호사로서의 자질을 미리 갖추고 입학해야 함을 따로 언급하기도 하였다(박윤재, 「사립세브란스연합의학전문학교 간호부양성소 일람」, 『연세의사학』 3-1, 1999, 3쪽 참조).

1918년 제정된 세브란스병원간호부양성소 규칙에 따르면 교육 기간은 총 3년 3개월로, 3개월은 학습생(견습생)으로 보내는 시간이고 정식 교육은 4월 1일에 시작하여 3년간의 교육과정을 거쳐야 했다. 간호부양성소 입학생들은 입학 허가 이후 3개월 동안 학습생 신분으로 예비과정을 이수한 후 구술 및 필기 시험을 통과한 다음에야 비로소 정규 간호학생으로 진급이 가능했다.[6]

교육과정은 강의와 임상 실습이 주를 이루었는데, 임상 실습 과정은 병원에서 이루어지는 모든 간호 업무를 실제로 체험하는 방법을 취하였다. 실습은 주로 쉴즈 선교사를 중심으로 외국인 간호선교사들의 교수 아래 실시되었다. 학생들의 임상 실습은 간호학 지식뿐만 아니라 간호의 기본 철학이자 기독교 사상인 사랑과 봉사의 이념도 체득할 수 있는 기회가 되었으며, 병원 내 부족한 간호 인력을 적절하게 해소하는 수단이 되었다.[7] 간호부양성소에 합격한 사람은 모두 기숙사에 입사하는 것이 의무였기 때문에 기숙사 생활은 교육과정의 일부를 차지할 만큼 중요하였다.[8] 3년 3개월의 교육과정이 쉽지 않은 데다 당시 사회적·정치적 변동으로 인해 처음 입학 허가를 받은 학생 수는 끝까지 과정을 이수하고 졸업한 학생 수와 상당한 차이가 났다. 1906년 개교 이래 세브란스병원간호부양성소의 졸업생은 1919년에 이르러 총 30여 명이 되었다.[9]

---

6 박윤재, 「사립세브란스연합의학전문학교 간호부양성소 일람」, 4쪽; 연세대학교 간호대학 100년사 편찬위원회, 『연세대학교 간호대학 100년사』, 61쪽.
7 연세대학교 간호대학 100년사 편찬위원회, 『연세대학교 간호대학 100년사』, 63~64쪽.
8 연세대학교 간호대학 100년사 편찬위원회, 『연세대학교 간호대학 100년사』, 69쪽.
9 박윤재, 「사립세브란스연합의학전문학교 간호부양성소 일람」, 7쪽; 대한간호협회, 『간호사의 항일구국운동』, 대한간호협회, 2012, 43쪽; 연세대학교 간호대학 100년사 편찬위원회, 『연세대학교 간호대학 100년사』, 469쪽.

1919년 3·1운동 이후 조선총독부는 만세시위가 격화될 조짐이 보이자 각 학교에 휴교령을 내렸다. 정신여학교 기숙사 학생들은 대부분 자신의 고향으로 내려갔다. 먼 지방에서 유학 온 황해도 송화 학생 노순경, 함경도 나남 학생 박덕혜, 평안도 강계 학생 이도신, 황해도 재령 학생 김순호 등은 귀가하지 못하고 교장 루이스의 주선으로 세브란스병원간호부양성소에 입학하게 되었다.[10] 정신여학교 학생들이 위급한 상황에서 세브란스병원간호부양성소에 입학할 수 있었던 이유는 미국 북장로교가 정신여학교와 세브란스병원을 단독 또는 주축으로 운영하고 있었고, 정신여학교는 당시 서울의 유일한 미국 북장로교 여학교로 선교사들의 보고서 등에 '정신'이라는 학교명을 거론하지 않고 자신들의 교파 소속 여학교라는 의미의 'girl's school'이라고 기록하였을 정도로 밀접한 관계를 가지고 있었음에 기인하였다.

이러한 관계는 교육과정 교류에서도 나타난다. 정신여학교 학생들이 과학 수업을 세브란스의학교에 가서 의학도들과 함께 배운 기록이 있다. 신마리아는 1897년부터 3년간 제중원 부속 의학부에서 생리, 화학, 산학, 지리, 역사와 천문학을 배웠고,[11] 김필례 역시 정신여학교 시절 세브란스의학교에서 교육을 받았다.[12] 이를 통해 정신여학교 학생들이 세브란스의학교에 가서 과학 등을 배우기 시작한 것은 적어도 1897년경부터였고, 김필례가 정신여학교를 다녔던 1900년대 중반 이후까지 계속되었음을 알 수 있다. 이러한 관계는 정신여학교와 세브란스의학교 및 병원과의

---

10 정신백년사출판위원회, 『정신 100년사』 上, 462쪽.
11 윤세민, 「봉사란 후회 없는 아름다움」, 『빛과 소금』, 1991, 32~33쪽; 대한예수교장로회 연동교회 역사위원회, 『연동교회 애국지사 16인 열전』, 대한예수교장로회 연동교회, 2009, 362쪽.
12 「60년 전의 여학교 생활」, 『조선일보』, 1967.9.24.

밀접한 관계를 보여주는 또 하나의 사례라 할 것이다.

또한 세브란스와 관련된 건물이 정신여학교에도 세워졌다. 세브란스병원를 건축하는 데 많은 돈을 기부한 미국의 실업가이자 자선가인 세브란스는 정신여학교에도 건축금을 기부하여 1910년 정신여학교에 4층 건물의 붉은 벽돌집이 완공되었다. 이 건물은 당시 서울에서도 보기 힘든 방대한 건물이었다. 1904년 세브란스병원이 완공되고 1910년 정신여학교에 '세브란스관'이 완공되었다는 것 또한 정신여학교와 세브란스의학교가 밀접한 관계였다는 것을 보여준다.[13]

1919년 당시 정신여학교 학생들이 세브란스병원간호부양성소에 입학하게 된 상황을 세브란스병원의 간호선교사 러들로우Theresa Ludlow는 다음과 같이 서술하였다.

> 최근 정치적 소요 초기에, 우리는 우리의 여학교(정신여학교 : 필자) 출신의 훌륭하고 눈부신 졸업반 학생들을 받았다. 그 학교는 이 젊은 여성들이 졸업하기 직전 문을 닫게 되었다. 그들은 부상당한 한국인을 치료하는 데에 도움을 주기 위하여 즉시 병원으로 왔다. 지금 10명의 소녀들은 간호원으로서 계속 훈련받을 것을 결정하고 훌륭하게 일하고 있다. 우리에게는 지금 미국의 평균적인 병원에 있는 간호원들 정도로 훌륭한 40명의 학생 간호원들이 있다. 최근의 소요 동안 간호원들은 쉬거나 휴식 없이 이전보다 훨씬 더 오래 일했다. 그러나 누구도 불평하지 않았으며 다른 사람을 위하여 그들 자신을 내어 주는 정신으로 일하였고, 지칠 줄 모르고 일했다.[14]

---

13 이방원, 「세브란스 간호사의 독립운동」, 96쪽.
14 Mrs. Theresa Ludlow, "Is It Worth While to Train Korean Nurses?", *KMF* 15-10, 1919, 217쪽.

위의 러들로우의 글은 *The Korea Mission Field* 1919년 10월에 실린 기사이다. 1919년 3월 당시 정신여학교 학생들이 3·1 만세시위에서 부상당한 사람들을 치료하기 위해 세브란스병원으로 달려왔으며, 그들 중 10명이 세브란스병원간호부양성소에 입학하여 1919년 10월경 교육을 받고 있음을 알 수 있다. 러들로우는 이들을 "훌륭하고 눈부시다"고 표현할 만큼 정신적으로나 지적으로 훌륭한 여성들로 평가하였다.

같은 미국 북장로교라는 신앙의 바탕 위에 서울의 교육기관인 정신여학교와 세브란스의학교는 서로 밀접한 관계를 가지고 영향을 주고받으며 성장하였음을 알 수 있다. 이러한 관계를 기반으로 정신여학교 학생들이 세브란스병원간호부양성소에 입학하고, 세브란스병원을 피신처로, 독립운동 근거지로 삼을 수 있었던 배경이 된 것으로 분석할 수 있다.

2. 1919년 12월 19일 훈정동 종묘 만세시위 참여 [15]

'세브란스 간호원'[16]들은 1919년 3·1 만세시위와 1919년 12월 훈정동 종묘 만세시위 등에 참여하였고, 여성독립단체인 혈성단애국부인회·대한민국애국부인회·대한적십자회에 소속되어 활동하였으며, 개별적으로 독립운동을 다양한 방법으로 지원하였다. 이들은 체포되어 혹독한 고문을 받았고 실형을 받기도 하였다.[17]

---

15 이방원, 「세브란스 간호사의 독립운동」, 100~101쪽의 내용 중 관련 사항을 인용하였다.
16 '세브란스 간호원'은 1919년 이전부터 세브란스병원간호부양성소에서 교육을 받고 졸업하였거나, 졸업을 하지 않았어도 적을 둔 적이 있는 모든 간호원을 포함하였다.
17 이방원, 「세브란스 간호사의 독립운동」, 95쪽 표 참조.

1919년 9월 22일 강우규의 사이토 총독 저격 사건으로 크게 격앙된 서울 시민들은 12월 2일 훈정동 종묘 앞에 모여 독립만세 시위를 하였는데, 이 시위에 세브란스병원 간호원 노순경, 박덕혜, 이도신, 김순호가 참여하였다. 오후 7시경 종묘 앞에 이르러 노순경은 구한국 기(태극기)를, 김순호는 '조선독립만세朝鮮獨立萬歲'라고 붉은 글씨로 쓴 독립기를 각각 흔들며 종묘에 같은 목적으로 모인 20여 명과 함께 대한독립만세를 불렀다. 이들은 종로서에 연행되었고, 12월 18일 경성지방법원에서 공판을 받고 모두 보안법 위반으로 각각 징역 6개월을 언도받았다.[18]

　다음은 김순호 감옥 수형자 신상표이다.

　　본　　적 : 황해도 재령군 재령 향교 100
　　출생지 : 황해도 재령군 재령 향교 100
　　주　　소 : 경기도 경성부 남대문정 세브란스연합의학전문학교 부속
　　　　　　 간호부양성소 기숙사
　　신　　분 : 평민
　　직　　업 : 간호부

　　(수형 사항)
　　죄　　명 : 보안법 위반
　　형명 형기 : 징역 6개월
　　언도 연월일 : 대정 8년(1919) 12월 18일
　　형 진행 시작일 : 대정 8년 12월 19일
　　언도 재판소 : 경성지청
　　집행 감옥 : 서대문감옥
　　출옥 연월 내지 출옥 사유 : 대정 9(1920)년 4월 28일 은면(恩免)
　　비　　고 : 귀주지(歸住地) 미상
　　전　　과 : 초범

18　「보안법 위반범, 제명은 각 지역 육개월」, 『매일신보』, 1919.12.20; 「소요범 4명 제일심에 불복하여 다시 공소신립」, 『매일신보』, 1919.12.29; 독립운동사편찬위원회, 『독립운동사 자료집』 제5집, 독립유공자사업기금운용위원회, 1972, 271쪽.

保安法違反

네명은각장역육기월

십이월이일 오후칠시경에 다묘「大廟」압해셔빈포에붓는글시로「大韓獨立萬歲」라쓴고한독립만세를 듯고만세를쓰고밋 퇴국그를 듯고만세를써셔 치안을방해호 보안법위반범죄부란쓰 병원간호부애대호는 지는십팔일 다방범원데이호 법뎡에셔 금천「金川」판사가아린와又치 판결 언도호얏더라

盧順敬(소) 李道信(소) 金孝順
(소) 朴德惠(이) 은각장역육기월에쳐호엿더라

만세사건 재판(위)
(『매일신보』1919.12.20)과
만세사건 재판 항소(아래)
관련 신문 기사
(『매일신보』1919.12.29)

騷擾犯四名
뎨일심어 불복호고
다시공소신립

남디문동녀체부란스녀병원간호부 박덕혜(소)民도산「李道信」(소) 김효순「金孝順」(소)은 모다야소교도 인디 일즉이 뎡텬독립을 희망호고 십이월이일 경셩부뎡동녀묘압「廟前」에셔 다수의군즁을向호야 독립운동을선동하다가발노 獨立國긔와 맞흐큰긔를들고 東大獨立만세을 쓴코 큰긔를들러 셔 모여오난 학싱과에일너 모혀오난학싱수뵉명을모하가지고 이 셔여명

일제 감시 대상 인물 카드(김순호 수형자 신상표, 1919, 서대문감옥)   동문 이도신 수형 당시 사진

신상표를 보면 김순호의 직업은 간호부이며, 보안법 위반으로 1919년 12월 18일 징역 6개월을 언도받고, 그다음 날 12월 19일부터 서대문감옥에서 형이 집행되었으며, 1920년 4월 28일 영친왕 가례로 인한 은면恩免으로 4개월 만에 출옥한 것을 알 수 있다.

당시 종묘 만세시위 사건으로 서대문 감옥에서 투옥 생활을 하던 정신여학교 학생이자, 세브란스병원간호부양성소 학생이었던 김순호를 포함한 4명의 실상은 몇몇 기록으로 알 수 있다. 노순경은 3·1운동 민족대표 제34인으로 불리었던 스코필드Frank W. Schofield, 석호필 박사의 방문을 받았다. 스코필드 박사는 노순경의 아버지인 노백린과 이전부터 서로 영향을 주고받던 사이로, 노백린의 딸이 만세운동으로 투옥되었다는 이야기를 전해 듣고 서대문감옥을 방문하였다. 스코필드는 전옥典獄이 규칙상 안 된다고 말리는데도 불구하고 노순경이 수감되어 있는 '여자 감방 8호실'에 억지로 우겨서 들어갔다. 그곳은 어둡고 불결하였으며, 유관순, 감리교 전도부인 어윤희, 세브란스병원 간호원 노순경, 정신여학교

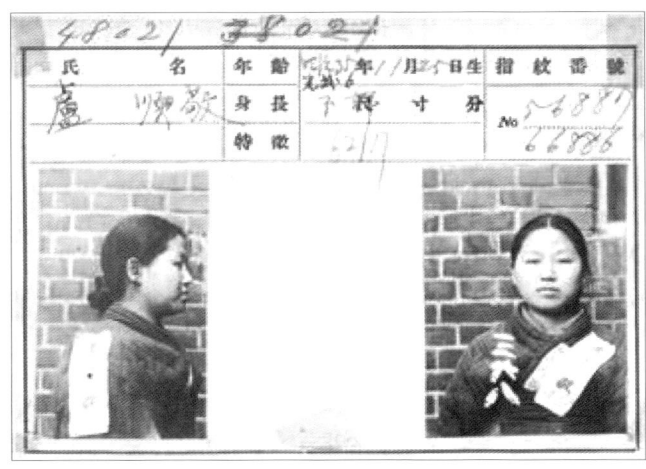

동문 노순경의
신상카드

학생 이아주, 구세군 사관 부인 엄명애 등이 함께 수감되어 있었다. 당시 노순경은 간수들이 화젓가락으로 다리를 마구 찔러 일어서지도 못하는 상태였다.[19]

당시 세브란스병원 간호선교사 에스텝Kathlyn M. Esteb은 체포된 간호원들이 법정에 불려 나갔을 때 지속적으로 정신적 지원을 하였고, 감옥에 있는 간호원들을 방문하여 그들에게 음식과 옷을 가져다주었으며, 공식적으로 허락되는 몇몇 책을 보내주는 등 수고를 아끼지 않았다. 이들은 1920년 4월 28일 영친왕 은垠의 가례로 특사 출옥하였다. 출옥하였을 당시 간호원들은 고문과 열악한 감옥 상태로 인해 몸과 정신이 쇠약해지고 예민해져 있었다. 유난히 추웠던 겨울, 난방이 되지 않은 감옥에서 생긴 동상으로 인해 얼굴과 손 등에 상처가 나 있었고, 오랜 감금으로 온몸은 이로 뒤덮여 있었다.[20]

김순호가 투옥되어 당한 고초도 극히 어려웠지만, 그보다도 더 견딜 수 없는 수모는 그들이 처녀들을 끌어내어 옷을 다 벗기고, 많은 사람들 앞을 지나가게 한 것이었다.[21] 이들은 독립운동과 그로 인한 투옥으로 세브란스병원간호부양성소를 졸업하지 못하였다.

4월 28일 은사령이 전국에 반포되자, 경찰들은 출옥자를 만나기 위해 각처의 감옥과 경찰서 앞으로 찾아간 사람들을 해산시켰고, 감옥에서 나온 사람들을 위로하기 위해 베풀려고 준비한 위로연도 못하게 통제하였다. 일반인들은 해당 경찰서의 부당한 처사에 대하여 그들은 정치범이었

---

19 대한간호협회,『간호사의 항일구국운동』, 83~84쪽.
20 *The American Journal of Nursing* 21-01, 1921.10., 38쪽; 정신백년사출판위원회,『정신 100년사』上, 462쪽.
21 순교자기념사업회,『순교 여교역자』, 대한기독교서회, 1975, 26쪽; 정안덕,『중국 산동의 "진꾸냥"』, 26쪽 재인용.

고, 이들은 마땅히 위로를 받아야 한다면서 분함을 이기지 못하였다.[22]

김순호는 훈정동 종묘 만세시위와 그로 인해 받은 6개월의 실형으로 2015년 '대통령표창' 서훈을 받아 독립유공자가 되었다. 함께 독립운동을 한 노순경은 1995년, 이도신은 2015년 대통령표창을 받았다. 함께 독립운동을 한 박덕혜는 아직 서훈을 받지 못하였다.

3. 1921년 3월 정신여학교 졸업(제13회)

1919년 3·1운동 이후 사립학교 출석 학생이 줄었으며, 특히 기독교계 학교는 타격이 더 심하였다. 학부모들은 자녀의 장래를 근심하여 3·1운동과 관련되어 사회적 지목을 받고 있던 학교를 자퇴하게 하거나 다른 학교로 전학시켰다. 이로 인해 관련 학교는 유지하기 어렵게 되었고, 사립학교 교사들도 직업을 바꾸거나 학교를 그만두는 자가 많아졌다. 이로 인해 서울의 경신학교와 정신여학교는 폐교가 될 것이라는 소문이 돌았다.[23]

1919년 3·1운동 이후 정신여학교 교사와 학생들은 투옥되고 흩어졌으나, 정신여학교는 다시 학교를 정상화하기 위해 그해 『기독신보』7월 23일자로 8월 26일 개학하는 가을 학기에 1·2·3·4학년 보결생을 다수 모집한다는 광고를 냈다. 이때 보결 학생 자격은 12세 이상, 보통학교 졸업자나 동등 학력 이상이었다.[24] 이러한 학생 모집 공고가 있었으나

---

22 「출옥자 위로 금지」, 『기독신보』, 1920.5.26.
23 「액운의 사교」, 『매일신보』, 1919.7.8.
24 「학생모집 광고」, 『기독신보』, 1919.7.23.

1919년 12월 훈정동 종묘 만세시위 사건에 김순호 등 4명이 연루된 것으로 보아 이들은 정신여학교로 돌아가지 않고 세브란스병원간호부양성소에 남아 있었음을 알 수 있다.

김순호, 박덕혜, 이도신 등이 1921년 3월 25일 정신여학교를 제13회로 졸업한 것으로 보면, 이들은 독립운동과 그로 인한 투옥, 그리고 출옥 이후에 세브란스병원간호부양성소에서 학업을 계속하지 않고 정신여학교로 복학하였음을 알 수 있다. 정신여학교 루이스 교장은 1920년 9월 복학생 34명을 받았고, 1921년 3월 8명이 졸업하였으며, 1920년에는 매우 열성적인 남녀 교사들이 큰 열정을 가지고 일하고 있다고 보고서에 기록하였다.[25] 이로 미루어 김순호는 1920년 4월 출옥한 후 9월 정신여학교에 복학하여 교육과정을 마치고 1921년 3월 졸업한 것을 알 수 있다. 종묘 만세시위를 함께한 노순경은 중퇴하였다가 1936년 제28회 졸업식 때 추가 졸업생 10명에 속해 이아주 등과 함께 졸업하였다.[26]

---

25 정신여학교사료연구위원회, 『장로교 최초의 여학교 선교편지』, 홍성사, 2014, 582쪽.
26 정신백년사출판위원회, 『정신 100년사』 上, 463쪽; 이방원, 「세브란스 간호사의 독립운동」, 101쪽; 「각 학교 졸업식」, 『매일신보』, 1921.3.13.

4. 정신여학교 졸업 이후 교사 활동

『기독신보』 1931년 9월 9일 '중화민국에 여선교사 파송' 기사에 다음과 같이 김순호의 학력과 경력이 실려 있다.

> 학력 : 황해도 재령 명신明新보통학교 졸업, 경기도 경성 정신貞信여학교 졸업, 일본 횡빈橫浜여자신학교 졸업
> 경력 : 황해도 신천信川 경신儆信학교 교원 복무, 함경북도 성진城津 보신普信여학교 교원 복무, 황해도 재령 동부東部교회 여전도사 사역

정신여학교 졸업 이후 김순호의 활동은 그 경력과 학력의 순서가 혼돈되어 정확하지 않았다. 김순호에 대한 자료를 수집·정리·분석하면서 1931년 선교사 파송부터 역산하여 정신여학교 졸업 이후 1921년부터 1924년까지 기독교계 교육기관에서 교사로 활동하였고, 이후 요코하마 공립여자신학교로 유학, 졸업한 후 4년간 재령 동부교회에서 여전도사로 사역하였다는 가설을 세울 수 있었다. 김순호는 교사 생활을 하면서 신학 교육을 심화하고 이후 전도사로서 활동하고자 하는 마음이 강해져 일본으로 유학 간 것으로 보인다. 교사 생활에 대한 내용은 기사 순서에 따라 황해도 신천 경신학교, 함경북도 성진 보신여학교로 정리하였다. 이 또한 김순호의 교사로서의 활동에 대한 직접적인 사료를 찾지 못해, 1921년부터 1924년까지를 중심으로 경신학교와 보신여학교에 대한 기록을 정리하면서 김순호의 활동을 추측할 수밖에 없었다.

1) 황해도 신천 경신학교 교원

김순호가 교사 활동을 했던 황해도 신천 지역은 운계산에 둘러싸인 아름다운 경치를 가진 고을로 300~400호에 800~900명이 살고 있었지만, 한숨 소리와 울음소리가 끊이지 않았던 '소돔의 마을'이었다.[27]

사경회와 함께 부흥 운동의 열기는 황해노회 지역의 교회 성장에 큰 영향을 미쳤다. 황해도 지역 교회 부흥 운동의 대표적 인물로는 김익두 목사를 꼽을 수 있다. 김익두 목사는 1874년 11월 3일 황해도 안악에서 태어났다. 그는 1900년 2월 안악교회에서 선교사 스왈른W. L. Swallen, 소안론의 '영생永生'이란 제목의 설교를 듣고 감동을 받아 개심하고 1910년 평양 장로회신학교를 졸업하면서 안수를 받고 1913년 신천교회에서 시무 위임을 받았다.[28] 김익두 목사는 초창기 지역민들의 핍박이 심하였으나 굴하지 않고 전도하였으며, 신천읍교회가 경영하는 경신학교를 설립하였다. 김익두 목사의 노력으로 나중에는 자복하고 회개하는 자가 적지 않았고, 점차 믿는 자가 늘어 400~500명에 달하게 되었다. 그리하여 예배당을 짓고, 1917년 정월에는 평양과 신천 본회의 목사, 장로 등이 대사경회를 이끌게 되었다.[29] 경신학교는 교회와 불신자가 서로 합력하여 신천 지역의 청년들을 교육하였다. 좁은 교실에서 학생들을 교육하던 중 1920년 7월 사경회와 1921년 정월 사경회를 통해 유지 신사들과 일반 교우들이 새 교실을 만들기 위해 열성으로 연보한 금액 약 1만 원으로 48간 되는 큰 기와집을 건축하게 되었다.[30] 경신학교는 설립 이후 교사校舍를

---

27 「장로교통신-신천읍교회 소식」, 『기독신보』, 1917.2.28.
28 한국기독교역사연구소, 『북한교회사』, 141쪽.
29 「장로교통신-신천읍교회 소식」, 『기독신보』, 1917.2.28.
30 「새 경신학교」, 『기독신보』, 1921.3.30.

신축하고 4년제 허가를 받아 운영하였고, 그 뒤 학제가 변경됨에 따라 1922~1923년에 걸친 겨울에 당국에 6년제로 신청하여 허가를 받았다.[31]

김익두 목사는 23년간 신천교회를 위하여 헌신하던 중, 1922년 가을 황해노회 소속의 신천교회 위임목사의 직을 사면하고 경성 남문 밖 교회로 전임 시무하게 되었다. 그의 가족이 모두 신천을 떠나 경성부 홍파동으로 이사하게 되자 신천교회에서는 1923년 5월 3일 성대한 송별식과 다과회를 열었으며, 5월 4일에는 교회 일동과 남녀 학생, 그 밖의 유지 700여 명이 전송하였다.[32]

김순호는 1921년 3월 정신여학교를 졸업하고 황해도 신천 경신학교 교사로 근무한 것으로 보인다. 당시 신천 지역은 김익두 목사의 약 20년간의 노력으로 기독교 신앙이 부흥하였으며, 당시 교회의 유지들과 일반 교우들의 협력으로 경신학교의 외관이 확장되고 조선총독부로부터 4년제, 나아가 6년제 학교로 인가받는 등 발전을 거듭하고 있었다. 교육에 대한 열의가 컸던 신천 지역의 경신학교에서 김순호는 사회인으로서 첫 활동을 시작하였다.

2) 함경도 성진 보신여학교 교원

전근대 시기 정책적으로 남부 지방의 주민들을 함경도로 이주시키기도 하였지만 이 지방 출신이 중앙 정계로 진출할 수 있는 길은 사실상 차단되어 있었고, 게다가 교통이 열악하여 고립되어 있었다. 그러나 개항기와 일제강점기를 거치면서 함경도도 고립에서 벗어나 발전하기 시작하

---

31 「경신학교 승격」, 『기독신보』, 1923.3.3.
32 「김익두 목사 송별식」, 『기독신보』, 1923.5.30.

였다. 개항기에 관북 지방은 정치·경제·문화의 오랜 중심지였던 함흥과, 강화도조약으로 1880년 개항해서 동북아의 중요한 항구가 된 원산, 1899년 개항한 성진, 교통의 요지인 청진 등을 중심으로 교통과 광업, 공업, 상업, 어업 등의 산업이 급속하게 발전하였다. 선교사들도 특히 개항장이었던 원산과 성진 등지를 중심으로 기독교 복음을 전하기 시작하였다.[33]

선교사 그리어슨

1901년 3월 캐나다 장로교 선교사 그리어슨Robert Grierson, 구례선 부부는 함경도 성진에 선교 부지를 매입하여 선교부와 진료소를 설치하고 그곳을 중심으로 선교 활동을 시작하였다. 진료소는 1916년 제동濟東병원으로 발전하였다. 1901년 그리어슨은 근대 교육기관으로 남녀공학인 보신학교普信學校와 협신중학교協信中學校를 최초로 설립하였다. 1907년 성진공립보통학교가 개교하였고, 이어 보신여학교가 개교하였다.[34]

성진은 함경남북도 3개의 주요 항구 중 하나로 1918년 당시 조선인은 약 400호, 일인은 약 150호, 서양인은 약 4호가 있었다. 생산물로는 흑연광이 발견되어 광산 경영에 대한 기대가 높아지고 있었고, 해산물로는 명태와 약간의 해물이 있어 인민의 경제생활은 그다지 곤란하지 않았다. 교육기관으로는 공립보통학교가 있고, 금융계로는 농공은행이 있어 외관상으로도 어느 정도 개화되었다.[35]

캐나다 장로교의 구역인 성진에는 이미 그리어슨 등 선교사 4~5인이

---

33 한국기독교역사연구소, 『북한교회사』, 93~94쪽.
34 보신여학교 https://encykorea.aks.ac.kr/Article/E0029630 – 한국민족문화대백과사전 (2024.12.6. 검색).
35 「성진에 일별」, 『기독신보』, 1918.2.6.

교회와 제동병원을 설립하여 다수의 환자를 치료하고 있었고, 종교 교육 기관으로는 보신남녀학교가 있었다. 400명을 수용할 만한 예배당이 있었지만, 1918년 당시 출석 인원은 200명을 넘지 못하였다. 이러한 상황에서 선교사들은 성진교회가 설립된 지 20년 가까운 긴 세월이 지났으나 기독교 신앙이 제대로 자리 잡지 못해 인민의 정신세계가 혼탁한 것을 몹시 안타깝게 생각하고 있었다.[36] 그리어슨 등 선교사들은 1918년 1월에 사경회를 10일간 열고 신앙 교육을 열심히 하였고, 1919년부터 일반 교우와 보신남녀학교 직원 일동이 유년주일학교를 설립하고 열심히 사역하여 매 주일 모이는 학생이 200여 명에 달하게 되었다.[37] 성진교회뿐 아니라 함경북도와 함경남도 함흥 이북의 교회를 건설한 그리어슨 목사는 1919년 7월 안식년을 맞아 본국으로 돌아갔다.[38]

이상의 내용을 보면 1901년 캐나다 장로교 그리어슨 선교사 부부가 성진에 선교부지를 마련하고 교회, 진료소, 학교 등을 세우고 선교 활동을 펼쳤고, 만족할 만하지는 못할지라도 1919년 그리어슨 선교사가 안식년을 맞아 미국으로 돌아갈 즈음에는 사경회도 여는 등 신앙 교육을 열심히 하였으며, 유년주일학교도 설립하여 매 주일 학생이 200여 명에 달하게 되었음을 알 수 있다.

그리어슨 선교사는 1920년 10월 휴가를 마치고 단독으로 내한하였다. 그해 12월 미국 로스앤젤레스에서 부인이 별세하자 장례를 위해 귀국했다가 1921년 3월 세 딸과 함께 돌아와 성진선교부에서 활동을 계속했다. 그리어슨 선교사는 같은 해 10월 회령, 성진, 해삼위를 관장하는 함북노회

---

36 「성진에 일별」, 『기독신보』, 1918.2.6.
37 「성진에 일별」, 『기독신보』, 1918.2.6; 「성진 유년주일학교에 귀한 학생-서유진」, 『기독신보』, 1919.1.8.
38 「구례선 목사 전별」, 『기독신보』, 1919.8.20.

부노회장에 피임되었다.[39] 성진교회에서는 1921년 12월 25일 상오에 성탄 축하식을 동 예배당에서 거행하였는데, 축하 강연과 유년주일학교 학생의 문답도 있었다. 25일 밤에는 유년주일학교 학생들이 20여 개의 유희 창가를 공연하여 많은 사람에게 기쁨을 주었다. 동 26일 밤과 27일 밤에는 본교회 청년회 주최로 '중생'이란 제목으로 연극을 하였고, 보신 남학생들은 '생로'란 제목으로 연극을 하였는데, 각각 처음 보는 공연으로 교우와 불신자 모두 하나님께 영광을 돌리지 않는 자가 없었으며 본 교회 설립 이후 제일 훌륭한 축하식이 되었다.[40]

1922년 그리어슨 선교사는 같은 선교부의 핑글랜드Mary H. Fingland와 재혼했다. 함북 성진교회는 다년간 선교사의 힘으로 유지되고 교회가 충실히 발전하여 여러 사업을 자력으로 진행할 수 있게 되었다. 그러한 가운데 조선인 목사로 강학린 목사가 취임하여 열성으로 교회를 인도하였다.[41] 1923년 5월 성진교회 내 보신여학생 일동은 본 교회에서 새 예배당을 짓고 예배를 하기는 하나 예산 부족으로 상황이 크게 어려운 것을 보고, 나이 어리고 기숙사 생활로 금전적 여유가 없으나 열성으로 연보하여 30여 원의 금전을 본 교회에 송치하였다. 주민 일반은 보신여학생의 연보를 아름다운 일이고 모범적 사업이라고 칭송하였다.[42] 성진교회에서는 1923년 12월 25일 주일학교 주최로 축하와 졸업식을 거행하였는데, 순서에 따라 어린 남녀 학생들이 가극, 독창과 연설을 하였다. 그중에서도 특히 '흰옷 입은 나그네'란 가극은 우리 민족의 정형을 드러내어 일반 청중

---

39 내한선교사사전 편찬위원회, 『내한선교사사전』, 56쪽.
40 「성진교회 성탄축하식」, 『기독신보』, 1922.1.11.
41 「성진교회에」, 『기독신보』, 1922.12.13.
42 「보신여학생의 미거」, 『기독신보』, 1923.5.9.

에게 감동을 주었다. 이어 졸업 증서와 상품 수여식이 있었는데, 당시 졸업장을 받은 학생은 8명으로 전부 여학생이었다.[43]

김순호가 성진 보신여학교 교사로 활동했을 것이라 추측되는 1922년과 1923년 사이에 성진교회 담당 선교사인 그리어슨은 함북노회 부노회장을 역임하며 선교사로서의 책임도 커졌고, 1922년 조선인 강학린 목사[44]가 성진교회 전임 목사로 피임되어 교세가 더욱 자리잡아 갔음을 알 수 있다. 특히 1923년 5월 보신여학교 학생들의 예배당 신축을 위한 연보 활동과 12월 크리스마스에 주일학교 졸업식이 거행되었는데 졸업장을 받은 학생이 모두 여학생이라는 것이 특이하다. 이는 성진교회에 강학린 목사 피임과 함께 보신여학교와 주일학교에 새로운 교사가 와서 활성화시킨 것이 아닐까 추측하며, 그 인물이 김순호였을 것으로 생각해 보았다. 시기적으로도 김순호가 황해도 신천에서 교사로 활동한 후 성진으로 이동했을 가능성이 높다.

그리어슨 선교사는 1924년 7월 원산에서 열린 제26회 연례회에서 종전대로 성진 선교부에 배정되어 제동병원 원장과 전 지역 의료선교를 담당하고, 보신학교 교장과 성진군 내 교회들을 맡았으며 성경학원과 주일학교도 도왔다. 그리어슨은 1935년 은퇴함으로써 거의 35년간 성진에서의 선교사 활동을 마무리지었다.[45]

---

43 「유년주일학교 졸업식(성진)」, 『기독신보』, 1924.2.27.
44 강학린(姜鶴麟, 1885~1937). 황해도 재령 출생으로 본적지인 함경북도 성진군 욱정기독교회 목사로 활동하였다. 1919년 함흥 학생단체에서 파견된 박승봉으로부터 3·1운동의 동향을 전해 듣고 만세운동을 기획하였다. 3월 10일 시위 군중 앞에서 선언문을 낭독하고 독립만세를 선창하는 등 시위를 주도하였다. 이날의 시위로 인하여 주동 인물로 체포되었고, 소위 소요, 보안법, 출판법 위반으로 유죄 판결을 받고 1년 4개월의 옥고를 치렀다(「독립유공자 공적 정보」, 국가보훈부(www.mpva.go.kr)).
45 내한선교사사전 편찬위원회, 『내한선교사사전』, 54~55쪽.

Ⅳ
김순호의 요코하마공립여자신학교 수학과 전도사 활동

1. 김순호의 출신 신학교

1) 평양여자고등성경학교와 요코하마공립여자신학교 졸업설

　전도사로서 자격을 갖추기 위한 김순호의 학력에 대해서는 이견이 있다. 선교사로 임명받았음을 공지한 『기독신보』[1]에는 '요코하마여자신학교' 출신이라고 하고, 몇몇 논문에서는 평양여자고등성경학교를 졸업하였다고 한다. 안병호는 그의 석사학위 논문인 「김순호 선교사의 생애와 선교적 역사적 의의에 대한 연구」에서 김순호는 평양여자신학교에서 공부하였다는 내용을 송종인의 「초기 한국 교회 전도부인 연구-장로교회를 중심으로」(2003)라는 미간행 석사학위 논문을 근거로 서술하였다. 그러나 그의 논문에서도 김순호가 평양여자신학교에서 공부하였던 정확한 시기에 대해서는 "분명한 시기를 정할 수는 없으나 정신여고를 졸업하고 20년대 중반으로 짐작할 수 있다"고 적고 있다.[2] 『중국 산동의 "진꾸냥"』 저자인 정안덕도 김순호가 평양여자고등성경학교를 졸업하

---

1 「중화민국에 여선교사 파송」, 『기독신보』, 1931.9.9.
2 안병호, 「김순호 선교사의 생애와 선교적 역사적 의의에 대한 연구」, 9~10쪽.

였다고 하였다.³

　또한 이우정·이현숙의 『한국기독교장로회 여신도회 60년사』와 이연옥의 『대한예수교장로회 여전도회 100년사』에서도 모두 김순호가 일본 요코하마여자신학교를 졸업했다고 쓰고 있으나 "평양신학교에서 공부를 한 사실은 생략하고 있다"고 서술하였다. 생략한 이유에 대해서는 "평양여자신학교가 김순호가 공부할 당시 완전한 신학교의 형태가 아니었고 신학 공부에 있어서 요코하마신학교 이력만으로 충분하다고 여겼기 때문이라 추측되어진다"고 서술하였다. 한편 이연옥은 같은 책에서 평양여자신학교를 졸업했다고 기술하고 있다.⁴ 이러한 이유 등으로 안병호는 "김순호가 평양여자고등성경학교에서 공부한 시기는 1923년~1925년 사이로 미루어 짐작할 수 있다. 그리고 김순호 선교사는 일본 유학을 가게 된 것이다."라고 서술하였다. 또한 박응규는 「한위렴William B. Hunt의 황해도 재령 초기 선교 역사」 논문에서 산둥성에서 선교사로 사역하기 전 "재령 동부교회 출신인 김순호 전도사가 1921년 평양여자신학교를 졸업하고 모 교회에서 전도사로 시무"하였다고 서술하였다.⁵ 이에 대한 근거로 이찬영이 편저한 『황해도 교회사』를 들고 있다.⁶

　안병호의 평양여자고등성경학교와 김순호에 대한 정리는 다음과 같다. 안병호는 "김순호가 다녔던 평양여자신학교는 1923년 3월 23일 1년에 3학기(봄, 가을, 겨울)씩 3년 과정의 여성고등성경학교로 시작하였고,

---

3　정안덕, 『중국 산동의 "진꾸냥"』, 20쪽.
4　이우정·이현숙, 『한국기독교장로회 여신도회 60년사』, 한국기독교장로회 여전도회전국연합회, 1990, 128쪽; 이연옥, 『대한예수교장로회 여전도회 100년사』, 대한예수교장로회 여전도회전국연합회 출판사업회, 1998, 74쪽, 80쪽; 안병호, 「김순호 선교사의 생애와 선교적 역사적 의의에 대한 연구」, 10~11쪽 재인용.
5　박응규, 「한위렴(William B. Hunt)의 황해도 재령 초기 선교 역사」, 173쪽.
6　이찬영 편저, 『황해도 교회사』, 879~880쪽.

1926년 봄에는 36명의 재학생이 있었으며 1926년 3월 16일 처음으로 4명의 졸업생을 배출하였다. 평양여자고등성경학교의 교육과정은 성경, 교회사, 설교학, 윤리, 심리학, 영어, 음악, 체육 등이었으며, 졸업생들은 대부분 각 교회 전도부인, 주일학교 교사, 혹은 보통학교 교사로 진출하였다. 평양여자고등성경학교는 1938년 평양여자신학교로 발전하였다. 김순호는 평양여자신학교 졸업 이후 요코하마신학교에서 수학하였으며, 신천 경신학교, 성진 보신학교에서 교원을 역임하고 재령 동부교회 전도사로 시무하다가 1931년 1월 선교사로 파송되었다. 요코하마여자신학교에서 함께 공부했을 것으로 추측되는 한국 여성 지도자는 공덕귀(윤보선 전 대통령 부인), 박용길(문익환 목사 부인), 백인숙(순교자, 1934~1939) 등이다."라고 하였다.[7]

 이상의 연구 성과 내용을 종합하면 김순호는 평양여자신학교 졸업 이후 요코하마여자신학교에서 수학하였고, 당시 요코하마여자신학교에서 공덕귀, 박용길, 백인숙과 함께 공부했다고 한다. 또한 요코하마여자신학교 수학 이후 황해도 신천 경신학교와 함북 성진 보신학교에서 교원을, 그리고 황해도 재령에서 전도사를 하였다고 하는데, 이는 시기가 어긋나며 순서 자체도 무리가 따른다.

 『야소교장로회 여자고등성경학교 요람 1934』 사료를 발굴하기 전까지는 김순호가 신학 교육을 받은 기관에 대해서는 어느 정보도 확실하지 않은 상태였다. 결론부터 말하면 김순호는 평양여자고등성경학교 졸업생이 아니다. 1934년에 간행된 『야소교장로회 여자고등성경학교 요람 1934』는 당시 평양에 위치한 국내 유일의 장로교 여자고등성경학교에 대한 소개 책자로 위치와 건물, 직원과 담임 과목, 기숙사 상황, 졸업생

---

7 안병호, 「김순호 선교사의 생애와 선교적 역사적 의의에 대한 연구」, 9~12쪽.

상황, 학생 생활, 졸업생 성명, 본교 규칙 등의 정보가 수록되어 있다. 이 요람의 졸업생 명단에 따르면 제1회부터 김순호가 중국으로 선교를 떠나는 1931년까지의 졸업생 중 김순호는 존재하지 않았다.[8]

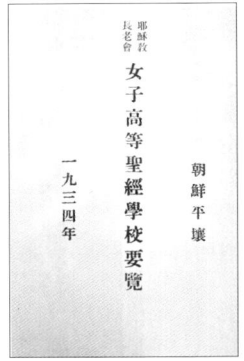 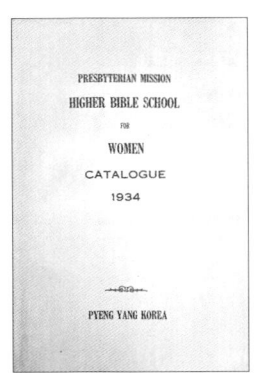

평양여자고등성경학교 요람 표지와 평양여자고등성경학교 요람 영문 표지

횟수	연도	졸업생 수	졸업생 명단
제1회	1926.2.16	4명*	안신덕, 김성희, 한영신, 송복희
제2회	1927	8명	이숙경, 박관실, 김복조, 김신행, 김정희, 김향란, 최명준, 윤도일
제3회	1928	12명	김화목, 정순경, 임장실, 옥어진, 정경애, 박원신, 이자민, 이진성, 조원보, 서순학, 송명숙, 박성희
제4회	1929.2.12	7명	김사영, 김용복, 권수기, 우경신, 장순덕, 조성은, 최종랑**
제5회	1930.2.14	5명	강기일(선천), 김달이(대구), 이순남(대구), 최경애(광주), 김용빈(평양) 5회까지 36명의 졸업생을 냄***
제6회	1931.3.16	5명	김백련, 김찬덕, 전선량, 차영옥, 허순용****

* Louise B. Hayes, "The Women's Higher Bible School. Pyengyang", *KMF* 22-4, 1926.4.
** 「평양여자고등성경학교 제4회 졸업」, 『기독신보』, 1929.2.20.
*** 김인서, 「여자고등성경학교 방문기」, 『신학지남』 13-1, 1931.1., 43쪽.
*** 「여자고등성경학교 졸업식」, 『기독신보』, 1931.4.1.

---

8 『야소교장로회 여자고등성경학교 요람 1934』, 21~22쪽.

2) 요코하마공립여자신학교 졸업 여부

　이상에서 김순호 선교사가 평양여자고등성경학교를 졸업하지 않았음을 확인하였다. 이제 김순호 선교사가 요코하마橫浜에 있었던 공립共立여자신학교, 일명 요코하마여자신학교 졸업 여부에 대해 확인하고자 한다.
　『기독신보』 1931년 9월 9일 기사를 보면 '중화민국에 여선교사 파송'이란 제목 아래 "김순호(효순)金淳好(孝順) 선교사가 9월 11일 하오 2시에 금강산 온정리수양관에서 파송식을 거행한다"고 하면서 그녀의 사진과 함께 학력과 경력을 적어 놓았다. 학력을 보면 1) 황해도 재령 명신보통학교 졸업, 2) 경기도 경성 정신여학교 졸업, 3) 일본 횡빈여자신학교 졸업이라고 적혀 있다. 명신보통학교와 정신여학교 졸업에 대해서는 앞장에서 살펴보았으니, 이번 장에서는 요코하마여자신학교에 초점을 맞추어 졸업 여부와 함께 요코하마여자신학교의 약사와 교육과정을 살펴보고자 한다.
　당시 한국 최초의 여성 선교사를 파송하면서 그 학력을 위조하였을 것이라고 생각되지 않으나, 그동안 한국 학계 및 종교계에서 평양여자고등성경학교 졸업이 요코하마여자신학교 졸업보다 많이 회자되었으므로 그 졸업 여부의 정확성부터 확인하였다. 가장 확실한 것은 요코하마여자신학교 졸업생 명부 확인이다. 확실한 근거임에도 아직 확보하지 못해 이에 대한 사료 발굴은 앞으로도 계속되어야 한다. 요코하마여자신학교가 소속되었던 교육기관인 요코하마공립학원 역사서인 『요코하마공립학원 120년의 발걸음橫浜共立學院120年の歩み』에도 관련 내용은 없었다. 그러나 요코하마여자신학교에서 교육을 맡은 미국 선교사 프랫Susan A. Pratt의 다음과 같은 기록에서 김순호의 졸업 여부를 확인할 수 있었다.

한국 졸업생들 중 한 명은 북중국의 선교사이다. 그녀는 한국에서 태어나 성장하였으며 요코하마에 있는 우리 학교에서 성경 선생이 되기 위해 공부하였다. 그녀는 우리와 3년을 함께 있었고, 나는 결코 그녀보다 신실하고 성실하고 능력 있는 학생을 가르치지 못할 것이다. 졸업 후에 한국에 돌아가 전도 활동을 하였고, 한국에 있는 특별한 기독교적 특성이 있는 기관들에서 가르칠 수 있는 기회를 얻었다. 이 젊은 한국 여성은 북중국에 있는 산둥으로 가서 일하였다.[9]

이 글에서 요코하마여자신학교 한국인 졸업생 중 북중국 산둥으로 간 선교사가 있다는 것을 알 수 있는데, 이는 의심할 여지 없이 김순호 선교사를 가리킨다. 이 글에서 분명히 졸업생이라고 하였으며, 그녀는 3년을 함께 공부하였고, 그녀 이상 신실하고 성실하며 능력 있는 학생을 가르칠 수 없을 것이라고 하였다. 또한 김명구의 『공덕귀-생애와 사상』에는 공덕귀가 요코하마여자신학교에 입학했던 1937년에 김경순, 김순호, 이영실, 김애신, 백인숙 등의 한국 학생들이 공부하고 있었다고 하였고,[10] 스즈키 마사카즈鈴木正和의 논문에는 김순호金淳好가 1938년 제35회로 졸업하였다고 하였다.[11] 또한 최봉춘의 『눈물로 씨를 뿌리는 자』에는 전도사로 활동했을 당시의 김순호에 대한 「신여성」이라는 시에서 "여자가 일본 유학을 했고"라는 구절이 있다. 이상의 내용으로 보아 김순호는 확실히 요코하마여자신학교에서 수학하고 졸업했음을 알 수 있다.[12]

---

9   Susan Augusta Pratt, "Japan Through Friendly Eyes: Forty-five years in Everyday Japan", *The Missionary Link*, 1961.11., 14쪽.
10 김명구, 『공덕귀-생애와 사상』, 박영사, 2022, 107쪽.
11 鈴木正和(스즈키 마사카즈), 「偕成傳道女學校, 共立女子神學校, そしてベイブルウーマン-失われた姿を求めて-」, 『共立研究』 7-1, 2001.8., 5쪽.
12 최봉춘, 『눈물로 씨를 뿌리는 자』, 웰메이드, 2022, 78쪽.

그렇다면 김순호는 언제 요코하마여자신학교를 입학 및 졸업한 것일까? 김명구의 저서와 스즈키의 논문에서 주장하는, 1937년 김순호가 재학하고 있었다는 것과 1938년 졸업에 대해서 의문이 남는다. 즉 3~4년 교육과정의 신학교를 1938년에 졸업하려면 1934~1935년경 입학해야 하는데, 1931년 이후 산둥 선교를 하면서 3년 동안 일본에 머물렀다는 것은 불가능하기 때문이다. 또 해당 시기 김순호의 활동은 총회 보고를 통해 구체적으로 접근 가능하다. 이 시기의 김순호 활동은 이후 산둥 선교에 대한 장에서 다룰 것이다. 다른 가능성을 생각해 본다면 1920년대에 요코하마여자신학교의 교육과정 일부를 수학하고, 수강하지 못한 교육과정을 1937년경 수학함으로써 졸업 자격을 취득하여 1938년에 졸업하는 것인데, 이 또한 요코하마신학교 3년 과정을 밟고 졸업한 것으로 서술한 선교사의 기록을 볼 때, 이는 잘못된 추측임을 알 수 있다.

앞으로 1921년 이후 요코하마여자신학교 입학생의 명부와 휴학 및 퇴학, 졸업생 명부 등 관련 사료가 발굴되어 김순호의 정확한 입학 및 졸업 시기를 확인할 수 있기를 기대하며, 현재까지 확인할 수 있는 자료를 가지고 김순호가 유학하였던 요코하마여자신학교에 대해 살펴보고자 한다. 또한 정신여학교를 졸업한 1921년부터 산둥 선교 이전 "신학교 졸업 후 4년간 전도사 시무를 했다"는 내용에 근거하여 1927년까지의 기간 중 유학한 한국인 학생들에 대해 좀 더 중점적으로 정리하면서 김순호의 요코하마여자신학교 입학 및 졸업 연도를 추정하고, 김순호 유학 당시 요코하마여자신학교의 교육 내용 등을 확인하고자 한다.

2. 요코하마공립여자신학교에서의 신학 교육

1) 요코하마공립여자신학교의 설립

현대 개신교 선교는 1793년 윌리엄 캐리William Carrey의 인도 전도에서 시작되었지만, 이국異國 땅에서 선교의 중심은 남성 선교사이며, 그 부인은 선교사가 아니라 선교사의 아내였다. 남성 선교사가 이국에서 현지 부인에게 전도하는 것은 어려웠으며, 선교사 부인들은 전도 활동을 전담할 여력이 없었기 때문에 여성 선교사의 파견이 요청되었다. 어려운 상황에서도 미국 기독교 여성들은 1861년 1월 2일 여성 선교사의 해외 파견을 위해 초교파 선교단체인 '이교 지역을 위한 미국의 여성연합전도협회 The Women's Union Missionary Society of America for Heathen Lands, WUMS'를 뉴욕에 설립했다. 그 후 WUMS를 모델로 하는 여러 여성 선교단체가 설립되었다. 여성 선교사들은 현지 언어를 습득하여 현지인들에게 직접 복음을 전파했지만, 통역과 후속 조치를 하는 현지인 전도부인(Bible Woman, 한국에서는 성경부인, 전도부인 등으로 호칭하였다)이 필요했다. 여성 선교사들이 적극적으로 선교를 확대해 나가기 위해서는 전도부인의 양성이 중요했기에, 전도부인 양성 기관이 각 나라에 설립되었다.[13]

WUMS가 여성 선교사를 일본에 파견한 것은 네덜란드 선교사 발라 James H. Ballagh의 요청에 따른 것이었다. 1861년 11월 가나가와神奈川현에 도착한 미국 개혁교단 소속 발라 선교사가 요코하마에서 선교 활동을 하면서 일본 사회가 여성들을 무시하고 차별하는 것을 알게 되었다. 그는

---

13 鈴木正和,「偕成傳道女學校, 共立女子神學校, そしてベイプルウーマン―失われた姿を求めて―」, 1쪽.

요코하마에서 선교 활동을 한 지 7년이 되었을 때, 미국의 선교단체에 여성 교육과 소외된 아이들을 구제하기 위해 여성 선교사의 일본 파견을 강력하게 요청하였다. 발라 선교사의 요청으로 WUMS는 1871년 일본에 메리 프루인Mary P. Pruyn을 대표자로, 루이스 피어슨Louise H. Pierson, 줄리아 크로스비Julia N. Crosby 등 총 3명의 여성 선교사를 파견했다. 그들의 원래 목적은 혼혈아를 위한 시설을 세우는 것이었다. 즉 일미수호통상조약을 맺은 후 1859년 가나가와현이 개항되어 요코하마에 외국인 거류지가 생기면서 증가하는 혼혈아의 교육과 남존여비의 인습에 사로잡혀 있는 일본 여성을 위해 여성 교육의 필요성을 느끼고 여성 선교사의 파견을 WUMS에 요구하였던 것이다.[14]

요코하마에 도착한 세 사람은 우선 가나가와현 요코하마에서 여장을 풀고, 야마쵸山手町 48번지를 빌려 1871년 8월 28일 근대 여학교인 '아메리칸 미션 홈American Mission Home, 日本婦女英學校'을 설립했다. 당시 51세로 연장자였던 프루인은 학교의 경영과 관리를 맡았고, 39세의 피어슨은 교장 겸 교수를, 38세의 크로스비는 교수와 사무를 맡았다. 그러나 기대했던 만큼 일본 소녀들이 학교에 오지 않았다. 세 사람은 그 이유를 몰랐지만 그때까지 메이지 정부는 일본 전역에 반기독교 칙령을 선포하고 있었기 때문이었다.[15]

1871년 10월 계몽사상가이자 교육자였던 나카무라 마사나오中村正直는 학교에 숙박하면서, 세 명의 미국 여성이 확고한 신념을 가지고 몇 명 안 되는 여자아이들을 온힘을 다해 돌보는 것을 목격하고, 미션 홈을 일본

---

14 鈴木正和,「偕成傳道女學校, 共立女子神學校, そしてベイブルウーマン—失われた姿を求めて—」, 1쪽; 김명구,『공덕귀—생애와 사상』, 103쪽.
15 김명구,『공덕귀—생애와 사상』, 104쪽.

사회에 소개하며 학생 모집과 입학 안내문을 썼다. 나카무라의 적극적인 홍보로 1872년부터 학생 수가 증가했다. 요코하마도 교역이 늘어나면서 인구가 6만여 명으로 증가하였고, 여자도 영어를 배워야 하고 근대 학문을 익혀야 한다는 의식이 확산되었다. 이러한 상황에서 미션 홈의 입학 희망자가 늘어나자, 프루인은 야마쵸 212번지의 넓은 건물과 부지를 얻어 학교를 옮기고 교사를 신축했다.[16]

초창기 기독교를 받아들인 일본 부인들은 복음을 이웃에 전하기 위해 성경을 체계적으로 배웠다. 당시 여성 교육이 매우 한정되어 있던 일본에서는 성경을 어느 정도 배우면 연령이나 학력과 상관없이 전도자로서 활동할 수 있었다. 여성의 교육 환경과 사회 상황이 점차 바뀌면서 기독교 학교 또는 여학교 졸업생들이 신학교에 입학하게 되었고, 3~4년 정도의 교육과정을 갖춘 여자신학교로 발전해 갔다.[17]

세 명의 여성 선교사가 일본에 도착해 설립한 일본 최초의 여자 기숙사 학교인 '아메리카 미션 홈'은 1875년 초교파의 연합union을 의미하는 공립共立여학교로 이름을 바꿨다. 피어슨은 1881년경 가이세이전도여학교偕成傳道女學校(이후 공립여자신학교)를 시작하면서 선교 사역에 헌신하기 위해 공립여학교 교장직을 사임하겠다고 했지만 적임자가 없어, 1891년에 가서야 공립여학교를 브룩하트Harriet Bruckhart에게 맡기고 가이세이전도여학교 운영에 전념할 수 있었다. 그녀는 학교를 통해 여성 전도자를 양성하는 한편, 직접 전도 활동에 주력했다.[18]

---

16 김명구, 『공덕귀-생애와 사상』, 104~105쪽.
17 鈴木正和, 「偕成傳道女學校, 共立女子神學校, そしてベイブルウーマン―失われた姿を求めて―」, 1쪽.
18 김명구, 『공덕귀-생애와 사상』, 105~106쪽.

이처럼 WUMS에서 파견된 세 명의 여성 선교사는 전도부인 양성학교, 빈민학교, 의료전도 등을 조직했고, 그 과정에서 공립여학교와 가이세이전도여학교를 설립하였다. 전전戰前까지 WUMS와 가이세이전도여학교의 역사는 72년간에 이르며, 그 시기를 피어슨 시대(1871~1899) 28년간, 프랫 시대(1899~1937) 38년간, 일본인 교장 마쯔오松尾造酒蔵 시대(1937~1942) 6년간의 세 시기로 구분할 수 있다.[19] 세 시기 중 김순호의 유학은 프랫 시기에 이루어졌다.

2) 프랫 교장 시기(1899~1937) 요코하마공립여자신학교 교육과정

열정적으로 전도 활동을 하던 피어슨 교장이 1899년 소천한 후 프랫이 가이세이전도여학교 교장으로 취임하였다. 1900년 프랫은 가이세이전도여학교의 학제와 조직을 개정해 사숙私塾 성격의 학교를 3년 또는 4년에 졸업할 수 있는 교과과정을 갖춘 신학교로 개편하였고, 여성 전도사와 성경 교사의 양성을 학교 설립의 목적으로 삼았다. 매년 4월 초순에 입학시험을 치렀고 4년제로 운영했다. 신학교에서 배우고, 요코하마에서의 실지 훈련, 지방의 전도 기지 정비, 개척 전도, 전도 여행 등을 중심으로 신학교의 조직을 체계적으로 정립하고, 1907년 교명을 공립여자신학교(이후 요코하마여자신학교로 서술)로 바꾸었다.[20]

---

19 鈴木正和,「偕成傳道女學校, 共立女子神學校, そしてベイプルウーマン―失われた姿を求めて―」, 1쪽.
20 鈴木正和,「偕成傳道女學校, 共立女子神學校, そしてベイプルウーマン―失われた姿を求めて―」, 4쪽; 김명구,『공덕귀-생애와 사상』, 106쪽. 공립 미션 전도부의 역할은 호별 방문, 성서 연구, 공장 등 시설 방문을 통해 성서연구회 및 주일학교를 유지하는 것이었다. 그 대상은 가정주부, 어린이, 유아, 여성 직원, 병원 간호사, 감옥의 여성 죄인, 감화원의 소녀, 고아원의 고아로, 여성과 아이들과 관련된 다양한 분야에서 전도 활동을 전개했다.

요코하마공립여자신학교 교사(1931)와 요코하마공립여자신학교 전경(1932)

요코하마여자신학교의 1920년대 초 정규 교육과정은 3년이었으나, 1928년에 4년 과정으로 연장되었다.[21] 김순호는 1927년부터 전도사로 활동하였으므로 3년의 교육과정을 밟았을 것이며, 이는 프랫 교장이 김순호에 대해 회고하였던 내용과 일치한다. 요코하마여자신학교 학생들은 4월 입학, 3년의 정규과정, 졸업하기 전 감독의 지도 아래 몇 달의 실습을 거치고 6월에 졸업하였다.

요코하마여자신학교가 요구하는 '경건'은 신앙과 사회적 사명이 합치되는 것을 의미했다. 따라서 요코하마여자신학교는 신학 공부 외에도 교양과 실제적인 사회 봉사, 교회 활동을 중시했다. 교육과정은 개인 전도법, 일요학교, 성경 해설과 복음 설교, 예레미야의 기도 생활, 이사야 그리스도, 하나님 말씀의 힘, 베드로의 환상에서 배우는 것, 그리스도인의 영향 등 체계적인 성경 교육이 중심이 되었다. 그 외 일본 문학과 작문, 한문, 중국사, 음악, 재봉과 예의 등의 일반 교양도 교육과정에 포함되었으며, 아동심리학, 유치원과제, 사회사업 시찰 시간 등도 마련되었다. 신학생들은 성경을 배우면서 학기 중에는 요코하마 인근에서 봉사하고, 요코하마에 있는 4개 교회 중 하나를 선택해 출석해야 했다. 정규 성경 연구와 함께 교회 봉사 활동, 일주일에 두 번의 선교 활동, 교회학교(일요학교) 봉사를 해야 했으며, 부인 집회, 방문 전도 그리고 졸업 전 4개월간의 실지 전도 훈련을 해야 했다. 또한 형무소, 감화원, 자선병원, 고아원, 자선학교, 공장, 보육원, 유치원 등에서도 봉사 활동을 해야 했다.[22] 한국 유학생들은 일본어가 익숙하지 않은 유학 초기에는 히라누마平沼의 공장

---

21 *Annual Report of The Woman's Union Missionary Society* (이하 WUMS) 68th Report, 1929.1., 14쪽.
22 김명구, 『공덕귀-생애와 사상』, 109~110쪽.

에서 전도 활동을 했다. 히라누마의 공장에는 조선으로부터 많은 여성 노동자가 와 있었기 때문에, 일본어가 익숙하지 않은 초기 유학생이 담당하였다. 일본어가 능숙해지면 유학생에게 다른 임무가 더해졌다.[23]

이상 신학생들의 성경 수업과 일반 교양 학습, 교회와 각종 기관에서의 전도와 봉사 활동은 1937년 요코하마여자신학교의 교육과정에서도 확인할 수 있다.

> 신학 부분 : 구약신학, 신약신학, 교회사, 교리, 그리스도교 명증론, 그리스도교 전도법, 일요학교 운영법, 성서 낭독법
> 일반 교양 : 일본 문학, 한문, 작문, 음악, 재봉, 행의작법(行儀作法), 체조
> 사회 활동 : 공장, 고아원, 자선병원, 여자갱생시설 활동
> 기독교 전도 : 가정방문, 일요학교, 여름휴가 중 복음 전도[24]

제2차 대전이 발발하고 전쟁의 양상이 격화되면서 일본제국은 1930년대 후반부터 적국인 미국인들을 일본 본토와 일본 식민지에서 내쫓기 시작하였다. 이로 인해 요코하마에 있던 미국 선교사들은 미국으로 떠났고, 요코하마여자신학교 교장 프랫도 1937년 미국으로 떠났다. 이후 일본인 마쯔오가 교장으로 취임하여 1943년까지 있었다. 1943년 요코하마여자신학교는 정부의 지시로 동경성경여학원東京聖経女学院, 청산학원 신학부 여자부靑山(아오야마)學院神学部 女子部 등과 함께 일본여자신학교日本女子神学校로 통폐합되었다. 통폐합될 때까지 요코하마여자신학교는 학교의 목적에 맞게 많은 여성 전도사와 기독교 여성 지도자들을 배출하였다.[25]

---

23 鈴木正和, 「偕成傳道女學校, 共立女子神學校, そしてベイブルウーマン—失われた姿を求めて—」, 4~5쪽.
24 김명구, 『공덕귀—생애와 사상』, 109쪽.
25 김명구, 『공덕귀—생애와 사상』, 106~107쪽. 1944년 일본여자신학교는 일본기독교여자

3) 요코하마공립여자신학교의 김순호와 조선인 유학생

논문 「식민지 시기 조선인 여자 일본 유학생 연구(植民地時期における朝鮮人女子日本留學生の硏究)」에는 1912~1944년 일본 요코하마여자신학교에서 유학했던 한국 여성이 한 명이었다고 서술되어 있고,[26] 「1910~1920년대 초반 여자 일본 유학생 연구」 논문에는 김순호의 이름 자체가 없다.[27] 이러한 내용들은 앞의 WUMS 보고서의 내용과 1930년대 공덕귀(윤보선 전 대통령 부인), 박용길(문익환 목사 부인), 백인숙(순교자, 1934~1939) 등 여러 명이 졸업생으로 확인되는 만큼 수정되어야 한다.

김순호가 요코하마여자신학교에서 유학하였던 1920년대를 기준으로 살펴보고자 한다. 김순호는 1921년 정신여학교를 졸업하였고, 4년간의 전도사 활동 후 1931년 산둥 파견 선교사로 임명되었다. 따라서 1920년대 요코하마여자신학교에서의 한국인 유학생들의 모습을 통해 김순호의 생활도 유추할 수 있을 것이라 사료된다. 요코하마여자신학교 교장이었던 프랫의 연차보고서(Annual Report of The Woman's Union Missionary Society)에

신학전문학교가 되었다. 1948년 일본기독교여자신학전문학교는 일본기독교신학전문학교로 통합되었고, 이후 동경신학대학으로 발전했다. 1951년 WUMS가 M. 발렌타인을 총리로 파견, 4월 1일 공립여자성서학원으로 재건되어 일본 기독교단과의 관계를 끊고 복음주의 초교파 여자신학교가 되었다. 1977년 도쿄 소재 도쿄기독교단기대학으로 이전되고 1980년 도쿄기독교단기대학, 도쿄기독교신학교와의 병합에 따라 공립여자성서학원은 폐교하여 '공립'의 명칭, 전통, 자산, 인재를 계승하는 공립그리스도교연구소가 설치되었다. 공립그리스도교연구소는 이듬해 공립기독교연구소로 개칭된다. 1990년 도쿄기독대학이 개교되면서 대학 부속 연구소가 되었다.
https://ja.wikipedia.org/wiki/%E5%85%B1%E7%AB%8B%E5%A5%B3%E5%AD%90%E8%81%96%E6%9B%B8%E5%AD%A6%E9%99%A2 (2024.12.7. 검색).

26 朴宣美, 「植民地時期における朝鮮人女子日本留學生の硏究」, 교토대학교 박사학위 논문, 2004, 25쪽.
27 박정애, 「1910년-1920년대 초반 여자일본유학생 연구」, 숙명여자대학교 석사학위 논문, 1999.

한국인 입학생, 재학생, 졸업생에 대한 흥미로운 기록이 있어 소개하면 다음과 같다.

No	내용	출처
1	• 지난 한 해 동안 우리는 세 명의 일꾼을 잃었다. 오하시 선생님과 1919년 졸업생 김신기 선생님, 그리고 피어슨 선생님의 원래 전도부인 중 한 분인 야마모토 선생님이다. 김신기는 이 학교의 한국인 최초 졸업생이었고 죽을 때까지 훌륭한 일을 했다. • 1920년 4월 일본인 5명, 한국인 4명이 학교에 입학했다. 우리는 한국 학생들이 일본어를 더 잘 이해할 수 있을 때까지 특별수업을 진행한다. • 6월 25일 우리 학교는 13명의 젊은 여성을 위한 졸업식을 하였다. 그중 3명은 한국인이었다. 이들은 복음 전도와 교육을 위해 한국으로 돌아갔다. 지난 여름 그들 중 두 명이 460명을 그리스도께 인도했다.	60th Report, 1921. 1., 34~35쪽
2	• 새로운 학교 카탈로그가 1921년 2월에 인쇄되었다. 3년 전체 과정을 마치지 못하는 이들의 필요를 충족시키기 위해 우리는 2년 동안 주일학교와 개인 사역자 과정을 계획했다.	61th Report, 1922 1., 33쪽
3	• 1922년 봄에는 포모사(대만:필자), 한국, 만주뿐만 아니라 일본 전역에서 온 촉망받는 젊은 여성들 16명의 신입생을 환영했다. • 여름방학 동안 12명의 학생이 학교에 남아 주일학교와 복음 전도 활동을 계속했다. 요코하마의 여러 지역과 다른 곳에서 9개의 일일방학 성경학교가 진행되었다. 린 부인이 이 일을 담당했다. 한국인 대상 최초의 일일방학 성경학교가 우리 학생에 의해 개교되었다.	62th Report, 1923. 1., 37쪽, 39쪽
4	• 1923년 4월 12명의 신입생이 입학했다. 그중 한 명은 우리 졸업생의 자매였다. 3명은 미션스쿨 출신이었다. 한 명은 교사였던 한국 소녀였다.	

No	내용	출처
	• 6월 22일 졸업식이 거행되어 5명의 학생이 졸업하고 1명의 학생은 수료증을 받았다. • 컨퍼런스가 끝나면 학생들은 여름 동안 다양한 분야에 배정되었고 젊은 졸업생들은 다음과 같이 임명되었다. 두 명은 우리 지역 선교부에, 한 명은 큰 한국 교회에, 한 명은 자립하는 학생으로 추가 학습을 위해, 그리고 두 사람은 우리와 함께 자신들의 선교를 위한 특별한 사역을 하는 동안 루터교 선교부의 지원을 받았다.	63rd Report, 1924. 1., 36쪽
5	• 1924년 6월에 졸업한 9명의 학생 중 2명은 선교사를 돕기 위해 떠났고, 2명은 도쿄의 농아구술학교에서 가르치고, 2명은 우리 지역 선교부에서 일하도록 임명되었다. 두 한국인은 한 사람은 유치원에 다니고, 다른 한 사람은 기독교계 학교에서 성경과 음악 교사로 일하기 위해 고국으로 돌아갔다. 남은 졸업생은 도쿄의 대형 적십자병원에서 간호원들을 위한 성경 수업을 진행하고 있으며, 도쿄와 요코하마 사이의 한 공장에서 직원들을 위한 성경 수업을 진행하고 있다.	64th Report, 1925. 1., 43~44쪽
6	• 학생들은 정규 주일학교와 방문 활동을 계속해 왔다. 한국 학생들은 한국 가정과 공장에서 개인적인 일을 할 수 있는 기회를 찾아 행복해했다. 학생들과 교역자들은 다양한 지역에서 42명의 주일학교를 진행했다.	65th Report, 1926. 1., 26~27쪽
7	• 1926년 4월 8명의 학생이 입학하였고, 가을에 2명의 학생이 합류했다. 그중 한 명은 목사의 딸로 오사카 선교학교에서 왔고, 두 명은 한국인으로 모두가 헌신을 다짐한 젊은 여성들이다. • 1926년 6월 24일 정규과정 3명, 기독교사회복지사 과정 6명의 졸업식을 거행했다. 이 3명의 졸업생은 지진(관동대지진, 1923년 9.1 : 필자)이 발생하기 전 봄에 학교에 입학한 대규모 학생 중 유일하게 남은 사람이었다. 한 사람은 한국에 가서 일했고, 한 사람은 대도시 교회에서 일하고 있고, 세 번째는 이와모토에 있는 우리 지역 선교부에서 일하고 있다.	66th Report, 1927. 1., 31~32쪽

No	내용	출처
8	• 1927년 4월 8명의 학생이 입학하였으며 신입생 중 4명이 2학년에 올라가게 되었다. 가을에는 다른 4명이 2학년에 합류했는데, 그중 한 명은 교회 사역 경험이 있는 한국 소녀였다. • 1927년 6월 8명의 젊은 여성들이 정규과정을 졸업했고, 4명은 기독교 사회복지사 과정을 졸업했다. 졸업생 중 4명은 우리 지역 예배당에서 일하고 있고, 2명은 선교사로 활동하고 있으며, 1명은 교회 일꾼이자 성경 교사로 한국으로 돌아갔다.	67th Report, 1928. 1., 24쪽
9	• 성경훈련학교의 연말 등록자는 45명으로 성경학교 역사상 가장 많은 학생 수를 기록했다. 이 과정은 4년으로 연장되었으며, 졸업하기 전에 상급반 구성원들은 감독 하에 몇 달 동안 실습을 하러 나간다.	68th Report, 1929. 1., 14쪽

요코하마여자신학교 한국인 최초의 졸업생은 1919년에 졸업한 김신기였으며, 1920년에 사망한 것을 알 수 있다. 이로써 1920년 이전에 요코하마여자신학교에 한국인 학생들이 유학하고 있었고, 김신기는 요코하마여자신학교를 1919년 6월 졸업하고 요코하마여자신학교에서 1년 정도 특정 업무를 맡아 사역하다가 사망했음을 알 수 있다. 1920년 4월 일본인 5명, 한국인이 4명 입학한 것으로 보아 한국인 입학 비율이 낮지 않았으며, 한국 학생들은 학교 당국이 일본어를 잘 이해할 수 있을 때까지 특별수업을 진행하였기에, 학교생활에 무리 없이 적응해 나갈 수 있었다. 6월 졸업생은 13명이었고, 그중 3명이 한국인이었다. 한국인 졸업생 3명 모두 한국으로 돌아갔으며, 그들 중 2명은 졸업 직후 여름 동안 460명을 전도하는 큰 성과를 거두었다.[28]

---

28 *WUMS* 60th Report, 1921.1., 34~35쪽.

1922년 4월 16명의 신입생 중 한국인이 포함되어 있었으며, 여름에 한국인 유학생에 의해 재일 한국인을 대상으로 하는 일일방학 성경학교가 최초로 개교되었다.[29] 1923년에도 4월 12명이 입학하였으며, 그중 한 명이 교사였던 한국 소녀였다. 6월 졸업생은 5명이었고, 졸업생들이 활동하게 된 곳 중에 한국 교회가 있었다.[30] 이는 5명 중 최소 한 명이 한국인이었음을 추정케 한다. 1924년 6월에 졸업한 9명 중 한국인이 2명 있었고, 한 명은 유치원에, 또 한 명은 한국 소재 기독교계 학교의 성경과 음악 교사로 임명되었다.[31]

1925년 요코하마여자신학교 학생 중 한국인 학생들은 한국 가정과 공장 등에서 개인적으로 활동할 수 있는 기회를 가질 수 있었다. 이들은 한국인 근로자가 근무하는 곳에서, 그리고 다양한 지역에서 주일학교를 진행하며 보람을 느꼈다.[32] 1926년 4월에도 8명의 입학생 중 한국인 2명이 포함되어 있었다. 6월 졸업식에서는 정규과정 3명이 졸업했는데, 이 3명은 1923년 4월에 입학한 12명 중 관동대지진을 겪으면서도 교육과정을 모두 마친 사람들이었다. 그중 한 명은 한국에 가서 일했다고 한 것으로 보아 한국인임을 알 수 있다.[33]

1926년 4월 8명이 입학했으며, 가을에 4명이 합류했는데 그중 한 명은 교회 사역 경험이 있는 한국인이었다. 1927년 6월 4명이 졸업했는데, 그중 한 명은 교회 일꾼이자 성경 교사로 한국으로 돌아갔다고 하였다.[34]

---

29 *WUMS* 62th Report, 1923.1., 37쪽, 39쪽.
30 *WUMS* 63th Report, 1924.1., 36쪽.
31 *WUMS* 64th Report, 1925.1., 43~44쪽.
32 *WUMS* 65th Report, 1926.1., 26~27쪽.
33 *WUMS* 66th Report, 1927.1., 31~32쪽.
34 *WUMS* 67th Report, 1928.1., 24쪽.

요코하마여자신학교 입학 및 졸업 현황[35]

연도	입학 총수	한국인	졸업 총수	한국인
1919년				1
1920년	9	4	13	3
1921년				
1922년	16			
1923년	12	1	5	1
1934년			9	2
1925년				
1926년	10*	2	3	1
1927년	12**	1	8	1

* 8명은 4월 입학, 2명은 가을에 입학.
** 8명은 4월 입학, 4명은 가을에 입학.

이상의 표를 통해 요코하마여자신학교에 1910년대 후반부터 한국인 학생이 꾸준히 입학 및 졸업하였음을 알 수 있으며, 그중 한 명이 김순호이다. 김순호의 확실한 입학 및 졸업 연도를 확인하지 못하고 있으나, 1923년 입학~1926년 졸업, 또는 1924년 입학~1927년 졸업일 가능성이 높다. 1921년 정신여학교를 졸업하고, 이후 황해도 신천과 함경북도 성진에서 교사 생활을 하였으며, 일본 유학을 위한 준비 시간도 있었을 것으로

---

35 연차보고서를 통해 입학생과 졸업생 정보가 있는 해에만 명수를 작성하였으며, 한국인이라는 직접적 언급이 있는 경우에만 한국인 입학생 또는 졸업생 명수로 포함하였다. 따라서 한국인 입학생 및 졸업생이 더 있을 수 있다. 이 표에 기록한 명수는 최소한의 학생 수이다.

추정한다면 빠르면 1923년 4월, 여유를 가지면 1924년 4월 입학했을 것으로 보인다. 당시 3년 과정과 실제 전도 활동을 마치고 6월에 졸업하고 한국에 돌아와 약 4년간 재령에서 전도사 활동을 한 것도 시간상 적절하다.

1) 1923년 한국에서 교사였던 한국인이 입학한 것과 대지진에도 학교에 남아 수업을 하여 1926년 6월에 졸업하고 한국으로 돌아간 학생이 김순호일 가능성이다. 2) 1927년 6월에 졸업하고 교회 일꾼이자 성경 교사로 한국으로 돌아간 졸업생이 있는데, 이 또한 김순호일 가능성이 있다. 그렇다면 1924년에 입학해야 하는데, 이 해 봄에 입학한 학생들에 대해서는 입학생 16명 중 한국인도 있었다는 것으로 가능하다. 이 중 1923년 한국인 입학생이 교사였다는 것과 1927년 한국인 졸업생이 교회 일꾼이자 성경 교사로 한국으로 돌아갔다는 것이 모두 김순호의 경력과 맞아 어느 사람이 김순호일지 확인하기 어렵다. 둘 중 한 명이 김순호이며, 한국에 돌아가 약 4년간 황해도 재령에서 전도사로서 시무하고 1931년 선교사로 중국 산둥으로 간 것이 아닐까 가정해 볼 수 있다.

당시 정신여학교 교장이었던 마고 루이스 역시 매년 연차보고서를 미국 본부에 제출하였다. 이 기록 중 김순호 선교사와 관련된 사실을 찾을 수 있다. 1924년 4월부터 1925년 5월까지의 활동에 다음과 같은 내용이 있다.

> 한 해 동안 우리 학교 주일학교의 헌금으로 12월에 우리 학교 이름을 따라 이름을 지은 어린 나병 환자 소녀인 정신이를 돕기 위해 광주의 나병 환자 병원에 60엔을 보낼 수 있었다. 12엔은 요코하마에 있는 한인 주일학교를 위해 성경과 찬송가 구입에 사용했는데, 신학교에서 공부하고 있는 우리 졸업생 중 한 명이 그곳에서 가르치고 있다.

또한 5엔은 크리스마스 행사를 위해 고베의 또 다른 한인 주일학교에 보냈다.[36]

위 내용을 보면 정신여학교 졸업생 중 한 명이 요코하마여자신학교에서 수학하고 있다는 것으로, 이는 위의 1)과 2)의 가능성에 모두 부합한다. 다만 1931년 선교사로 선정되었을 당시 4년간 전도사로 활동했다고 한다면 1927년 졸업하여 교회 일꾼이자 성경 교사로 활동하고 있던 졸업생에게 더 무게가 실린다.

이후에도 요코하마여자신학교에는 일본인뿐 아니라 중국, 한국, 대만, 만주 등 타 지역에서도 많은 학생의 입학이 지속적으로 이루어졌다. 1940년 제37회 졸업생 16명 중 외지 출신의 유학생은 그 반수인 8명이었다. 요코하마여자신학교 졸업생으로는 윤보선 전 대통령 부인인 공덕귀(1940년 제37회 졸업)가 있으며, 박용길, 한의정, 황국주의 아내가 되는 심은택 등과는 동기였다. 1937년 공덕귀가 입학하였을 때 학교에는 김경순, 이영실, 김애신, 백인숙 등 한국 학생들이 공부하고 있었고, 김송덕, 경동교회 전도사가 되는 윤경애 등이 이후 차례로 입학했다. 이외에 선린교회 장로가 되는 차보은, 영락교회 명예전도사 김화진, 대구 출신의 강정애, 세브란스 간호과장이 되는 안상현, 신일중고등학교 교장 장윤철과 결혼한 한영숙, 진인순, 장순덕 등이 요코하마여자신학교 출신이다. 이들 요코하마여자신학교 출신 중에는 한국전쟁 당시 한국에서 순교한 김경순, 김순호, 백인숙, 한의정 등이 있다.[37]

---

36 마고 리 루이스, 정신학교 연례보고서(서울 여성학원(1924년 4월~1925년 5월); 정신여학교사료연구위원회, 『장로회 최초의 여학교 선교편지』, 616쪽 재인용.
37 김명구, 『공덕귀-생애와 사상』, 107~108쪽; 鈴木正和, 「偕成傳道女學校, 共立女子神學校, そしてベイブルウーマン-失われた姿を求めて-」, 5쪽.

3. 황해도 재령 동부교회 전도사 활동

　김순호는 요코하마여자신학교를 졸업하고 4년 정도 전도사로서 재령 동부교회의 일을 하였다.[38] 김순호가 전도사로서 활동했던 약 4년이란 시기 동안의 구체적인 활동을 알 수 있는 기록을 찾기 어려웠다. 그나마 김순호의 재령 동부교회 전도사로서의 활동과 인품은 최봉춘(1917~1998) 회고집 『눈물로 씨를 뿌리는 자』의 시들을 통해 살펴볼 수 있다.

　이 책은 최봉춘의 사후 그의 자녀 장혜실·장우형이 어머니의 유고를 모아 2022년 책으로 엮은 것이다. 최봉춘은 1917년생으로 다섯 살에 생모를 잃고 어려운 유년기와 청소년기를 지내야 했다. 어려운 날을 헤쳐 나갈 수 있었던 것은 하나님의 인도로 시시때때로 본받을 만한 사람들을 만나, 올바른 신앙과 애국심을 배우고 스스로 난관을 극복하고 성장할 수 있는 힘을 얻었기 때문이었다.[39] 이때 만났던 본받을 만한 어른으로 김순호 전도사를 꼽는다. 최봉춘은 23세에 장수철과 결혼하여 가정을 일구고 다섯 남매를 두었다. 남편 장수철은 일본과 미국에서 유학하였는데, 최봉춘은 남편이 유학하는 동안 남편 학비와 자녀들의 교육과 생활을 감당해야 했다. 장수철은 미국 선교단체 월드비전World Vision의 총재 피어스Bob Pearce 목사의 제안으로 1961년 전쟁고아로만 구성된 '한국선명회 어린이합창단'을 창단하고 초대 지휘자를 맡았다. 자녀들은 어머니 최봉춘의 희생과 온전한 내조가 없었다면 음악가 장수철은 존재하기 어려웠다고 말한다. 최봉춘과 장수철 부부는 우리에게 잘 알려진 찬송가

38　주선애, 「최초의 여성 선교사 김순호」, 『빛과 소금』, 1990.9.; 정안덕, 『중국 산동의 "진꾸냥"』, 21쪽, 각주 30).
39　최봉춘, 『눈물로 씨를 뿌리는 자』, 8~9쪽.

'주는 나를 기르시는 목자'의 작사가이자 작곡가이기도 하다. 1962년 선명회 합창단은 제3차 세계 연주여행을 8개월에 걸쳐 16개국을 돌며 하였는데, 이때의 과로로 장수철은 중병을 얻게 되어 1966년 11월 8일 사망하였다.[40] 최봉춘은 자신의 인생을 반추하고 자신의 다양한 일상과 생각을 노트에 산문으로, 시로 적었다.『눈물로 씨를 뿌리는 자』는 이를 자녀들이 회고집 형태로 묶은 것이다.[41]

최봉춘의 회고집은 '어린 시절의 눈물', '젊은 날의 눈물', '씨 뿌리는 자', '자식을 위한 눈물', '노년', '기쁨으로 거두리로다'의 6장으로 구성되어 있다. 김순호와 관련된 내용은 '어린 시절의 눈물'의 장에 '5. 김순호 전도사'라는 소제목 아래 「장티푸스」, 「신여성」, 「들어서 배운 것」, 「새벽기도」, 「내가 크면」이라는 다섯 편의 시가 있다. 김순호 선교사는 하나의 장으로 따로 정리할 정도로, 어린 최봉춘의 아픈 마음을 달래 주고 그의 신앙을 보듬어 준 인물이다.[42] 이 다섯 편의 시를 정리하고 그 안에서 확인할 수 있는 김순호의 활동과 품성을 알아보고자 한다.

1929년 최봉춘이 교회에 나간 지 2년이 지났고 성탄절도 두 번 지냈다. 최봉춘은 성경과 찬송을 손가락으로 짚어 가며 열심히 글을 익혀 읽고 쓰게 되었다. 1929년이면 1917년생인 최봉춘이 13세가 되는 해였다. 3일 기도회가 있던 날 최봉춘은 김순호 전도사 옆에 앉았다. 그날 김순호 전도사는 유년주일학교 부장이자 사립 보통학교 선생님인 황 장로와 이야기를 나누었다. 그리고 황 장로가 최봉춘을 불러 새 학기에 입학할 수 있게 알선해 준다고 하였다. 당시 13세의 최봉춘은 나이가 많다며 2학년

---

40 최봉춘, 『눈물로 씨를 뿌리는 자』, 10~12쪽.
41 최봉춘, 『눈물로 씨를 뿌리는 자』, 13~14쪽.
42 최봉춘, 『눈물로 씨를 뿌리는 자』, 76쪽.

으로 편입시켜 주었다. 학생이 되어 학교에 다닐 수 있게 된 최봉춘은 온 세상을 얻은 듯 기뻐했다. 황 장로는 선생님들이 쓰던 교과서, 공책, 연필 등의 학용품 일체를 싸주었다.[43] 최봉춘이 학교에 입학하게 된 것은 김순호 전도사가 황장로와 의논해서 가능해진 것이다. 1929년 4월 1일 최봉춘은 발걸음도 가볍게 학교에 갈 수 있었다. 이날은 최봉춘에게 가장 기쁜 날로 기억되는 날이었다. 당시 재령의 보통학교인 명신학교 2학년은 남학생 60명, 여학생 12명이었다. 학교생활을 열심히 한 최봉춘은 1930년 3학년이 되었고, 반장 선거에서 당선되었다.[44]

새어머니가 장질부사에 걸려 스무 날 동안 설사를 하며 앓고 있을 때 어린 최봉춘은 싸락눈이 소복이 쌓이는 추운 겨울에 손도 시리고 발도 시리지만 얼음을 깨고 빨래를 하고 있었다. 김순호 전도사가 다가와 어린 최봉춘 대신 걸레를 빨아 주고, 엄마처럼 품에 안고 눈물을 닦아 주었다.[45] 이러한 김순호 전도사는 최봉춘에게 천사였다.

처녀 나이 30으로 처녀 할머니라고 사람들이 걱정하였던 김순호는 당시 남자들도 글 읽고 쓸 줄 아는 사람을 보기 힘들었던 재령에서 일본 유학을 했던 신여성이었다. 그렇지만 김순호는 검정 고무신에 검정 통치마, 무명 두루마기를 입고, 화장기 없는 모습으로 신여성 티를 안 내면서 약간 쉰 듯한 음성으로 성경을 재미있고 감동스럽게 이야기하는 전도사였다.[46] 김순호 전도사는 글자를 몰라 성경책을 펴놓고 읽으려 해도 읽을 수 없고, 찬송가를 펴놓고 부르려 해도 곡조도 가사도 막히는 어린

---

43 최봉춘, 『눈물로 씨를 뿌리는 자』, 82~83쪽.
44 최봉춘, 『눈물로 씨를 뿌리는 자』, 84쪽.
45 최봉춘, 『눈물로 씨를 뿌리는 자』, 77쪽.
46 최봉춘, 『눈물로 씨를 뿌리는 자』, 78쪽.

최봉춘, 아니 당시 재령의 어린 학생들에게 글자를 가르쳤다. 어린 최봉춘은 잠들면서 배운 것을 기억하고 익힐 수 있게 해달라고 손 모아 기도했고, 김순호 전도사에게 배운 "하나님이 세상을 이처럼 사랑하사 독생자를 주셨으니"를 가슴에 손끝으로 써보았다.[47]

최봉춘은 김순호 전도사를 무척 따랐다. 김순호 전도사는 새벽 조용한 시간 교회에서 기도를 하는 습관을 가지고 있었다. 어린 최봉춘은 김순호 전도사가 몹시 보고 싶어 이른 새벽 김순호 집 앞에서 시린 발을 구르며 기다렸다. 어린 최봉춘은 김순호가 기도하는 시간에 교회에 가서 숨소리 발소리 죽여 가며 그 곁에 다가앉아, 김순호 전도사의 떨리는 울음 섞인 기도를 들었다. 김순호 전도사의 기도 음성은 최봉춘을 포근히 안심시켜, 그런 김순호 곁에 언제까지든 같이 있고 싶어 했다.[48]

어린 최봉춘에게 김순호 전도사는 하나의 우상이었으며 가장 닮고 싶은 어른이었다. 최봉춘은 자신이 크면 김순호 전도사와 똑 닮게 해달라고 하나님께 기도했다. 한국 여성으로 선교사로 처음 선택되어 중국으로 떠난 후 최봉춘은 김순호 선교사의 소식을 듣지 못하였다. 떠난 김순호가 보고 싶어 목이 타게 부르며 김순호가 자신의 엄마라면 좋겠다는 생각을 열 번 백 번 하였다. 최봉춘은 김순호 선교사가 떠난 빈 교회에 가서 무릎을 꿇고 "내가 크면 김순호 전도사같이 훌륭한 여자가 되게 해달라고" 기도했다.[49]

김순호 선교사가 재령 전도사로 활동할 때인 1929년 9월 3일 조선 여전도총회가 열렸는데, 당시 신임 임원을 보면 회장 부애을, 부회장 도마

---

47 최봉춘, 『눈물로 씨를 뿌리는 자』, 79쪽.
48 최봉춘, 『눈물로 씨를 뿌리는 자』, 80쪽.
49 최봉춘, 『눈물로 씨를 뿌리는 자』, 81쪽.

리아, 서기 이순남, 부서기 김효준(김효순의 오타인 듯), 회계 배명진, 부회계 한영신이었다.[50] 그리고 재령교회가 1930년 8월 1일부터 16일까지 하기 아동성경학교를 동부유치원과 서부성경학교에서 열었을 때 인솔한 교사는 문덕준 선생님과 여자로는 김효순, 우경신 선생님이 있었다. 여기에서 김효순은 김순호 전도사이다. 당시 하기 아동성경학교에 출석한 아동 수는 526명이고 평균 출석률이 387명이었던 큰 행사였다.[51] 이 기사를 보면 김순호 전도사가 조선 여전도총회에서도 임원으로 활동하면서 재령교회의 다양한 행사를 주관한 것을 알 수 있다. 김순호 전도사의 이곳에서의 4년간의 생활은 이후 산둥 선교에서도 중요한 자산이 되었다.

---

50 「제2회 조선여전도회 총회 개회」, 『기독신보』, 1929. 9. 11.
51 「하기아동성경학교」, 『기독신보』, 1930. 8. 28.

2부

선교에서 순교까지

기독교 터전에서 성장하며 국가와 이웃에 대한 사랑을 키웠던 김순호는 재령에서 전도사로 시무하다가 선교의 사명을 받아 중국으로 향했다. 이 글에서는 그의 선교에서 순교에 이르는 여정을 다음과 같이 세 개의 장으로 나누어 살펴본다.

　먼저 1장에서는 김순호가 파송된 산둥 지역이 한국 기독교 최초의 선교지로서 어떤 선교사들에 의해 어떤 양상으로 진행되었는지에 관한 서술로 시작하여, 산둥 지역에 파송할 여성 선교사의 모집 과정을 살펴보았다. 그리고 1931년 산둥에 간 김순호가 어떤 준비 과정을 거쳐 선교 활동을 전개하는지를 알아보고, 특히 중국 여성 선교의 중점 사업인 도리반에 초점을 맞추어 그 의미를 조명하였다. 아울러 1936년 안식년을 맞아 귀국한 김순호가 총회에서 감동적인 선교 보고를 하고 여전도주일을 제정하는 일에 기여하는 모습을 서술하였다. 단편적이나마 귀국 강연 활동을 통해서 보여준 뛰어난 강연자로서의 면모를 확인할 수 있다.

　2장에서는 안식년을 마친 후, 헤이룽장성 무단장교회로 가서 전도 사업을 지원하다가 요코하마공립여자신학교로 연수를 가고 다시 중국 칭다오로 복귀한 김순호의 여정을 따라간다. 개척 선교지 칭다오에서도 열정적으로 활동하였으나 시국 문제가 발생함에 따라 본국으로 소환되었다. 그러나 김순호는 곧 일손이 부족한 만저우 지역에 파견되어 최혁주 목사와 험난한 선교를 이어간다. 하지만 만주국의 종교 정책에 따라 본국과의 연결이 단절됨에 따라 개인적 활동으로 전환하였다. 개인적 활동 기간에는 동만평생여전도회 총무로서의 활약이 전해지고 있다.

3장에서는 해방 이후 평양신학교 여성신학부에 재직하면서 제자들을 양성하는 교육자 김순호를 만나 볼 수 있다. 북한이 공산화됨에 따라 평양신학교가 정상적으로 운영되지 못하게 되자 제자들은 스승과 함께 남하하기를 원했지만 김순호는 이를 거절하고 신의주로 갔다. 신의주에서 전도사로 활동하던 김순호는 한국전쟁 중 순교로 생을 마감하였고, 이 사실은 신의주에 가서 확인한 이권찬 목사에 의해 한국 교회에 알려졌다.

I
첫 해외선교지 산둥의 첫 여성 선교사

1. 중국 산둥 선교와 첫 번째 여성 선교사

1) 한국 교회의 첫 해외선교지 산둥

산둥 선교의 의미

1907년은 조선장로교회 대부흥의 시기였다. 1월 6일 평양 장대현교회 사경회에서 시작된 교회 대부흥의 기세가 전국으로 확산되었고 이러한 분위기에 힘입어 조선장로교회는 외국선교부(장로회공의회)의 영향으로부터 독립하여 9월 17일 첫 노회老會[1]를 조직하고 하나뿐인 노회라는 의미에서 '독노회'라고 불렀다. 제1회 독노회에서는 평양신학교[2] 첫 졸업생

---

1 한국 장로교에서 입법과 사법의 역할을 담당하는 중추적 기관. 우리나라의 개신교 선교 초기에는 선교사들이 많은 역할을 했으나 1907년 대부흥회에 이르러 교세가 팽창함에 따라 1907년 대한예수교장로회 노회가 창립되었다. 이 창립 노회에서는 서경조·방기창·길선주 등 신학교 졸업생을 목사로 장립했으며, 장로회 신조 채택, 전국 7구역의 대리회 설치 등의 결정을 내렸다. 이 대리회들은 1912년 대한예수교장로회 총회가 창립되자 정식으로 노회로 조직되었다. 노회는 노회장의 동의, 노회 시무 목사와 장로의 과반수 참석으로 성립되며, 노회 안의 각 지교회와 소속 기관·단체의 총괄, 각종 사법적 업무의 처리, 지교회의 장로 선택과 임직의 승인, 목사의 임직·위임·해임·전임에 관한 사항의 처리 등 주요 안건을 처리한다.
2 1901년 미국인 선교사 새뮤엘 마펫(Samuel A. Moffett)이 설립한 한국 장로교회 최초의 신학교로, 평양에 위치하여 평양신학교로 불렸다.

7인의 목사 안수식을 거행함으로써 최초의 한국인 목사를 장립하였다. 1911년 9월 17일 제5회 독노회에서 총회 창설을 결정함에 따라 1912년 9월 1일 예수교장로회조선총회 제1회 총회가 열렸다. 외국 전도를 향한 청원과 결의는 바로 이 첫 번째 총회에서부터 시작되었다.[3]

> 노회를 시작할 때에 제주에 선교사를 보냄으로 신령한 교회를 세워 하나님께 영광을 돌림으로 우리에게 기쁨이 충만한 바이온즉 지금 총회를 시작할 때에도 외국 전도를 시작하되 지나支那 각지에 선교사를 파송하기를 청원하오며 (…하략…)[4]

한국 교회가 첫 해외선교지로 선정한 지역은 중국의 산둥山東성 일대였다. 산둥성은 공자孔子의 출생지인 취푸曲阜를 품고 있는 배타적이고 보수적인 지역으로 알려져 있었다. 실제로 중국 주재 미국 북장로교 선교부가 선교에 많은 어려움을 겪고 있던 곳이기도 하였다. 미국 북장로교는 1862년 코르베트Hunter Corbet부터 선교 활동을 펼쳐 왔고, 초기 한국 교회에 선교 방법을 제시했던 존 네비우스John L. Nevius 선교사도 활동을 전개한 적이 있었지만 결과적으로 큰 성과를 거두지 못하고 있었다.

산둥성 선교의 출발은 중화예수교장로회 화북대회華北大會에 예수교장로회조선총회(이하 '조선총회'로 약칭)의 대표를 파견하는 데에서 시작되었다. 조선총회는 1회 총회의 해외선교 결의에 따라 1912년 중화예수교

---

3 최재건, 「한국 장로교회의 산동선교의 최초 해외선교의 상황과 의의」, 장로회신학대학교 세계선교연구원, 『산동선교 100주년의 교훈과 제언』, 케노시스, 2012, 89~91쪽.

4 전도국 보고, 「예수교장로회조선총회 제1회 회록」, 『대한예수교장로회총회록 2, 제1회~제8회』, 1912~1920, 21쪽. 인용문은 독자의 편의를 위해 필자가 현대 표기로 일부 변경하였다.

장로회 화북대회에 재령의 헌트William B. Hunt [5] 선교사와 안주교회 담임목사 김찬성을 총회 대표로 파견하였다. 헌트는 중국 교회 선교 관계자들과 주중 미국 북장로교 선교사들과 만나 조선 교회의 선교지 문제를 논의하였고, 그 결과 주중 북장로교 선교회, 중국 교회, 조선총회가 같이 의논하여 결정하기로 합의하였다.

중국 기독교 조직인 화북대회는 미국 북장로교의 선교 지역이었던 라이양萊陽 지역 일대를 조선총회에 이관하는 내용의 결의를 채택하였다. 미국 북장로교 선교부는 이 결의를 존중하여 그들의 선교 지역이었던 산둥성 라이양현 일부 지역을 시험삼아 조선 교회의 선교 지역으로 할양하였다.[6] 이에 따라 예수교장로회조선총회는 1912년 제1회 총회에서 해외 선교사 파송을 결의한 이후 1913년 제2회 총회에서 박태로·사병순·김영훈 목사를 산둥 선교사로 보내기로 결정하였다.[7]

조선총회가 산둥을 첫 외국 선교지로 선택한 이유는 무엇이었을까? 여러 해석이 있지만, 산둥은 공자와 맹자의 출생지이자 중국 문명의 발상지로서 유교 문화권에 있는 우리에게는 각별한 의미를 지닌 지역이었다는 점, 기존의 서구 선교사들이 어려움을 겪고 있는 지역이므로 이왕이면 가장 선교하기 어려운 곳에 들어가 도움이 되고자 하였다는 점, 전통문화의 중심이었던 유교를 전해 준 중국에 감사하는 의미에서 복음으로 은혜를 갚을 기회가 될 수 있다는 점에 주목했던 것으로 보인다. 조선

---

5 한위렴(韓緯廉), 1869.10.2~1953.12.20. 미국 북장로교 선교사, 목사(한국기독교역사연구소, 『내한선교사사전』, 1319~1320쪽).

6 방지일, 「산동 선교 20년」, 『파수군(把守軍)』 103호, 1960, 25쪽(최재건, 「한국 장로교회의 산동선교의 최초 해외선교의 상황과 의의」, 91쪽에서 재인용).

7 「예수교장로회조선총회 제2회 회록」, 『대한예수교장로회총회록 2, 제1회~제8회』, 1913, 58~59쪽.

장로교회와 교인들은 그들에게 복음을 전해 준 서양 선교사들과 유교 등 중요한 전통문화를 전해 준 중국인들에게 모두 보답할 수 있기를 바랐던 것이다.[8]

한국 교회는 중국에 있는 동족을 위한 선교부터 시작했지만, 중국 산둥성부터 동족이 아닌 외국인을 대상으로 선교사를 파송하였고 이후 중국에 공산 정권이 들어서자 많은 난관을 겪으면서도 1957년까지 중국 선교를 이어갔다. 중국에 갔던 한국인 선교사들은 그리스도의 사랑이 양국 관계를 바르게 하는 길이라고 여겼고, 여기에 복음 전파의 사명이 있다고 보았다.[9]

방효원 선교사의 글에서 산둥 선교의 의미를 빌려 보자.

> 산동은 중화 28성 중에 여러 방면에서 손꼽히는 유명한 곳이다. 중화의 종교, 중화의 도덕, 중화의 예의, 중화의 문학, 중화의 문명, 중화의 정치, 중화의 사업, 중화의 미술, 중화의 혁명, 기타 모든 것이 다 산동에서 발원이 되었다. (…중략…) (산동) 백성들에게 복음을 전하는 것은 전 중화에 복음을 뿌리는 것이며 또 그렇게 될 줄 믿는다.[10]

그의 글에 따르면 산둥인들은 중국 문화의 발원지 출신이라는 점에서 다른 지역 사람들에게 존대를 받는데, 현재는 경제적 곤란 때문에 중국

---

8 박기호, 『한국 교회 선교운동사』, 아세아선교연구소, 1999, 63쪽.
9 최재건. 「한국 장로교회의 산동선교의 최초 해외선교의 상황과 의의」, 91~93쪽; 김인서는 산동 선교를 하나님이 조선 교회에 부탁하신 것으로 보았다(「산동 선교를 폐지하지 말라」, 『신앙생활』 4권 8호, 1935, 32쪽; 최재건, 「한국 장로교회의 산동선교의 최초 해외선교의 상황과 의의」, 93쪽에서 재인용).
10 방효원, 「산동 선교에 대하여」, 『계자씨』 통권 제68호, 1938.4., 15~16쪽(설충수, 『방지일과 산동선교』, 숭실대학교 출판부, 2018, 104쪽에서 재인용).

전체로 흩어졌다는 것이다. 오랜 관습에 따라 산둥인들이 명절에 고향에 모였다가 거주지로 이동하는 과정에서 전 중국에 복음이 전파될 수 있을 것으로 기대했다.[11] 그런 의미에서 산둥은 전 중국을 복음화하는 데 최적의 장소였던 것이다.

    서구 선교사들의 부진한 성과가 보여주듯 산둥 선교를 시작하기 위해서는 적지 않은 난관을 넘어야 했다. 홍승한 선교사는 산둥 선교 시작의 어려움을 사상·문자·습속의 문제로 설명하였다. 사상의 문제란 산둥성이 유명한 인물들과 문화, 도덕을 배출하였다는 자부심에서 산둥인들이 다른 문화를 경시하는 풍조가 있었고, 서구에서 들어온 기독교에 대해서도 대부분 반대하는 입장이었다는 점이다. 문자의 문제는 중국의 한자가 글자 수도 많고 경우에 따라 뜻도 바뀌고 음에도 높고 낮고 길고 짧은 분별이 있어 배우기가 몹시 힘들다는 점이다. 그래서 학습 기간이 많이 필요해서 가난한 이들은 배우기가 힘들어 문맹률이 높았다. 선교사들이 복음서를 가지고 기독교를 전파하려 해도 배운 이들은 교만하여 받아들이지 않고, 가난한 이들은 자포자기해서 기독교에 들어오려고 하는 이가 적다고 보았다. 마지막으로 습속의 문제를 보면, 산둥인들은 같은 중국인인 다른 지역 사람들도 하대하는 입장이라 외국인은 말할 것도 없이 무시하고 핍박하였다. 홍승한 선교사가 이외에도 전도에 방해되는 조건들이 많으나 일일이 거론하지 않겠다고 할 정도로 난관이 많았다.[12]

---

11   "마치 오순절에 많은 사람들이 예루살렘에 놓여 은혜를 받고 도처에 교회가 일어난 것 같이" 산둥 사람에게 복음을 전하는 것은 중국을 복음화하는 시작이라고 여겼다(설충수, 『방지일과 산둥선교』, 숭실대학교 출판부, 2018, 104쪽).

12   홍승한, 「중국 산둥성 내양 선교 소식」, 『신학지남』 통권 3-2, 1920. 7., 242~243쪽.

산둥의 선교사들

① 박태로(1913~1916)·사병순·김영훈 목사(1913~1917) [13]

1913년 예수교장로회조선총회 제2회 총회에서 산둥 선교사로 임명된 박태로朴泰魯[14], 사병순史秉淳[15], 김영훈金永勳[16] 목사는 11월 선교지 라이양에 도착하였다. 그들은 현지인들에게 언어를 배우는 방식으로 중국어 공부를 하였다. 현지에서 그들은 중화 중심적 사고에 익숙한 중국인들의 멸시와 핍박을 견뎌내야만 했던 것으로 전해진다. 이 와중에 세 선교사가 한자를 통해 필담으로 의사소통이 가능했다는 점이 큰 도움이 되었다. 특히 한학자였던 김영훈 선교사가 현지의 지방관에게 보낸 한시를 읽고 한 70세 노인이 감동하여 첫 세례를 받은 일은 분위기를 바꾸는 전환점이 되기도 하였다. 선교사들은 중국의 기독교 조직인 화북대회의 산둥노회山東老會 소속으로 활동을 시작하였다.

---

13 최재건, 「한국 장로교회의 산둥선교의 최초 해외선교의 상황과 의의」, 94~97쪽.
14 1870~1918. 1912년 평양신학교 5회 졸업. 1911년 황해노회 조직 시 장로로 피선. 1912년 제2회 황해노회에서 목사 안수 후 황해도 재령교회에서 한위렴 목사와 동사목사로 시무. 1913년 산둥 선교사로 파송(최재건, 「한국 장로교회의 산둥선교의 최초 해외선교의 상황과 의의」, 93쪽).
15 1878년 출생. 1909년과 1911년에 평안남도 증산 방에다리교회 장로로 시무. 1913년 평양신학교 6회 졸업, 제4회 평남노회에서 목사 안수. 방에다리교회에 소안론 목사와 동사목사로 임명되었다가 산둥 선교사로 파송(김교철, 「초기 한국 장로교회의 타문화권 교회 설립에 관한 선교학적 고찰」, 아세아연합신학대학교 대학원 박사학위 논문, 2018, 40~41쪽).
16 1877~1939. 평안북도 의주군 출생. 1913년 평양신학교 제6회 졸업, 평북노회에서 목사 안수. 제2회 총회에서 산둥 선교사로 파송. 평북노회에서 조사, 장로로 일하며 서구 선교사들의 교회 개척 방식을 학습. 한학과 한시에 익숙한 서예가로 중국 선교에서 활약(평북노회사 편찬위원회, 『평북노회사』, 기독교문화사, 1979, 238쪽; 최재건, 「한국 장로교회의 산둥선교의 최초 해외선교의 상황과 의의」, 94쪽; 김교철, 「초기 한국 장로교회의 타문화권 교회 설립에 관한 선교학적 고찰」, 39~40쪽).

선교사들은 문화적 충격과 주거의 불편, 극심한 생활고 등으로 고생하고 있는 상황을 보고하면서 처우 개선을 요청하였으나 총회 지원 결정은 계속 미루어졌다.

> 선교사 3인이 길에서 곤란을 당하던 일과 (…중략…) 내양성으로 직행하는데 무한 고생을 당하고 그곳에 도착한 후에도 그 지방 사람의 능모陵侮, 능멸을 받던 일과 그곳 현지사縣知事를 방문하고 현지사의 우대를 받음으로 그곳 사람들의 경복(존경)을 차차 받고 전도하는 문이 점점 열리게 되던 일, (…중략…) 침례교와 루터교의 시기를 받는 일과 (…중략…) 선교사들이 원하는 것은 예배 처소와 거주 가옥과 자녀들의 교육 방침이 발전되어야 할 터인데 이 일은 총회 처분에 있다.[17]

그러나 총회의 지원이 계속 보류되던 와중에 병세가 악화된 박태로 선교사가 1916년 4월 가족과 함께 귀국했다. 라이양에 남아 있던 사병순 선교사와 김영훈 선교사도 더 이상 견디지 못하고 1917년 4월 총회 전도국에 연락도 하지 않은 채 가족과 함께 선교지 라이양에서 철수하여 미국으로 떠나 버리고 말았다. 이들은 조선총회의 지원 부족과 빈약한 선교 여건 속에서 고군분투하였으나 결국 선교지를 무단이탈함으로써 비난을 받았다. 총회도 어려운 여건 속에서 진행한 산둥 선교였지만 선교사 파송 후의 관리에 한계를 보임으로써 의욕적으로 시작했던 선교는 공백 상태를 맞이하고 말았다.

---

17 김영훈 선교사 보고, 「예수교장로회조선총회 제4회 회록」, 『대한예수교장로회총회록 2, 제1회-제8회』, 1915, 10~11쪽.

② 방효원(1917~1935)·홍승한(1917~1924) 목사, 김병규 조사(1917~1918.2)[18]

1917년 4월 산둥 선교의 공백을 수습하기 위해 조선예수교장로회총회는 임시 결의에 따라 투병 중이던 박태로 목사와 방효원方孝元[19] 목사를 임시로 파송하였다. 두 사람은 1917년 5월 산둥에 도착해서 다시 선교 활동을 재개하였다.[20] 그러나 박태로 선교사는 병세가 악화되어 한 달 만에 다시 귀국하였고, 결국 1918년 사리원 자택에서 세상을 떠났다. 총회 전도국은 언어도 통하지 않는 상태에서 홀로 남게 된 방효원 선교사를 지원하기 위해 중국어가 가능한 신학교 졸업생 김병규[21] 조사[22]를 파송하였다.[23]

---

18 최재건,「한국 장로교회의 산둥선교의 최초 해외선교의 상황과 의의」, 98~100쪽 참조.
19 1886~1953. 평안북도 철산군 출생. 평안도 선천의 기독교 사립학교 신성학교 졸업. 1913년 제3회 평북노회에서 장로 안수, 영동교회 외 3개 교회에서 조사 시무. 1915년 평양신학교 제8회 졸업, 제8회 평북노회에서 목사 안수, 로세영 선교사와 함께 평안도 철산 남구역 교회 담임목사로 시무. 1917년 산둥 선교사로 파송. 1917년 5월부터 8월까지 총회 전도국의 위촉을 받아 라이양에서 시무. 1917년 총회의 정식 파송을 받아 부임, 1935년까지 선교 활동. 1945년 월남, 부산 피난 생활 중 별세. 장남 방지일 목사도 산둥 선교사로 파송(평북노회사 편찬위원회,『평북노회사』, 238~239쪽; 김교철,「초기 한국 장로교회의 타문화권 교회 설립에 관한 선교학적 고찰」, 46~47쪽).
20 박태로·방효원 목사는 5월 8일 조선을 떠난 지 9일 만에 라이양에 도착하였고, 방효원 목사는 아직 중국말을 할 수 없어 벙어리가 상대함과 같다고 전해졌다(「장로회 통신 지나 래양교회」,『기독신보』, 1917. 6. 6).
21 평안북도 선천 출생. 중국어가 가능하여 선교사 공백 기간 산둥 라이양에 거주하면서 방효원·홍승 선교사 가정의 정착을 지원(김교철,「초기 한국 장로교회의 타문화권 교회 설립에 관한 선교학적 고찰」, 41쪽).
22 목사를 도와서 전도하는 일을 돕는 사람.
23 "전도국 회계 리일영씨의 편지에 거한즉 박태로씨의 병이 재발하여 연태병원에서 치료하다가 지금은 황해도 봉산 사리원 본댁으로 돌아와 계시고 래양에 방효원씨 혼자 있는데 아직 방언도 불통하여 외국 교회에서 선교사업에 착수하기는 도저히 불합당한 일인즉 선천에 김병규씨를 임시 파송한 것은 한어를 아는 까닭이더라. 박태로 방효원 양씨가 래양에 도착했을 때 일반 교우들의 기뻐하는 모양은 어린아해들이 부모를 맞는 것처럼 즐거워하였다. 또 박 목사가 연태병원에서 치료 중에 연태 교우들의 간곡한 사랑으로써 보호하며 위로함을 박태로가 돌아오는 기차 중에서 눈물을 흘리면서 말하였다 하였더라."(「장로회 통신 총회 전도국」,『기독신보』, 1917. 7. 11).

김병규 조사는 1917년 6월 라이양에 도착한 이후 방효원 선교사의 중국어 학습에 많은 노력을 기울였다. 물론 조선 선교사들은 중국어를 습득하기 전에도 한자를 통해 문자로 소통할 수 있다는 점이 큰 강점이었고, 그 과정에서 보여준 높은 문화 수준은 점차 중국인들의 존경심도 이끌어내는 성과를 낳았다.

제6회 총회는 새로운 산둥 선교사로 총회 부회장 홍승한洪承漢[24] 목사를 파송하기로 결정하였다. 방효원 목사의 여동생 방승화가 홍승한 목사의 부인이었다는 점은 그들이 함께 활동하기에 유리한 조건이기도 하였다. 1917년 10월 두 선교사와 가족이 산둥성 라이양에 도착함으로써 통역관 김병규와 함께 3인의 활동이 시작되었다. 특히 홍승한 목사는 한학과 서예에 조예가 깊어 중국인들과 쉽게 교류할 수 있었으며, 방효원 목사도 중국인들과 좋은 유대 관계를 맺어 존경을 받았다.

이 시기에 주목할 만한 점은 먼 타국에서 활동하는 선교사들에게 조선의 여학생들이 직접 선물을 보내는 일이 있었다는 사실이다. "(1917년) 성탄일에 경성 연동 정신여중학교와 대구 신명여중학교와 선천 윤산온尹山溫[25] 목사가 여러 가지 좋은 선물들을 보낸고로 신자의 자녀들에게

---

24 1881년 평안북도 철산군 출생. 6세부터 20세까지 한학을 공부. 1909년 평북 철산 영동교회에서 장로 안수, 철산 지역 여러 교회에서 조사로 시무. 1911년 평양신학교 제4회 졸업. 1911년 경북노회 대구 제1교회에서 부해리 선교사와 동사목사로 초빙, 목사 안수. 1911년부터 대구 남성정교회 위임목사로 시무. 1917년 총회 부회장에 선출, 산둥 선교사로 피선. 1920년대 평북노회 선천 남교회 목사. 만주 선교사. 1930년대 철산읍 교회 담임목사. 한학자로서 설교 및 성경 해석의 권위자. 1945년 해방 후 월남하여 부산 피난 생활 중 별세(평북노회사 편찬위원회, 『평북노회사』, 238쪽; 김교철, 「초기 한국 장로교회의 타문화권 교회 설립에 관한 선교학적 고찰」, 47-48쪽).

25 George Shannon McCune. 한국명 윤산온(尹山溫). 1873.12.15~1941.12.5. 미국 북장로교 선교사. 목사. 1904년부터 1936년까지 한국에서 활동하다 안식년으로 귀국하여 1941년 시카고에서 별세하였다(한국기독교역사연구소, 『내한선교사사전』, 324~327쪽).

선물로 나누어 주었다"²⁶는 보고를 보면, 김순호가 공부하고 있던 정신여학교가 산둥 선교에 각별한 관심을 가지고 지원하였음을 확인할 수 있다.

홍승한 선교사는 1920년 보고에서 당시 선교 상황을 다음과 같이 소개하였다.

> 전도로 논하면 수년 지간은 어학으로 인하여 전도한 일자가 많지 않았으나 전도하는 중에 재미가 있었던 것은 도처에 남녀 5, 60명 혹은 100여 명이 회집하여 전도를 잘 들으며 믿기로 작정하는 사람도 적지 않도다. (…중략…) 1년에 두 차례씩 사범강습회師範講習會를 개설하고 교수함으로 감동되어 입교하는 자가 5, 6인이오 학습인이 7, 8인이며, 외촌外村 전도차 순행하다가 우리 사범학생師範學生이 시무하는 학교에 가본 즉 그 학교 학생과 인가隣家에 전도를 많이 한 형편이오. 자기 학생을 시켜서 일반 학부형과 인근 남녀노소를 초청하여 전도를 듣게도 하고 믿기를 강권함으로 믿기를 작정하는 사람도 있으며 관곡款曲히(정성껏) 접대도 하니 재미가 적지 않도다.²⁷

라이양 전도에 대해 희망적인 전망을 제시한 이 글에서 홍승한은 당시 중국에 외국 선교사들을 특별히 우대하는 분위기가 일어나 중국 전국에 전도문이 활짝 열렸는데, 특히 쾌자快字²⁸의 보급이 복음을 전파하는

---

26 선천의 윤선은 목사로 표기되어 있으나 윤산온 목사의 오기로 보인다. 「장로회통신 중화민국 산동성 래양성 전도 형편(평양 길선주)」, 『기독신보』, 1918.9.4; 선천의 윤산온 목사로 표기. 「장로회통신 홍승한 목사의 편지」, 『기독신보』, 1919.2.5.
27 홍승한, 「중국 산동성 내양 선교 소식」, 『신학지남』, 통권 3-2권, 1920. 7., 247~248쪽. 인용문의 일부 표기는 독자의 편의를 위해 현대 표기로 바꾸었다.
28 1913년 중화민국 학부가 제정하고 1918년 중화민국 정부가 발표한 주음자모(注音字母: 자음 21개, 모음 16개). 주음자모(주음부호)는 청말 중국 지식층이 추진한 중국어 현대화 운동의 일환으로 복잡한 중국어를 쉽게 배울 수 있도록 간편하게 병음화하여 한자음을 소리나는 대로 표기한 표음문자로서 교육을 보급하고 언어를 통일하기 위해 도입되었다.

데 큰 도움이 될 것이라고 전망하였다.

그의 설명에 따르면 소위 쾌자라는 문자를 학부에서 수년 전에 새로 만들어 교육하고 있는데, 아무리 우둔한 사람이라도 한두 달만 공부하면 여러 서책을 읽을 수 있게 된다. 교회에서 이 쾌자로 전도지傳道紙를 제작하여 널리 배포하고 성경을 번역하여 가르치면서 몇 년 전과 비교한다면 전도의 문이 활짝 열려 교회가 도처에 번성하고 있다고 하였다.[29]

선교사들의 주거 환경도 개선되어 1918년 1월 총회 전도국이 라이양 남문 밖에 800평의 대지와 기와 18간, 초가 6간의 주택을 매입, 여기에 선교사 가족들이 이주하였다. 새로운 처소는 두 선교사의 사택과 복음당, 어학선생 방, 사환 방, 넓은 채소밭과 뜰을 갖추고 있었다.[30]

1918년 5월에는 화북대회에 정식으로 가입하여 라이양성 사방 30리를 선교 지역으로 인수하였다. 같은 해 8월에는 라이양 남촌 스수이터우 石水頭에 전도소傳道所를 설립하는 성과도 거두었다. 김병규 조사는 중국어 교육과 통역 임무를 마치고 1918년 2월에 귀국하였다.[31]

1890년대 중국의 일부 진보적인 학자와 관리들은 중국이 서양이나 일본처럼 부강해지려면 이들 나라처럼 단순한 문자와 교육의 보급이 필요하다고 생각하였으며, 한자가 복잡하고 난해하여 자국민의 식자율을 낮추고 실용적인 학문 공부를 방해한다고 보았다. 1900년 이전을 절음(切音)운동, 1900년 이후는 간자(簡字)운동이라고도 부르는데, 전체적으로는 한자 필획의 형식이 가장 많으며, 1900년 이전에는 라틴 문자 방안이, 그 이후에는 한자 필획 방안이 주를 이루었다. 병음 방안을 통칭하는 주음부호는 1913년 중화민국 학부가 제정하고 1918년 중화민국 정부가 발표한 주음자모로 통일되었으며, 중화민국(대만)에서 중국어를 표기할 때 사용하고 있다. 중화인민공화국에서는 1958년 로마자 표기법 한어 병음이 주음부호를 대체하였다.

29 홍승한, 「중국 산동성 내양 선교 소식」, 『신학지남』, 통권 3-2권, 1920.7., 244~245쪽.
30 「조선예수교장로회총회 제7회 회록」, 『대한예수교장로회총회록 2, 제1회-제8회』, 1918, 65쪽.
31 박상순, 「산동선교의 과거와 현재」, 『신학지남』 통권 17-6, 1935.11., 339쪽.

홍승한 목사는 보고 서한에서 다른 교파들의 동정을 "특별사건"이라는 제목으로 다음과 같이 소개하였다.

> 내양성은 산동성 중심지라, 교통이 광활하고 인구가 조밀하여 백여만 명에 지나는 대도회라, 선교사업의 근거할 만한 곳이라. 고로 우리 장로파 침례 루터 로마(천주교) 이 네 교회가 있었는데 우리의 선교사업이 점차 발전하며 선교사들의 주택을 설치함을 동기삼아 침례회 목사도 셋집에 있더니 이번 봄에 주택과 병원까지 설립할 경영 중이고 루터회 목사도 지미(즉묵)에 있으면서 순회하더니 이 성으로 옮긴다 하오며 로마회에서도 활동 중인즉 아모러커나 우리들의 일하는 것으로써 동기를 준 것인 줄로 아나이다.[32]

1919년 당시 우리 선교사들의 활동이 다른 교파들에게도 긍정적인 동기 부여를 할 만큼 활발했음을 짐작하게 한다.

---

32 「장로회통신 홍승한 목사의 편지」, 『기독신보』, 1919.2.5.

③ 박상순 목사(1918~1939), 김윤식 의사(1918~미상), 이대영 목사(1922~1948/1955)[33]

1918년 조선예수교장로회총회 제7회 총회에서 선교지의 요청에 따라 산둥 선교사로 박상순朴尚純[34] 목사를 추가 파견하는 결정이 내려졌다.[35] 총회는 그간의 선교 경험과 조선의 서양 선교사들의 도움으로 전도국 규칙, 선교회 규칙을 포함한 전도국 세칙을 제정하여 선교사 파송국으로서의 기본 원칙을 수립하였으며, 3개년마다 5개월씩 귀국하여 휴식을 갖는 안식년 제도 등도 배려하게 되었다.[36] 이번 파송에서 박상순 선교사와 동행한 이는 김윤식金允湜 의사였다. 그는 대구에서 개업하고 있었는데 홍승한 목사가 산둥 선교사로 떠날 때 같이 선교하러 가자고 했던 말을 기억하고 자원해서 산둥 선교에 동참한 것이었다. 그는 총회에서 파견한 경우가 아니었기 때문에 아무런 지원도 없이 자비로 모든 비용을 감당하였다.

1918년 11월 19일 박상순 선교사와 김윤식 의사가 가족을 데리고 라이양에 도착하여 산둥의 선교사들과 교우들의 환영을 받았다.[37]

---

33 최재건, 「한국 장로교회의 산둥선교의 최초 해외선교의 상황과 의의」, 100~102쪽 참조. 총회 파견 선교사의 경우 총회록을 근거로 활동 기간을 확인할 수 있는데, 김윤식 의사의 경우 자원해서 봉사하였기 때문에 산둥 활동 기간을 공식 자료에서 확인하기 어렵다.

34 1887년 출생. 1908년 숭실중학 제5회 졸업. 평양 장대현교회에서 집사, 장로 안수. 1917년 평양신학교 졸업, 강도사로 임직. 중화읍교회 빌립보 선교사와 동사목사 청빙은 거절하고 1918년 산둥 선교사 파송 제안은 수락. 단독으로 교회에서 목회한 경험은 없으나 장대현교회 집사와 장로, 찬양대 지휘, 노회 업무 등을 통해 장로교회 사정에 정통하였고, 평남 노회 학무국 종사 경험을 통해 중국 산둥의 기독교 학교 교육에 적합한 자질을 갖추고 있었음. 1918년부터 1939년까지 산둥 선교사로 일하면서 중국 교회 건설사업에 많은 공헌을 함(김교철, 「초기 한국 장로교회의 타문화권 교회 설립에 관한 선교학적 고찰: 1913년부터 1957년까지 중국 산둥과 만주국을 중심으로」, 48-49쪽).

35 「조선예수교장로회총회 제7회 회록」, 『대한예수교장로회총회록 2, 제1회-제8회』, 1918, 13쪽.

36 「조선예수교장로회총회 제7회 회록」『대한예수교장로회총회록 2, 제1회-제8회』, 1918, 68~77쪽.

37 「장로회통신 홍승한 목사의 편지」, 『기독신보』, 1919. 2. 5.

총회에서 제정한 선교회 규칙에 근거하여 1919년 선교지인 산둥에서 조선선교사회가 발족하였다. 선교사회는 본국 총회와 밀접한 관계 속에 선교 방침을 정하고 실행하였으며, 중국노회와도 긴밀한 유대 관계를 가졌다. 다만 중국노회는 조선 선교사들의 활동에 관여하지 않았고 선교지를 확장하는 일에만 협력한 것으로 알려졌다.

선교사회는 회장에 방효원, 서기에 홍승한, 회계에 박상순을 선출하고 임기를 1년으로 하였다. 1920년 방효원 선교사가 안식년으로 귀국했을 때는 박상순 선교사가 회장과 회계를 겸임하였고 홍승한 선교사가 서기직을 수행하였다.

1920년 7월의 보고 서신을 보면, 조선 선교사들의 활동이 높은 평가를 받아 선교 지역이 대폭 확장되고 중국 교회의 모범으로 인정받는 성과를 거두었다는 소식을 다음과 같이 전하고 있다.

내양 선교의 대희망

우리 조선 목사는 용모와 문자와 체의體儀, 법도와 풍속이 중국과 거의 같고 조선 교회가 중국에 소문나기를 신령하고 열심 있고 은혜를 많이 받은 교회라 함으로 인근 교회가 우리 형제들을 친애하고 존중하며 믿지 않은 이들도 대우를 잘해 주며 전도를 잘 받아들이니 내양 교회가 근래 발전도 하고 재미있는 일도 적지 않다. 또 내양 서남은 교동노회膠東老會에 속하고 동북은 산동노회山東老會에 속하고 우리 선교 구역은 두 노회 사이 사방 30리 이내에 불과하다. 1918년 5월 화북대회에서 인계받은 내양성 사방 30리 선교 구역은 너무 협소하다고 판단하여 조선 선교사들이 조선총회 전도국을 경유하여 산동노회와 교동노회에 내양 전 지역을 조선 선교 구역으로 허락해 달라고 요청하였다. 이에 두 노회는 이견 없이 기꺼이 허락하였다. 또 문등文登이라는 읍은 위해위威海衛 근처인데 인구가 번다하고 교통도 편리하여 선교사의 주처住處가 될 만하고 전도하여 큰 사업도 가능한 지역이다. 영국형제회 목사가 수십 년 전에 와서 중국 정부의 특별허가를 받아 타 교파는 전도하지 못하게 한 지역이다. 그래서 연태煙台 지역 미국 목사들이 여러 차례 와서 전도하다가 축출되고 우리 박태로 목사도 축출당한 곳인데 근년에는 그곳 목사가 우리 형제들에게 기별하기를 여기 와서 전도하라 하며, 또 중국 교회가 주일 설교에서나 크고 작은 회의에서 조선 교회를 본받자는 말을 많이 해서 방문하러 오는 이들도 있으니 이러한 형편을 보면 우리 전도의 영향과 희망이 다대多大하도다.[38]

1921년이 되면 본격적으로 산동 선교를 시작한 지 3년 만에 교회 12개소, 남학교 9개소, 여학교 2개소를 설립하였으며 생도 수는 200명, 세례인도 350여 명, 교우는 신입 교우를 합하여 600명에 이르렀다. 어학 공부를 마무리한 세 선교사가 전도 활동에 전념하게 되면서 홍승한 목사는 서북 라이양, 박상순 목사는 서남 라이양, 방효원 목사는 동북 라이양 지방을 담당하는 것으로 역할을 분담하였다.[39] 1921년 8월에는 조선 본국에 있는 여러 교회의 지원을 받아 박상순 선교사와 방효원 선교사의 사택을 준공하였다.[40]

1921년 9월 평양에서 열린 조선예수교장로회총회 제10회 총회에서 중국에 선교사 1인을 더 파견하기로 결정하고 이대영李大榮[41] 목사를 선택

---

38 「중국 산동성 래양 선교 소식 속 : 홍승한(洪承漢)」, 『기독신보』, 1920.7.21, 1면. 일부 문장은 독자의 이해를 돕기 위해 현대 표기로 바꾸었음을 밝힌다.
39 「중국 산동 래양 선교 소식(선교사 방효원)」, 『기독신보』, 1921.3.9.
40 「산동선교회 소식(선교사 박상순)」, 『기독신보』, 1921.8.31.
41 1874~1950. 경상북도 예천군에서 출생. 신전교회, 대구 남성정교회 등에서 조사로 활동. 1920년 평양신학교 졸업. 1921년 제9회 경북노회에서 목사 안수, 권찬영 선교사의 동사 목사로 안동읍교회에서 목회 활동. 1922년 산동 선교사로 파송(김교철, 「초기 한국 장로교회의 타문화권 교회 설립에 관한 선교학적 고찰」, 49~50쪽).

하였다. 한때 총회 전도국이 경비 문제로 파송을 보류하였으나 평북여전도회연합회가 이대영 목사를 지원하기로 함으로써 계속 진행할 수 있었다. 이대영 선교사와 가족은 1922년 6월 라이양에 도착하였다.

그동안 조선 선교지는 산둥노회와 자오둥膠東노회에 모두 속해 있어 선교사도 두 노회로 나누어 시무하고, 또 다른 지역에서 모이는 각각의 노회에 참석해야 하는 불편이 있었다. 이에 1922년 11월 우리 선교회가 두 노회에 합동으로 모일 것을 제안하여 두 노회의 수락을 받았다. 두 노회는 4일간 합동강연회와 영수회靈修會를 갖고 각 노회의 사무를 처리하였다. 이때 선교 지역이 확장된 조선선교회의 경영을 놓고 두 노회가 모두 자기네 노회로 오라고 권하고 해당 지역에서는 분립하도록 해주겠다는 제안을 하는 등 경쟁이 벌어지다가, 결국 우리 선교회가 소원했던 방안대로 지모卽墨성으로 분립하는 것으로 결정되었다. 이로써 조선의 선교 지역은 남북으로 300리, 동서로 250리, 4개의 현을 포함하며 인구는 140만에 이르는 광대한 지역으로 확대되었다.[42]

선교 지역이 확대되자 선교회를 두 지역으로 나누어, 라이양은 방효원과 박상순 선교사가 주재하고 지모는 홍승한과 이대영 선교사가 주재하게 되었다. 1921년 8월 방효원·박상순 선교사 사택이 준공된 데 이어 1922년 7월에는 홍승한 선교사의 사택이 낙성되어 홍 선교사의 가족이 지모로 이주하였고, 1923년 4월에는 이대영 선교사도 사택을 준공하여 가족과 함께 지모로 이주하였다. 이렇게 조선선교회는 라이양과 지모의 역할 분담 아래 열성적으로 활동을 전개하였다.[43]

---

42 「산동 래양 선교 상황(선교사 방효원)」, 『기독신보』, 1922.7.12.
43 「산동 래양 선교 상황(선교사 방효원)」, 『기독신보』, 1922.7.19.

지모는 옛날 제齊나라의 수도이고 상업 중심지로 교통이 편리한 지역이었다. 독일인이 선교하고 있던 루터교의 선교지로 선교사가 2명 주재하고 있었으나 활동이 활발하지는 않았다. 장로교에서는 칭다오靑島에 주재하는 선교사가 이따금씩 지나는 길에 들르는 정도였는데, 이제 조선선교회가 본격적으로 활동하게 된 것이었다. 다만 이 지역에는 심각한 문제가 있었는데 마적의 횡포를 지방 경찰이나 군대의 힘으로 진압하지 못하는 상황이었다. 왕래가 위험한 지역이었기 때문에 박상순 선교사는 홍승한 선교사의 안전을 걱정하고 위험한 임무를 맡긴 데 대해 미안한 마음을 표하기도 하였다.[44]

이 시기 선교의 발전에 지대한 공헌을 했던 선교 기관으로 김윤식金允湜 의사의 계림鷄林의원을 빼놓을 수 없다. 경성 세브란스의학전문학교를 졸업하고 대구에서 개업하였다가 자원해서 산둥 선교에 동참한 김윤식은 라이양현에 병원을 열고 많은 중국인들을 치료하여 고명한 의술과 친절한 태도로 정평이 났다. 1921년 7월 26일에는 라이양 상업계를 중심으로 외관外官계, 군계軍界, 학계學界 등의 인사 수십 명이 많은 중병과 난치병 환자들을 치료한 공로를 인정하여 두 개의 금자편액金字扁額을 전달하기도 하였다.[45]

김윤식은 1921년 12월, 만 3년간의 시무를 잠시 접고 병원 건축비를 모금하기 위해 일시 귀국하였다. 그는 오랫동안 운영해 온 미국 사람들의 병원도 계림의원만큼 성공한 곳이 적다며 산둥 전도 사업의 성공을 위해서도 제대로 된 병원을 건축해서 운영하는 일이 필요하다고 강조하였다.

---

44 「산둥 래양 선교 상황(선교사 박상순)」, 『기독신보』, 1922.8.23.
45 「산둥 선교회 소식(선교사 박상순)」, 『기독신보』, 1921.8.31.

내가 단신으로 산동성에 건너가 병원을 설립함에 처음에는 중국사람들이 병원이 어떠한 것인지 알지 못함으로 아편 장사로 아는 이도 있고 환자라고는 매일 3, 4인에 불과하더니 차차 신용을 얻어 지금은 매일 환자가 5, 60명에 달하는데 작년 1년 동안 환자 총계가 6천여 명이며 처음에는 1년 수입이 4백 원에 불과하더니 작년 총수입이 2천여 원이 되었으니 3년 동안에 병원 사업으로 말하면 큰 성공이외다. 중국사람들은 특성이 금전을 너무 애껴서 상당한 재산을 가진 부자가 거지탈을 쓰고 동전 몇 푼이나 가지고 병 보러 오기가 예사이며 병을 치료하려고 하면 의례히 약조를 걸자고 합니다. 이러므로 여러 해 동안이나 병원 사업을 경영해 온 미국사람들의 병원도 아직 우리 병원만치도 성공한 곳이 적습니다. 지금은 그곳에 있는 다른 교파에서 병원을 설립하려고 경영하온즉 우리 교회에서도 속히 병원을 건축하지 아니하면 우리의 전도 사업도 실패되기가 싶소이다.[46]

이 글에서도 알 수 있듯이 김윤식의 계림의원은 유명세를 떨치며 라이양에 있던 조선인 선교사와 그 가족들의 건강뿐 아니라 라이양의 중국인 전도 사업을 위한 든든한 지원 세력이 되었다. 1922년 안식년을 맞이하여 귀국한 박상순 선교사도 선교회 경영 병원을 건축하기 위한 본국 교회의 지원을 받기 위해 노력하였다.[47] 방효원 선교사도 김윤식 의사에 대하여 개업 당시부터 조선장로회 선교병원 명의로 선전되고 성적이 양호하여 누구나 신용하지 않는 이가 없고, 심지어 다른 교파 서양 선교사 가족이 모두 와서 치료받을 정도로 병원도 잘 되고 선교에 큰 도움이 되고 있다고 하였다. 장래 완전한 선교병원으로 경영하며 김 의사도 선교

---

46 「산동 선교 3년간 조선선교회 의사 김윤식(金允湜)씨의 감상담」, 『기독신보』, 1922.1.11.
47 「중국의 선교사업-평양전도부인회의 기부」, 『기독신보』, 1922.1.25.

회 의사로 활동하는 방안을 전도국 및 선교회 전체와 협의하고 있으나, 본 전도부 재정 관계로 아직 시행치 못하니 본 선교회는 갈급한 형편이라고 안타까워하였다.[48]

이러한 노력이 결실을 맺어 1921년 조선예수교장로회총회 제10회 총회는 김윤식의 병원을 선교병원으로 경영하도록 지원하고 김윤식을 라이양 선교사회에 언권위원으로 참여하도록 결정하였다.[49] 그는 서양 선교회의 지원으로부터 자립한 첫 의료 선교사로 당시 중국 선교 사역에 크게 이바지하였다. 그 뒤를 이어 1923년에는 선천의 주현칙朱賢則 의사가 지모에서, 1931년에는 경상도의 안중호安重昊 의사가 지모에서 자립적으로 의료 선교 사역을 전개하였다.[50]

박상순 선교사는 1922년의 활동 가운데 5월 라이양 남관南關 예배당에 예배용 풍금 한 대를 설치한 일을 기록하였는데, 1917년 성탄절 선물에 이어 정신여학교와 다른 학교 학생들이 기부자로 등장하고 있어 눈길을 끈다.[51] 1931년 5월에는 지모 선도당宣道堂에도 예배용 풍금 한 대가 설치되었는데, 이 풍금은 대구 신명여학교와 평양 숭의여학교 학생들이 기부한 것이었다.[52] 국내 어린 학생들의 이러한 정성은 머나먼 타국의 선교지에 무엇보다 귀한 위로가 되었을 것이다.

1924년 9월 제13회 총회의 선교 경비 축소 결정에 따라 지모와 라이

---

48 「산동 래양 선교 상황(선교사 방효원)」, 『기독신보』, 1922.7.19; 방효원, 「중화민국 산동 내양 선교 소식」, 『신학지남』, 통권 5-1, 1923.1., 353~359쪽.
49 「조선예수교장로회총회 제10회 회록」, 『대한예수교장로회총회록 3, 제9회~제13회』, 1921, 41~42쪽.
50 박기호, 『한국 교회 선교운동사』, 78~79쪽; 방지일, 『복음역사 반백년』, 반도문화사, 1986, 39~40쪽.
51 박상순, 「산동선교의 과거와 현재」, 『신학지남』 통권 17-6, 1935.11., 340쪽.
52 박상순, 「산동 선교의 과거와 현재」, 341쪽.

양의 두 선교회는 하나의 선교회로 통합되었다. 선교사 홍승한과 이대영은 국내로 소환하는 것으로 결정되었는데,[53] 홍승한은 귀국하고 이대영은 남아서 활동하다가 1925년 복직하였다. 두 선교사가 철수한 지모에는 라이양에 있던 박상순 선교사가 이주하였고, 방효원 선교사는 라이양에 남아 업무를 분담하였다.[54]

④ 김순호 선교사(1931~1939)[55]

조선예수교장로회 여전도총회[56]는 창립 후 첫 사업으로 중국 여성을 대상으로 선교사를 파송하기로 하고 제3회 총회에서 중국 선교에 김순호를 파견하기로 결의하였다.[57]

김순호는 정신여학교와 일본 요코하마여자신학교에서 공부하고 황해도 신천의 경신학교와 함경북도 성진의 보신여학교에서 교원 사역을

---

53 「조선예수교장로회총회 제13회 회록」, 『대한예수교장로회총회록 3, 제9회-제13회』, 1924, 14쪽.
54 박상순, 「산동선교의 과거와 현재」, 341쪽.
55 최재건. 「한국 장로교회의 산동선교의 최초 해외선교의 상황과 의의」. 102~103쪽 참조.
56 여전도회의 전국적 조직은 '(조선예수교장로회) 여전도총회'로 통일하여 서술한다.
   공식 명칭의 변천을 정리하면,
   1) 1898년 : '여전도회' 조직(지역 단위).
   2) 1928년 : 11개 연합회가 모여 '전조선장로교여전도회'로 창립하였다가 '조선예수교장로회 여전도총회'로 통합, 창립. 조선예수교장로회총회 제17회 총회는 '조선예수교장로회 여전도회총회'로 승인.
   3) 1931년 : 조선예수교장로회총회가 '조선예수교장로회 연합여전도회'로 개칭 지시.
   4) 1932년 : 여전도회가 '조선예수교장로회 여전도총회'로 개칭 청원.
   5) 1969년 : '대한예수교장로회 여전도회전국연합회'로 개칭.
   1928년 이후 1969년까지 여전도회 측에서는 전국적 조직에 대하여 지속적으로 '(조선예수교장로회) 여전도총회'라는 명칭을 사용하였다. 「중화민국 산동 여선교사 지원자 모집」, 『기독신보』, 1931. 3. 4; 대한예수교장로회 여전도회전국연합회 (http://www.pckw.or.kr).
57 「조선예수교장로회총회 제21회 회록」, 『대한예수교장로회총회록 5, 제19회-제22회』, 1932, 77쪽.

하였으며, 재령 동부교회에서 전도사로 시무하고 있다가 선교사로 파송되었다.⁵⁸ 김순호 선교사의 부임은 산둥 선교 사역에 활력을 더해 주었고, 특히 중국 여성들을 위한 사역이 활성화되었다. 김순호는 한국 교회의 첫 번째 해외 파송 여선교사로 기록되었다. 여전도회도 여전도총회 조직 기념으로 여선교사 파송을 결의한 이후 지속적으로 최대한의 지원을 이어갔다. 김순호는 1931년 산둥에 부임하여 활동하다가 1936년 안식년을 맞아 귀국했는데, 안식년이 종료된 다음에도 정세불안으로 산둥으로 복귀하지 못하였다. 그 대신 임시로 1937년 헤이룽장黑龍江성 무단장牧丹江교회에서 시무하다가 일본 요코하마여자신학교 연수를 거쳐 1938년 칭다오로 복귀하였다.

여선교사로 산둥에 부임한 김순호는 제1선교지 라이양과 제2선교지 지모를 오가며 여성 중심의 업무를 담당하였다. 그의 활동으로 중국 여성 선교 사업이 차차 활기를 띠게 되었다는 평가를 받았다.⁵⁹

방지일 목사의 회고를 통해 김순호 선교사를 비롯한 당시 산둥 선교사들의 면면을 살펴보면 다음과 같다.

> 나의 가친(방효원 목사)이 먼저 가심에 따라 일의 터를 닦으신 분이기도 하다. 그 성격이 극히 원만하시고 중국 사람들에게 많은 호감을 주신 분으로 선교의 터를 닦고 개척한 커다란 공을 인정하지 아니치 못한다. 성격적으로도 중국 사람에게 맞게 태어나신 분 같았다. 또한 대인 접속에 있어서도 무게 있게 처신하는 것이 중국 사람들에게 지극한 존경을 받게 되셨으며 키가 크고 풍채도 좋은 것이 대륙적 성격에 맞추어 태어나신 분이었다. (…중략…)

---

58 주선애, 『장로교 여성사』, 대한예수교장로회 여전도회전국연합회, 1978, 187쪽.
59 방지일, 『복음역사 반백년』, 39쪽.

박상순 목사께서는 교육자적 기질을 타고나신 분으로 대륙 선교 면에 우수하시다. 중국어를 제일 잘하신 분이라고도 하였다. 조직 면의 장점을 가지신 분이시기도 했다.

이대영 목사는 부흥적 소질이 계신 분으로 그 열의에는 뉘에게도 뒤지실 수 없는 분이시다. 기도에 들어가시면 시간 가는 줄을 모르시는 분이다. 그는 영적 역량의 풍부함을 받은 종이시다. 비록 어학의 재능은 못 가지셨으나 신령한 은사에는 그런 것이 문제가 안 된 것임을 알 수 있었다. 도처에 많은 부흥회를 인도하신 부흥사이었다.

김순호 선교사는 일본 신학 졸업생으로 처음에는 꽤 의지적으로 무엇을 해보실 계획이 있으셨던 모양이다. 선교사로 와서 '야소가정耶蘇家庭, 예수가정'[60]이란 신앙운동에 동조도 하면서 헌신적으로 부녀 신앙운동에 큰 공을 세웠다. 중국어로 처녀를 '꾸냥姑娘'이라고 하는데 중국 교계에선 '진쇼꾸냥' 하면 알 만큼 신앙가로 꼽혔다.[61]

---

60 예수가정운동이란 예수 중심으로 큰 가정을 이룩하여 성경대로 믿고 그대로 살자는 신앙운동이다. 중국뿐 아니라 세계적으로 그 영향력을 나타낸 운동으로 외국 선교사들이 와서 본국 선교회를 탈퇴하고 여기 가담한 이도 적지 않았으며, 성황기에는 외국인들이 여기 가담하기 위해 직접 찾아온 사람도 적지 않았다고 한다. 속세를 이탈한 철저한 신앙운동, 합동생활, 금욕, 교주 대신 가장이라는 칭호 사용 등을 원칙으로 하였다. 공산세력의 탄압 하에 지도자인 가장과 부가장이 행방불명되거나 자살하게 되면서 예수가정운동은 소산되고 말았다(방지일, 『복음역사 반백년』, 42~44쪽; 보언 리즈 저, 송용자 역, 『중국의 예수 가족 공동체 교회 이야기』, 부흥과개혁사, 2005 참조).

61 방지일, 『복음역사 반백년』, 40~41쪽.

⑤ 방지일 목사(1937~1957)[62]

조선총회는 1935년에 은퇴한 방효원 목사의 후임으로 그의 아들 방지일[63] 목사를 선정하였다. 그는 1937년 4월 14일 평양 장대현교회의 파송식 후 4월 말 라이양에 부임하였다가 정세 악화로 8월 19일에 일시 귀국하였다.[64] 그 후 칭다오에 가서 중국어를 공부한 후 1940년 칭다오에서 다시 선교 활동을 재개하였다.[65] 1945년 이후에는 국내 선교부의 소환령에도 불구하고 전후의 공산화된 중국에서 1957년까지 활동하다가 홍콩으로 추방됨으로써 중국 선교의 막을 내렸다.

이러한 선교사들 개개인의 역량은 산둥이 첫 해외 선교지임에도 빠른 시일 내에 주목할 만한 성과를 올릴 수 있었던 가장 큰 동력이었다. 1913년 처음 파송된 박태로·사병순·김영훈, 1917년에 파송된 방효원·홍승한, 1918년에 파송된 박상순, 1922년에 파송된 이대영, 1931년에 파송된 김순호, 1937년에 파송된 방지일, 이 모든 인사들은 당시 교역자들 중에서 학력·경력뿐 아니라 신앙·인격 면에서 모두 상당한 비중을 차지하고 있던 인물들로 선발되었다. 총회는 선교 사역에 가장 적합하다고 생각되는 사람들을 선정하였고, 선택된 이들은 국내의 안정적인 기반을 포기하고 선교사 파송을 기꺼이 받아들였다.

---

62 최재건, 「한국 장로교회의 산동선교의 최초 해외선교의 상황과 의의」, 103~104쪽 참조.
63 1911년 평안북도 선천 출생. 방효원 목사 장남. 신천 신성학교 졸업. 평양 숭실전문학교 졸업. 1937년(30회) 평양신학교 졸업. 평양노회 소속 장대현교회 봉직. 1937년 산둥 선교사로 파송. 산둥 및 칭다오(청도)에서 중국 선교 후 1957년 홍콩, 대만, 일본을 경유하여 귀국. 총회 전도부장, 총회장, 재단 이사장 역임. 영등포교회 시무(방지일, 『복음역사 반백년』, 약력 참조).
64 「조선예수교장로회총회 제26회 회록」, 『대한예수교장로회총회록 6』, 1937, 49쪽.
65 「조선예수교장로회총회 제27회 회록」, 『대한예수교장로회총회록 6』, 1938, 16쪽.

산둥 선교 시절 (1934)
왼쪽부터 1931년 조선예수교장로회 여전도총회에서
중국 산둥에 파송했던 김순호 선교사, 박상순 선교사의
딸 박은숙, 편순남 선교사

산둥 선교 시절 (연도미상)
뒷줄 왼쪽부터 방지일·이대영·박상순 목사,
앞줄 왼쪽부터 김애신·김순호 선교사

산둥 선교 시절 한족 복장을 한 김순호 선교사

방지일 선교사 가족과 함께한 김순호 선교사(연도미상)

산동 선교사들(연도미상)
맨 왼쪽 김순호 선교사, 가운데 박상순 목사,
뒷줄 오른쪽이 홍대위 목사, 맨 오른쪽이 방지일 목사

박상순 목사 안식년 회국 기념(1935.7.5) 산동 선교사 가족들이 한자리에 모인 유일한 사진
김윤식 의사 가족, 안중호 의사 가족, 박상순 목사 가족, 이대영 목사, 방효원 목사와 부인,
아들 방경일, 방화일. 왼쪽부터 네 번째가 김순호 선교사

이러한 인선에 대해 연희전문 초대 신과 과장을 역임했고 미국 북장로교의 한국 선교회사에 관해 방대한 저술을 남긴 로즈Harry A. Rhodes[66]는 한국 교회가 유능하고 저명한 인물 중에서 선교사를 선발해 보냈다고 평가하였다. 이러한 선발 과정은 19세기 한국에 왔던 미국 선교사들과 대조를 이루는 측면도 있었다. 19세기 한국에 왔던 미국의 선교사들은 정규 교육을 받고 부흥회에서 은혜를 받아 뜨거운 선교 열정을 품었던 이들임에는 틀림없지만, 대개 목회 경력이나 선교 경험이 거의 없는 20대에 부임했던 경우가 대부분이었기 때문이다.[67]

조선 선교회의 선교정책

① 중국의 제도와 관습에 순응하다[68]

중국에 간 조선 선교사들은 중국인에게 선교하려면 중국인이 되어야 한다고 생각하여 중화 사상에 적응하고 그들의 전통과 관습을 존중하며 따르려고 노력하였다. 서양식 복장 대신 중국인들과 같은 옷을 입고 같은

---

66 로즈(Rhodes, Harry Adrew, 1875.9.11~1965.6.16). 한국명 노해리(盧解理, 魯解理). 미국 펜실베이니아주 이스트브룩에서 출생하였다. 1902년 토론토에서 열린 학생선교자원운동대회에서 언더우드의 한국 선교에 대한 내용을 듣고 지원하여 해외선교부는 강계선교부에서 활동하도록 추천하였다. 1906년 북장로교 목사가 되고 에디스 브라운(Edith Brown, 1881.10.23~1974.11.14)과 결혼하였다. 1908년 7월 9일 부인과 함께 미국 북장로교 선교사로 내한하였다. 로즈는 한국 교회와 미국 교회에 만주 선교가 중요하다고 강조하였고, 그 결과 남만주, 북만주, 동만주 노회가 만들어졌다. 강계와 선천, 만주 등지에서 선교하였고 서울 연희전문 교수를 역임하였다. 한국 교회사 연구의 기초를 다진 『조선긔독교회략사』(1933)는 한글로 된 최초의 한국 교회사로 일반 신도들에게도 많이 읽혔다, 한국 선교를 돌아보며 History of the Korean Mission Presbyterian Church, U.S.A. Ⅱ (1935~1959)를 집필하여 1965년에 출간하였고 같은 해 6월에 별세하였다(내한선교사사전 편찬위원회, 『내한선교사사전』, 231~232쪽).
67 최재건, 「한국 장로교회의 산동선교의 최초 해외선교의 상황과 의의」, 110쪽.
68 최재건, 「한국 장로교회의 산동선교의 최초 해외선교의 상황과 의의」, 111~113쪽.

음식을 먹으며 잠자리도 4~5인씩 같이하는 등 중국인처럼 생활하며 중국의 전통적 예의를 배우려고 노력하였다. 1935년 당시 개인 자격으로 산둥을 지나며 조선인 선교사들의 헌신적인 노력을 관찰했던 조상근은 『기독신보』에 자신의 목격담을 다음과 같이 남겼다.

> 이제 중국 민중이 조선 선교회를 주목하게 됨은 그 이유가 어디 있느냐 하면 조선 문화가 중국으로부터 수입되었으며 따라서 조선 재래 종교이던 유교의 발원지가 역시 산둥성인 때문에 공자의 출생지인 산둥성에 조선 선교사의 발자취가 머물게 됨은 중국인들의 관심되는 바가 크고 보는 의미가 자못 심장합니다. 그런데 제가 여기 와서 목도하는 대로 우리 선교사들의 활동하는 성적이 다른 나라 선교사들에 비하여 조금도 손색이 없으며 도리어 더 신실하고 충성스러워 보이는 점이 많습니다. 그리하여 중국 백성들에게 많은 존경을 받고 있으며 (…중략…)
>
> 이곳은 미국 선교회가 이미 근거를 잡고 있는 지방인데 부분적으로 조선교회에 떼어 맡긴 것은 말하자면 조선 교회 능력 여하를 살피고저 하는 시험 문제가 걸려 있는 구역입니다. 그리하여 오늘이라도 조선 교회에서 선교비가 끊어진다면 다시 미국 선교회로 돌아가고 말 것은 명약관화의 사실입니다. (…중략…) 그러나 하느님의 사업을 어느 자손이 하거나 무슨 차별이 있으련만 십자가의 붉은 깃발을 쳐다보면서 용맹스럽게 내놓은 발걸음을 주저하며 뒤로 물러서게 된다면 주님의 낯을 대하기에 부끄러운 느낌이 얼마나 크오리까?[69]
>
> 저는 이곳 미국 선교사의 청함을 입어 그들과 식탁을 같이하여 점심을 먹게 되었습니다. 깨끗하고 화려한 그의 응접실을 거쳐서 준비한 식탁

---

69 「산동선교회-산동에 우리 선교사를 보고. 산동성 즉묵에서 조상근(趙尙根)」, 『기독신보』, 1935.6.26.

에 나아가니 주인 되는 목사가 유창한 중국말로 기도를 올린 후에 성도 모르고 이름도 모를 여러 가지 음식을 차례대로 먹어 가면서 그네들의 생활형편을 짐작하니 우리 선교사들의 살림과는 차이가 너무도 크더이다. 그리고 그들은 남녀 중학교를 경영하고 있으며 외촌 순행에는 자가용 자동차를 몰고 다닙니다. (…중략…) 우리 선교사들은 외촌 순행에 마차나 혹은 보행으로 다니게 되며 교회에는 소학교 하나도 변변히 경영하는 것이 없으니 너무도 쓸쓸하고 섭섭한 느낌이 없지 않습니다. 그러나 가난한 집 자손이 공부는 더 잘한다는 격으로 우리 선교사들은 중류계급 이하가 입는 중국옷을 입고 도보로 걸어다니면서 전도를 하고 있는 넉넉지 못한 환경에서라도 그들은 항상 기도의 생활을 하고 있으며 그들의 입에서는 "할렐루야 찬미주讚美主"라는 기쁜 찬송이 떠나지 않는 것을 본 저는 감격의 눈물을 금치 못하였사오며 그들의 앞길에는 반드시 하느님이 동행하야 아름다운 서광이 비치리라고 확실히 믿습니다.[70]

위 목격담에서도 확인되듯이 우리 선교사들은 여러 측면에서 열악한 환경을 감수하며 활동하고 있었다. 그러나 우리 선교사들은 한국과 중국 간 문화의 동질성을 잘 활용하였고,[71] 그런 점에서 서양 선교사들보다 유리한 측면이 있었다. 예를 들어 선교지에 도착했을 때 우선적으로 그 지방의 관리를 찾아가 교류하면 관청의 보호도 받고 주민들의 존경도 받을 수 있다는 점을 알고 활용하였다.

---

70 「산동선교회 2 – 산동에 우리 선교사를 보고. 산둥성 즉묵에서 조상근(趙尙根)」, 『기독신보』, 1935.7.3.
71 "중국은 우리와 문자가 공통되고 민족의 감정과 습관, 사회의 제도와 풍속이 공통되는 점이 많다. 다른 무엇보다도 종교상으로 연결, 협조할 점이 많다고 본다. 중국 인사가 우리 교회를 보고 얻는 것이 많다고 스스로 증언하고 있으니 우리들도 그들을 통하여 받고 얻을 것이 있으리라고 믿는 바이다."(박상순, 「산동선교의 현재와 장래 (속)」, 『신학지남』, 통권 18-3, 1936. 5., 46쪽).

중국인들이 조선 선교사에게 호감을 가진 또 하나의 이유는 그들의 한문 실력에 있었다. 관리를 비롯한 중국인들은 선교사의 한시나 글씨에 감탄하였으며, 아직 중국어를 익히지 못한 초창기에는 필담으로 대화를 나눌 수도 있었기 때문이다. 소문이 나자 그 지역 사람들이 선교사의 글씨를 받으러 오는 경우도 많았는데, 이때 성경 속의 문구를 써주어 선교 활동에 많은 도움이 되었다.

행정적인 면에서도 처음부터 중국 교회에 소속을 둠으로써 추후 갈등을 일으킬 소지를 두지 않았다. 처음 중국 교회가 갓 파송된 조선의 세 선교사에게 중국 교회로 소속을 옮길 것을 요구했을 때 예수교장로회조선총회는 이를 유보했지만, 중국 교회가 거듭 공식 서한을 보내자 3년 만인 1916년 제5회 총회를 통해 산둥에서 사역할 때는 그곳 회원이 되고 귀국하면 조선총회 회원이 된다고 결의하였다. 그에 따라 조선 선교사로서 총회의 지원을 받으면서도 중국에서 선교할 때는 그곳의 교회 제도에 따라 활동할 수 있었다. 이는 원활한 선교를 위해 중국 교회와 강한 유대 관계를 맺어 보려는 의도가 반영된 것이었다. 당시 중국 교회는 이중 교적을 가진 서양 선교사에 대해서는 내정에 간섭한다는 명목으로 잘 협조하지 않았다고 한다.

② 네비우스 선교 방법을 실천하다[72]

한국 선교의 역사에서도 언급된 바 있듯이, 한국 교회가 경험한 선교 방식은 주한 미국 장로교 선교사들이 조선에서 시행했던 네비우스의 자립적 선교 방침이었다. 조선 선교사들은 중국에 가서도 중국 교회가

---

72 최재건, 「한국 장로교회의 산둥선교의 최초 해외선교의 상황과 의의」, 113~115쪽.

독립적으로 건립되고 스스로 운영해 나가도록 지원하는 선교 방침을 시도하였다. 그러나 그전에 이 지역을 관할했던 미국 북장로교 선교부가 예배당 건축이나 학교 설립비 등을 지급해 왔기 때문에 갑자기 경제적 지원이 없어졌다는 점을 설득하는 데 어려움을 겪어야 했다. 하지만 조선 선교사들은 인내심을 가지고 자립 정신을 강조하였고, 중국 교인들도 점차 조선 선교사의 방침에 부응하게 되었다. 중국 전도인들에게 봉급을 지원하거나 교회 건축비 등을 일부 지원하기는 하였으나 대부분 중국 교회가 스스로 해결할 수 있게 한다는 원칙을 지키고자 하였다.

헌금을 하지 않던 교인들에게 주일예배 때 헌금을 하도록 가르치고 십일조를 하게 하여 재정적으로 자립하는 교회가 되도록 이끌었다. 헌금은 중국 내 교인들이 전도 활동을 하는 데 사용하도록 하였다. 헌금에 의한 자급을 통해 자력으로 전도할 수 있는 길을 열었던 것이다. 그 결과 라이양에서 새로 교회를 건축할 때는 중국인들이 건축비의 2/3를 충당할 정도로 자립을 위해 노력하는 모습을 보여주었다.

모든 선교 사역의 중심이 성경이라는 점을 감안할 때 중국 교인들이 스스로 성경을 읽고 전할 수 있도록 성경이 표음문자인 쾌자로 완역된 상황도 전도에 크게 도움이 되었다.[73] 조선인 선교사들은 1921년부터 사경회를 시작하여 중국인 스스로 성경을 외우고 강론하며 스스로 전도하는 교회가 되게 하였다.

조선 선교회가 채택한 전도 방식은 개인 전도와 공중 전도 외에 유행流行 전도, 좌당坐堂 전도였다.[74] 유행전도는 포도단佈道團, 전도단을 조직하

---

73 「조선예수교장로회총회 제10회 회록」, 『대한예수교장로회총회록 2, 제9회-제13회』, 1921, 27쪽.
74 박상순, 「산동선교의 과거와 현재」, 343~344쪽.

여 천막과 환등기, 유성기, 활동사진기, 성경책, 칠판, 깃발, 그 외 단원의 여행짐, 식량, 물병 등을 가지고 대개 신자가 없는 촌락으로 찾아가서 전도 설교로 복음을 전파하는 것이다. 한 번에 6~7개월씩 외지를 순회하였는데, 헛간草廳, 사당祠堂, 천막 등에서 기거하며 강도의 위험, 주민의 박해, 비바람, 추위와 더위의 괴로움을 겪으면서 하는 사업이었다. 많이 말하고 많은 사람들을 듣게 하는 것이 목적이니만큼 단원들의 몸은 피로해졌고 목도 많이 상하곤 했다.

좌당전도는 일정한 장소 즉 가옥을 임대하여 걸상, 의자, 탁자, 서화, 그 외 전도에 필요한 약간의 가구 등을 설치하고 예배일, 장날 등에 예배 의식을 거행하고 복음을 강연하며 평일에는 개인을 심방하여 교류를 맺어 교회로 인도하는 방식이었다. 이러한 복음당을 기초로 하여 교회가 설립되는 경우가 많았다.

그 밖에 문자 선전이 있는데, 1935년 당시 톈진天津에 소재한 성서공회聖書公會에서 고용한 매서인賣書人과 기타 이 지역 유지들의 노력으로 매년 판매되는 소책자 복음이 8천 권, 배포되는 전도지가 약 3만 장 되었다고 한다. 중국은 문자를 귀하게 여기는 관습이 있어 길가에 떨어진 종이라도 만일 문자가 쓰여 있으면 집어서 상자에 넣어 보관하였다. 길거리 요소마다 "글자가 씌어진 종이를 삼가고 아낀다敬惜字紙"는 문구를 쓴 상자를 비치하고 글자가 씌어진 종이를 집어넣게 하였다. 상점에서 상품을 싸서 고객에게 주는 것도 중국 신문지 같은 것은 한자가 인쇄되어 있으므로 사용하기를 꺼리고 외국 문자가 인쇄된 신문지가 많이 사용되었을 정도였다. 이처럼 문자를 귀중히 여기는 만큼 중국인은 전도지를 경솔히 버리지 않고 소중히 보관하였다. 하지만 문맹률이 높아 정작 그 내용은 많이 전달되지 않는 한계가 있었다.

결과적으로 조선 선교사들의 선교 정책은 네비우스 선교 정책을 비롯한 조선에서의 방식을 답습하기도 하고 일부 기존의 중화 선교 방침을 활용하거나 바꾸기도 하면서 현지 사정에 적응해 나갔다.

서구 선교사들이 경제적·교육적 지원을 통해 선교의 문을 열기 위해 노력했다면, 조선 선교사들은 서구 선교사들의 노력으로 어느 정도 선교 가능성이 열린 상태에서 교회의 자립 정신을 세우는 방향으로 선교를 진행하였다. 조선 선교사들이 주장한 자립은 교회의 본질, 복음 전도와 교육 등에 중점을 두었다.[75]

방효원과 조선 선교회의 산동 선교 공헌은 첫째, 중국 교회의 자립 정신을 키운 것, 둘째, 라이양 화동성경학교를 설립하여 교회 일꾼을 양성한 것, 셋째, 라이양노회를 창설한 것으로 요약된다. 조선 선교사들의 주도적인 노력으로 1933년에 창설된 라이양구회區會는 중국인을 초대 회장으로 선출한 이후 자립自立·자치自治·자전自傳하는 중국노회로 성장하였다. 따라서 중국인들은 자신들의 방법으로 자신들의 사무를 처리해야 했는데, 실제 상황은 여전히 조선 선교사들의 지도와 지휘를 벗어나지 못하고 있었다. 이에 대하여 "다수의 선교회가 현지 교회로 하여금 독립자치하게 하였으나 여전히 고집스러운 소수의 선교회는 가장이 거주하므로 각 방면에서 지휘하려고 하였다"는 지적을 받기도 하였다.[76]

라이양구회는 1935년 11월 25일 개최한 노회에서 선교사 이대영을 노회장으로, 중국인 범순청 목사를 부노회장으로, 여선교사 김순호를 회계로 선출하여 노회가 여전히 선교사의 지휘 아래 머무르게 한 것으로

---

75 설충수, 『방지일과 산동선교』, 24~31쪽.
76 정홍호·김교철, 「방효원의 중국 기독교 본색화 이해와 실천」, 『복음과 선교』 36, 2016, 304~305쪽.

평가된다. 물론 1935년 11월에 개회된 라이양구회는 노회원 전부가 십일조를 내기로 서약하고 교회를 자립·자치·자전하기로 결의함으로써 중국 교회의 자립화라는 기본 방침을 재확인하였다.[77]

③ 의료와 교육 선교 활동을 병행하다[78]

서구의 교회들은 선교사를 파송할 때 의료와 교육 분야 전문가들을 파송하여 선교의 첫 장을 여는 경우가 많았다. 반면 조선 선교회는 의료·교육 선교를 함께 시작할 수 있는 여건이 못 되었다. 다행히 뜻을 함께한 의사들 덕분에 서구 선교단체만큼의 규모는 아니지만 의료선교를 병행할 수 있었다. 산둥 선교사들이 1915년 총회에서 의사의 파송을 요청했으나 재정적 지원 문제로 유보되었는데, 1918년 의사 김윤식이 자원하여 산둥 선교에 동참해 주었던 것이다. 김윤식의 계림의원은 질병으로 고통받는 중국인들을 무료로 치료하는 등 봉사활동을 펼쳐 중국인들의 예우를 받았다. 이후 총회는 김윤식의 병원을 조선예수교장로회총회 선교병원으로 지정하여 지원하였다.[79] 1923년에는 지모에 삼일의원을 개원하여 주현칙 의사가 근무하였고, 1932년에는 안중호 의사도 합류하여 의료선교를 전개하였다.

교육선교 활동은 선교사 자녀의 교육 문제를 해결하기 위해 시작되었다. 박상순 선교사가 1919년 3월 중국인을 위한 소학교를 설립한 데 이어

---

77 「조선예수교장로회총회 제25회 회록」, 『대한예수교장로회총회록 6, 제23회-제26회』, 1936, 45쪽.
78 최재건, 「한국 장로교회의 산동선교의 최초 해외선교의 상황과 의의」, 115~118쪽.
79 「조선예수교장로회총회 제10회 회록」, 『대한예수교장로회총회록 2, 제9회-제13회』, 1921, 41쪽.

선교사 자녀들을 위한 학교도 설립하였다.[80] 조선선교회는 1927년까지 12개의 초등학교 수준의 학교들을 세우고 운영하였다. 방효원 선교사도 1922년 지모에 애도愛道학교를 세우고 교장직을 겸하였다. 1928년 선교회가 지급하던 보조금이 전부 취소되면서 대부분의 학교가 폐쇄되었는데, 그 결과 자력으로 경영할 수 있었던 6개 학교만 남았다.

재정과 인력의 한계로 고등교육을 실시할 수 없었던 조선 선교사들은 신학생 양성을 화북 등현滕縣신학교에 위탁하였다. 1923년에는 라이양에 5년 과정의 성경학원을 설립하였는데 매년 수업생은 15~16명, 1935년까지 졸업생이 5~6명밖에 되지 않았다. 그러나 이들 다수가 교회 관련 업무에 종사하고 있다고 하였다.[81] 이 졸업생들은 복음 전파에 앞장서는 현지인들이 되었다. 1919년부터는 1년에 12차례 사범강습회를 열었는데 강습을 받고 나간 이들은 선교 현장에서 가르치고 전도하여 개종하게 하는 일에 일익을 담당하였다. 겨울에는 1개월간 성경야학을 실시하고 사경회도 진행하였다. 라이양과 지모에서는 부녀도리반을 개설하여 성경을 기반으로 글자와 상식을 배우게 하였다.

---

80 선교사 자녀 학교의 교사로 리영애·조소임·편순남 선생이 활동하였다고 한다(김교철, 「초기 한국 장로교회의 타문화권 교회 설립에 관한 선교학적 고찰」, 57쪽).
81 성경학교 수업 또는 졸업생으로서 활동하는 상황은 다음과 같다. 교회 영수(장로교에서 아직 조직이 완전하지 않을 때 교회를 이끄는 직분 또는 사람)로서 예배 인도나 교무에 진력하는 자 8인, 유급 전도 1인, 권서(勸書) 1인, 신학교 입학 2인, 중학교 입학 4인, 타 성경학교에 전학 3인, 기타 교회에서 면장·동장 지위의 직책 6인(박상순, 「산동선교의 과거와 현재」, 344~346쪽).

2) 첫 번째 해외 파송 여성 선교사 김순호

조선예수교장로회 여전도총회의 선교사 파송 준비

1931년 9월 11일 김순호는 여전도총회가 파송하는 산둥 선교사로 임명되었다. 여전도총회가 산둥에 선교사를 파송하는 일은 2년 전인 1929년 9월 제2회 총회에서 시작되었다. 9월 3일 경성 새문안예배당에서 열린 제2회 총회는 중국·시베리아·만주·일본 등지에 선교하는 사업을 추진하기로 결정하였다. 이때 임원진은 회장 부애을, 부회장 도마리아였는데 부서기로 김효순이라는 이름이 올라 있다.[82] 김효순은 김순호가 사용하던 이름[83] 중 하나였으므로 여전도총회에서도 활발히 활동하고 있었음을 짐작하게 한다.

선교사 파송이 이루어지게 된 것은 선교지에서의 요청이 주요 동기가 되었다. 당시 파송된 선교사들이 모두 남자였기 때문에 여성 신자들에 대한 관리와 신앙훈련에 어려움이 있었던 것이다. 이에 중국 여성 신자들을 지도할 여성 선교사가 절실히 필요한 상황이었다. 여전도총회에서는 1928년부터 조선예수교장로회 총회에 전도비를 보조해 왔으나 1929년부터는 방식을 바꾸어 직접 선교지에 여성 선교사를 파송하기로 결정하였다. 조선총회를 통한 간접 참여에서 독자적인 직접 참여로 전환한 것이다.[84]

---

82 「2회 여전도회 총회」, 『기독신보』, 1929.9.11.
83 김순호가 사용하던 이름으로는 김순호(金淳好, 金順好), 김순효(金順孝), 김효순(金孝順) 등이 있었다.
84 안병호, 「김순호 선교사의 생애와 선교적 역사적 의의에 대한 연구」, 장로회신학대학교 신학대학원 석사학위 논문, 2011, 19~21쪽.

1년이 지난 1930년 9월 평양 서문밖예배당에서 열린 여전도총회 제3회 총회에서 산둥 선교사 파송에 대한 구체적인 계획이 결정되었다. 예산을 편성하고 중국 산둥성 여선교사 본봉을 적립하며 다음 해 총회 전까지 인선을 마무리하기로 한 것이다.[85]

당시 조선예수교장로회총회가 진행하고 있던 산둥 선교에 대해서 비판적인 여론이 제기되고 있었기 때문에 여전도총회까지 해외 전도에 동참하는 일에 대해서도 자랑거리처럼 보인다는 부정적 인식이 없지 않았다.[86] 그러나 여전도총회의 의지는 확고해서 1931년 3월 한 달 동안 『기독신보』에 무려 4차례나 모집공고를 게재함으로써 본격적인 추진 단계에 들어갔음을 알렸다.[87]

당시에 충분한 성경 지식과 사역 경험을 갖춘 독신 여성이라는 조건을 갖추기란 쉽지 않았을 것이다. 한국 여성으로는 처음 선택하여 파송하는 해외 선교사이므로 중국 여성들을 잘 지도할 수 있는 능력 있고 자격 있는 자를 선택하려 했음을 알 수 있다.[88]

---

85 「조선장로회 녀전도총회」, 『기독신보』, 1930.9.20.
86 "현금 조선 여신도의 신앙 생활에 도움될 만한 양서나 잡지 1종도 없음에도 불구하고 초월하여 해외 전도하려 함은 너무 가까이 것을 버리고 멀리 있는 것을 취하려는 느낌이 없지 않고, 양적으로만 하지 말고 질적으로 합시다. 그런 사업은 일종 자랑거리 같소. (…중략…) 우리 처지에 산동 선교(외국 선교)를 하는 것이 부당하다는 여론이 있는데 귀보의 입장은 어떠한가."(「여전도회 해외전도 비난」, 『기독신보』, 1929.11.20).
87 「중화민국 산동 여선교사 지원자 모집」, 『기독신보』, 1931.3.4; 『기독신보』, 1931.3.11; 『기독신보』, 1931.3.18; 『기독신보』, 1931.3.25.
88 김교철, 「한국 여성 최초의 중국 여선교사 김순호와 중국 여성 선교」, 『중국을 주께로』 45, 중국어문선교회, 1997년 5/6월호, 82~83쪽.

산동 선교사 공고

중화민국 산동 여선교사 지원자 모집

조선예수교장로회 여전도총회가 1928년 9월에 전조선장로교여전도회를 통할(統轄)하여 창립되었사온바 작년 평양 총회에서 금년부터 중화민국 산동에 여선교사 1명을 파송하기로 결의되어 지원자를 모집하오니 중화민국 여자계를 위하여 성역(聖役)에 봉사하실 분이 지망하심을 바라나이다.

1931년 2월
조선예수교장로회 여전도총회 회장
도마리아

【규정】
1. 조선예수장로교회의 교인인 여자
2. 중등 이상의 학교를 졸업하고 성경학원(혹은 동등 이상 정도의 신학)을 졸업한 자
3. 내외지에서 현재 교역(사역)에 종사하는 자
4. 연령 만 25세로 만 30세까지의 독신자
5. 지원자는 3월 31일까지 본 회장에게 통지하면 상세한 규정을 송정(送呈)함

첫 해외선교지 산동의 첫 여성 선교사

김순호 선교사 파송

그리고 6개월이 지난 1931년 9월, 조선예수교장로회 여전도총회는 김순호를 산둥 선교사로 선발하였다는 소식을 알렸다.

중화민국에 여선교사 파송[89]

몇 해 전부터 여전도회에서 경영하던 중국 산동성에 여선교사 파송은 비로소 금년으로써 목적을 이루게 되었다. 피임된 김순호(金淳好)(효순(孝順))는 다음 9월 11일 하오 2시 금강산 온정리수양관에서 파송식을 거행하게 되며 약력은 다음과 같다.

【학력】
1. 황해도 재령 명신보통학교 졸업
2. 경기도 경성 정신여학교 졸업
3. 일본 횡빈橫浜, 요코하마 여자신학교 졸업

【약력】
1. 황해도 신천信川 경신학교 교원 복무
2. 함경북도 성진城津 보신여학교 교원 복무
3. 황해도 재령 동부교회 여전도사 복무

1931년 9월 9일에서 11일까지 외금강 온정리수양관에서 개최된 조선예수교장로회 여전도총회 제4회 총회에서 김순호 선교사 파송 예배가 진행되었다. 산둥 선교를 위한 재정 예산이 편성되어 여선교사 봉급과 어학비로 600원, 여비로 30원이 책정되었다.[90]

---

89 『기독신보』, 1931.9.9.
90 「장로회 여전도총회」, 『기독신보』, 1931.9.30.

조선예수교장로회 여전도총회 제4회 총회(1931)
이날 총회에서 김순호 선교사 파송 예배가 진행되었다.

파송 비용은 각지의 여전도회 모임들이 성의껏 모금한 헌금을 기반으로 조성되었다. 김순호의 제자 이연옥은 우연히 이 자리에 참석했던 경험을 자서전에서 언급했다.

> 그렇게 교회 다니며 신앙 생활을 하는 가운데 나는 우연히 여전도회가 선교사 파송을 위해 선교회비를 거두는 장면을 지켜보게 되었다. 한번은 여전도회가 모인다고 해서 모임에 참석했는데 선교비 마련을 위한 회의가 열렸다. 이런저런 논의 끝에 회원들이 산에 가서 땔감을 만들어 팔아서 선교회비를 대자고 했다. 그러면서 "우리가 파송하는 선교사가 바로 이분이다"라고 말하며 사진을 꺼내 놓았다. 그 사진의 주인공은 김순호 선교사였다.[91]

---

91   이연옥, 『향유 가득한 옥합』, 두란노서원, 2011, 45~46쪽.

이러한 과정을 거쳐 김순호는 초기 한국 장로교회가 파송한 최초의 타 문화권 여성 선교사이며 중국 여성 선교의 문을 연 첫 동양 여성이 되었다.[92]

3) 김순호와 산둥선교회

산둥선교회 활동

김순호는 1931년 9월 파송예배 후 중국으로 향했고 10월에 산둥에 도착했다. 그는 방효원 목사의 사택인 라이양 남관에 거주하면서 중국어를 공부하기 시작했다.[93] 1932년 9월에는 베이징北京에 가서 중국어를 더 수련하고 4월에 선교지로 돌아왔다. 이 시기에 그의 어학 실력은 상당한 수준에 이르러 발음이 비교적 정확하였고, 일반적인 설교를 해독할 수 있었다.[94]

1934년 8월부터 본격적으로 선교 사업에 착수한 김순호는 유창한 중국어 실력으로 외촌 교회를 다니며 설교를 했고 큰 환영을 받았다. 1934년 보고에서는 그가 방문한 교회들 중 두 곳에서 큰 부흥이 일어났다고 한다.[95] 그는 산둥 조선선교회를 통해 현지에서의 안전을 위한 보호 및 관리를 받으며 활동하였다.

---

92 김교철, 「초기 한국 장로교회의 타문화권 교회 설립에 관한 선교학적 고찰」, 51쪽.
93 「조선예수교장로회총회 제21회 회록」, 『대한예수교장로회총회록 5, 제19회–제22회』, 1932, 77쪽.
94 「조선예수교장로회총회 제22회 회록」, 『대한예수교장로회총회록 5, 제19회–제22회』, 1933, 85쪽.
95 「조선예수교장로회총회 제23회 회록」, 『대한예수교장로회총회록 6, 제23회–제26회』, 1934, 111~113쪽.

또한 김순호는 조선선교회 임원으로서 남성 선교사들과 동등한 입장에서 활동하였다. 1934년과 1935년에는 조선선교회에서 서기 직무를 맡아 선교 업무에 주도적으로 참여할 수 있는 위치를 확보하였다. 또한 1935년 중국 교회 조직인 라이양노회에서도 회장 이대영 목사와 함께 회계로 선임되어 임원 중책을 수행하였다. 선교지에서 여성 사역자들이 동등한 대우를 받기 어려웠던 당시 현실을 감안할 때 20세기 초에 조선의 여성 선교사가 중국노회에서 임원으로 선출된다는 것은 매우 뜻깊은 일이었다.[96]

1936년 안식년으로 귀국하기 전까지 그는 유창한 중국어와 감동적인 설교로 17개 지역을 순회하며 중국 여성들을 위한 성경 공부 모임인 도리반을 맡아 가르치고 사경회와 부흥회를 성공적으로 인도하였다.[97] 그의 사역으로 믿지 않던 이들도 감화하여 회개하고 교회로 돌아오는 자가 많았으며, 일반 부녀들에게 큰 환영을 받았다고 한다.[98]

기도와 사랑의 지도력

산둥 선교사 방지일 목사는 김순호가 확실한 중생重生 체험으로 신령한 전도 집회를 인도했으며, 온 교회가 우러러보았다고 전했다. 또한 중국인들을 극진히 사랑하고 돌보았으며 학생들을 양성하는 데 힘썼다고 하였다. 기도도 많이 하던 사람, 말보다 실천하는 사람, 있는 대로 도와 주던 사람, 자기 생활은 조금도 돌보지 않고 헌신하던 사람, 이런 인상들이

---

96 김교철, 「한국 여성 최초의 중국 여선교사 김순호와 중국 여성 선교」, 83~84쪽.
97 설충수, 『방지일과 산둥선교』, 120쪽.
98 「조선예수교장로회총회 제25회 회록」, 『대한예수교장로회총회록 6, 제23회-제26회』, 1936, 43쪽.

장수산
김순호가 산둥으로 가기 전에 기도한 장소

방 목사의 기억에 남아 있는 김 선교사의 모습이었다.[99]

김순호는 산둥 선교사로 임명받고 고향인 재령 장수산에 들어가 준비 기도를 할 때 특별한 경험을 한 것으로 전해진다. 김순호가 전도사로 일하고 있던 동부교회 담임목사 김용성, 40여 명의 청년 교인들과 함께 밤새워 기도하고 있는데 갑자기 큰 백호가 나타났다고 한다. 두려워하는 김순호에게 김 목사가 깊이 기도하라고 권고했고, 기도하던 중 잠이 들었다가 일어나 보니 고요한 아침이 밝아 있었다는 것이다. 그는 이 일에서 하나님의 뜻을 확신하고 산둥 선교에 임할 수 있었다고 회고하였다.

그리고 김순호가 산둥에 간 첫해 중국어를 공부할 때 두 번째 특별한 경험을 하게 되었다고 한다. 낯선 이국 땅에서 새로운 임무를 앞에 놓고 그는 비관적인 고민에 빠지게 되었다. 그는 다락에 올라가 3개월간이나 식음을 전폐하다시피 하면서 기도했다. 하지만 점점 더 무기력하고 무능해지고 있다는 생각에 자신을 믿고 파송해 준 분들에 대한 미안한 생각을 멈출 수 없었다. 이럴 바에야 차라리 죽는 게 낫겠다고 생각하여 급기야 목숨을 버리려고 했다. 어느 날 그가 집 뜰에 있던 빈 우물에 투신할 결심을 하고 우물가로 나왔을 때 "네 사명이 있으니 더 힘써 기도하라"는 말씀이 들려왔다고 한다. 그래서 다시 다락에 올라가서 기도하니 마치 영화를 보듯 자신이 어렸을 때부터 저지른 잘못들이 하나하나 떠올랐다. 그는 잘못을 진심으로 회개하는 시간 속에서 하나님을 만나게 되었고, 그렇게 다시 태어나는 경험에서 무한한 기쁨을 느꼈다고 한다.[100] 그는 이 일로 용기를 얻어 산둥 선교사업을 무사히 수행해 나갈 수 있었다고 회고하였다. 그는 자신이 경험했던 중생重生, 진정한 회개로 거듭나는 경험을 기초

---

99   조카 김병숙의 전언(순교자기념사업회, 『순교 여교역자』, 대한기독교서회, 1975, 22~23쪽).
100 순교자기념사업회, 『순교 여교역자』, 18~20쪽.

로 다른 이들에게도 중생의 중요성을 강조했다. 그를 일으켜 세운 이러한 영적 경험은 다른 이들을 감화시키는 영적 지도력의 원천이기도 하였다.

4) 산둥 선교와 도리반

도리반의 의미

여선교사로 산둥에 부임한 김순호는 조선선교회의 제1선교지 라이양과 제2선교지 지모를 오가며 여성 중심의 업무를 담당하였다.[101] 그는 순회설교, 사경회, 부흥회를 인도하면서 중국 여성 선교의 첫걸음이라 할 수 있는 도리반道理班을 지도하였다. 여성들을 위한 식자반識字班 또는 성경공부반으로 이해할 수 있는 이 도리반 활동을 여성 선교사 부임 이전에 담당했던 이들은 선교사 부인들이었다. 중국 여성 선교를 담당할 여성 선교사가 없는 상태에서 조선총회는 선교사 부인들을 통한 여성 선교 방식을 채택하였다.[102]

산둥 선교사들이 현지에 도착한 1913년부터 선교사 부인들은 중국 여성들을 위해 활동하였다. 정식으로 총회 선교사로 인준된 것은 아니었으나 선교사 부인 자격으로 선교 활동에 동참했던 것이다. 조선 선교사 부인들은 중국어를 공부하여 중국 여성들과의 교제 및 전도, 심방에 착수하였다. 방효원 선교사의 부인 계은승도 매주 수요일 성경 공부를 진행하여 중국 여성 전도와 교육 활동에 참여하였다. 조선 선교사 부인들이 중국 여성 전도와 교육에 참여하게 되면서 라이양 남관교회 활동은 활기를 띠게 되었다.

---

101 방지일, 『복음역사 반백년』, 39쪽.
102 김교철, 「초기 한국 장로교회의 타문화권 교회 설립에 관한 선교학적 고찰」, 51~55쪽.

계은승은 1923년부터 1931년까지 중국 여성들을 위해서 중국 식자반을 조직하고 중국 글자를 모르는 여성들에게 매주 1회 교육을 실시했다. 라이양에 거주하는 중국 여성들은 계은승을 통해 쾌자로 알려진 주음자모를 공부했는데, 당시 중국 여성들 가운데 많은 이들이 중국 글자를 모르는 문맹 상태였기 때문에 이를 개선하기 위한 선교사 부인의 참여와 역할은 매우 귀중한 것이었다. 문맹 여성들을 대상으로 한 중국 식자반은 중국 여성들에게 새로운 배움의 장을 제공하였으며, 복음을 바로 이해하고 접할 수 있는 도구를 제공하였다.

중국의 도리반은 일종의 단기 성경학교로, 문맹반文盲班 식자반이 중심이 되는 특징을 가지고 있었다. 부녀자들 중에는 글을 모르는 이들이 많았는데 그들에게는 먼저 글자를 가르치는 일이 시급했다. 당시 쾌자가 보급되어 금세 글을 익힐 수 있게 되었고, 찬송가와 성경도 다 인쇄되어 있어 교재로 사용할 수 있었다. 글 모르던 이가 글자를 배워 성경을 보게 될 때 그렇게 기뻐할 수 없었다고 한다.

도리반의 주요 과목을 보면 초급반의 경우 쾌자와 성경 이야기, 찬송 공부, 위생 상식을 가르치고 그다음 단계에서는 성경 공부를 중점으로 해서 교리, 교회사 그리고 상식으로 지리와 역사를 가르쳤다. 이렇게 키워진 교인들이 성가대, 교회학교 반사(교사)로도 봉사하고, 성경학교를 가서 전도자가 된 이도 있었다고 한다. 방지일 선교사에 따르면 개척 전도에는 글자를 가르치는 식자반 이상 큰 효과를 내는 일이 없었다. 불신자를 이끄는 데도 큰 효과가 있어서 문자를 해독하기 위해서라면 집안 깊숙이 있던 아낙네도 찾아오니 그들에게 복음을 전할 수 있었다. 처음 글자를 안 기쁨에 쾌자 성경을 읽던 이들 중에는 한자까지 익혀 한자 성경을 읽는 수준에 이르기도 하고, 교회에 마련한 간이도서관에서 책을 읽고

지모 도리반
성경 공부를 위주로 신앙 향상을 도모하되 글자를 모르는 사람들을 위해
주음자모를 가르치는 반을 운영하였다.

지식이 넓어지면 신앙도 더욱 공고해졌다. 도리반은 어려운 일이 아니면서 복음 전도에 제일 좋은 첩경捷徑, 지름길이었다는 평가를 받았다.[103]

---

103 방지일, 『복음역사 반백년』, 72~74쪽.

라이양과 지모 부녀도학반

김순호 선교사의 부임을 전후해 도리반이 '부녀도학반(부녀도리반)'이라는 명의로 라이양과 지모에 다시 개설되었다.[104] 새로 여성 선교를 담당할 여성 선교사가 부임하는 데 대한 일종의 제도 정비였을 것으로 추정된다. 1935년 박상순 선교사의 보고문을 따라 두 지역 부녀도리반의 상황을 살펴보면 다음과 같다.

지모 부녀도리반은 1930년 2월부터 운영하였는데 매년 30~40명이 모여 한 달간 성경, 음악, 문자 등의 과목을 배웠다.[105] 참석자의 수준이 일정하지 않아 식자반은 2~3명을 1개 반으로 편성하므로 교원 수도 적지 않았다. 만일 이처럼 수준별 수업을 하지 않으면 효과가 나지 않을뿐더러 공연히 왔다가 가게 되면 다시 올 열심도 적어질 것이라고 보았다. 특히 식자반에는 새로 발표된 주의자모注意子母 문자[106]가 있어, 39개의 자모음으로 중국 2만여 한자음을 표시할 수 있는데, 이 철자로 신약은 7~8년 전에 번역되었고 구약도 몇 년 안에 번역이 완성될 것으로 전망하고 있었다. 배움이 없는 부녀라도 몇 개월 습독하면 성경을 자유자재로 읽을 정도가 된다. 국가에서도 이 자모음을 장려하여, 심지어 관청 문패에도 한자 옆에 자모음을 병서하고 있고 소학교 교과서에도 자모음 습독법

---

104 「조선예수교장로회총회 제20회 회록」, 『대한예수교장로회총회록 5, 제19회–제22회』, 1931, 70쪽.

105 방지일 선교사의 즉묵도리반 설명을 소개하면 "성경을 각 권으로 나눠 공부하되 66권을 목표로 하고 그 외에 사회 상식, 역사, 위생, 예의, 작법 등을 가르쳤다. 15일씩 격월로 하거나 한 절기에 1개월씩 하기도 했는데 지속적으로 급을 높여 교육하니 그 수준이 상당하게 되었다. 지원하는 이가 많아져 시간 여유가 있는 사람을 위해 3개월반을 만들기도 했는데 이때는 성경학교 학생이나 신학교 학생들이 방학 기간 동안 봉사해 주었다." (방지일, 『중국 선교를 회고하며』, 홍성사, 2011, 44쪽).

106 1913년 중화민국 학부가 제정하고 1918년 중화민국 정부가 발표한 주음자모(注音字母). 표음문자.

을 편입시켰다. 중국에서는 이 자모음이 자국어 통일에 많은 공헌을 할 것으로 기대한다고 전하였다.

한편 라이양에서는 1932년부터 한 달간 부녀도리반을 개설하여 매우 좋은 성적을 거두었다. 참석한 부녀들은 지식을 얻는 것뿐만 아니라 같이 지내는 가운데 서로 받는 은혜가 아주 많았다. 애석한 일은 예산 축소로 이 도리반의 활동이 정지되었다는 점이다. 지모 도리반만은 칭다오 미국 북장로교 선교사업과의 연락을 위해 1935년 봄에 다시 개학하게 되었다. 이 사업은 부녀의 신앙 생활에 이로운 점이 많았다. 그동안 여성들은 교회에서 영적 은혜를 함께 누릴 기회가 적었기 때문에 그들에게 기회를 줄 수 있는 도리반이 반드시 필요하였다.[107]

산둥의 부녀도리반은 문맹퇴치라는 점에서 지역사회에 크게 기여하였을 뿐 아니라 중국 여성들에게도 신앙과 더불어 새로운 세계를 접할 수 있는 기회를 제공하였다. 물론 선교 측면에서도 가장 효과적으로 복음을 전파할 수 있는 기회가 되었다. 더구나 도리반은 중국어와 설교에 뛰어났던 김순호가 자신의 재능을 가장 잘 발휘할 수 있는 방식이기도 하였다. 산둥 선교사 방지일 목사는 김순호에 대하여 "여성 최초의 산둥 선교사로 상당히 과학적으로 어학을 습득하여, 선교사 중에서 가장 북경 발음을 정확히 하셨다. 기도도 많이 하시고 부녀자 지도에도 능하신 분"이라는 평가를 남겼다.[108] 그 결과 김순호는 헌신적으로 부녀신앙운동에 큰 공을 세웠으며, 중국 교계에서 "진꾸냥" 하면 모두 알아볼 만큼 신앙가로서 명성을 얻을 수 있었다.[109]

---

107 박상순, 「산동선교의 과거와 현재」, 345쪽.
108 방지일, 『중국 선교를 회고하며』, 74쪽.
109 방지일, 『복음역사 반백년』, 40~41쪽.

2. 안식년과 선교 보고

1) 총회 선교 보고와 '여전도회주일' 제정

총회 전도 상황 보고

김순호는 1936년 8월 안식년을 맞아 산둥에서의 활동을 일시 중단하고 귀국하였다. 귀국 후 그는 자신을 파송했던 조선예수교장로회 여전도총회와 조선예수교장로회총회에 참석하여 귀국 보고를 하였다.

먼저 1936년 9월 8일에 광주부 양림정 예배당에서 열렸던 조선예수교장로회 여전도총회 제9회 총회에서는 총대 59명이 모여 5년 만에 돌아온 산둥의 김순호를 비롯해 남만南滿의 윤정희, 북만北滿의 한가자, 이 세 선교사를 환영하는 자리를 마련하여 그간의 노고를 위로하였다.[110] 지모의 교인들이 김순호 선교사에게 증정한 기념 족자는 여전도총회에서 기념품으로 보관하기로 하였다. 당시 임원진으로는 회장 김마리아, 부회장 배명진, 서기 방덕수·이순남, 회계 문복숙·전마태, 실행위원 헌의부장 박우만, 전도부장 김성희, 외지전도부장 김화목, 재정부장 신의경, 문예부장 도마리아가 활동하고 있었다.

이어 9월 10일 조선예수교장로회 제25회 총회의 내외지 전도 상황

---

[110] 한가자 선교사는 여전도회가 설립하기 전 1926년에 총회에서 시베리아로 파견한 5인의 선교사 중 한 사람으로 시베리아와 북만주에서 활동하였다. 윤정희 선교사는 1933년 여전도회 6회 총회에 남만주 선교사로 파송되었다. 시베리아 선교와 남만주 선교는 모두 일제의 압박으로 고국을 떠나 중국, 러시아 등지에서 유랑하던 동포들을 주요 대상으로 하였다는 점에서 처음으로 중국인을 대상으로 한 김순호 선교사와 구별된다(이연옥, 『여전도회학』, 쿰란출판사, 1995, 51~52쪽). 총회에서 파송되었던 한가자 선교사는 1934년부터 여전도회 파송 선교사로 지원받았다고 한다(김태현, 「사진으로 보는 여전도회사 5, 여전도회 해외선교 시대 개막」, 『한국기독공보』, 2008.5.7).

조선예수교장로회 여전도총회 제9회 총회
1936년 김순호는 안식년을 맞아 귀국하여
총회에서 산둥 선교 상황을 보고하였다.

보고회가 열렸고 이 자리에서 여전도총회에서 선교사로 파송한 김순호를 비롯해 만저우滿洲의 윤정희, 전도부가 파송한 신징新京의 김창덕, 상하이上海의 방효원, 동만東滿 둔화敦化현의 백운학, 북만北滿의 리학인이 각각 전도 상황을 보고하였다.[111] 그 후 제출된 여전도회 보고를 총회가 가결함으로써 여성 신도들에게 기념비적인 결정이 내려지게 된다. 바로 이 보고 내용에 매년 1월 셋째 주일을 '여전도회주일'로 제정하자는 청원이 포함되어 있었던 것이다.[112]

---

111 「조선예수교장로회총회 제25회 회록」, 『대한예수교장로회총회록 6, 제23~26회』, 1936, 18쪽.
112 「조선예수교장로회총회 제25회 회록」, 『대한예수교장로회총회록 6, 제23~26회』, 1936, 26·27·28쪽; 여전도회연합회 홈페이지 pckw.or.kr 역사-연혁 및 약사/ 역대 총회 참조.

'여전도회주일' 제정

여전도회주일에 대한 청원은 이때 처음 제출된 것이 아니었다. 1년 전인 1935년 제24회 총회에서도 한 차례 논의되었으나 부결되었다. 여전도총회 회장 김마리아는 제24회 총회를 향해 여전도회가 조선 교회를 물심양면으로 섬기고 있는 만큼 여성들의 수고를 기억하도록 1년에 한 주를 여전도회주일로 제정해 달라고 청원하였다. 그 청원이 부결되었다는 사실은 당시 총회가 여성 신도들의 기여도를 그리 높게 평가하고 있지 않았음을 보여준다.

그런데 어떻게 불과 1년 만에 여전도회주일에 대한 결정이 번복될 수 있었던 것일까? 총회에서 보여준 감동적인 선교 보고가 총대들의 결정을 바꾸게 한 계기가 된 것이 아니었을까. 앞에서 소개했듯이 귀국 상황 보고회에서는 김순호 외 다섯 명의 선교사가 보고를 하였다. 그중에서 김순호는 총회록에서도 첫 번째 순서로 언급되었을 뿐 아니라 『여전도회학』에서는 이 순간을 "김순호 선교사가 안식년으로 일시 귀국하여 교단 총회에서 감격적인 선교 보고를 한 바 총대 전원은 큰 박수로 격려해 주었고 동시에 기쁜 마음으로 여전도회 사업을 위한 기도와 재정적 협력을 위해 매년 1월 셋째 주일을 '여전도회주일'로 제정하고 각 노회에 시달하도록 결의한 것은 참으로 기념비적인 일"이라고 전하고 있다.[113] 그래서 여전도회주일 제정에는 탁월한 전략가였던 회장 김마리아와 뛰어난

---

113 이연옥, 『여전도회학』, 199쪽. 2006년 이연옥 여전도연합회 명예회장은 "여전도회에서 파송한 김순호 선교사가 1936년 안식년을 맞아 한국에 돌아왔다가 총회에 참석해 선교 사역을 보고하자 이 보고에 감동을 받은 총대들이 기립박수를 친 후 그 자리에서 김순호 선교사를 파송하고 후원한 여전도회를 위해 여전도회주일을 결의한 것이 지금까지 이어져 왔다"며 "이때는 지금처럼 여권이 신장되지 않은 때라 그 의미가 더욱 컸다"고 말했다("'교회의 여성 의식 고취에 기여' 명예회장·회장 간담회, 여전도회주일 70년 평가」, 『한국기독공보』, 2006.1.14).

연설가 김순호의 공조가 결정적 기여를 했다는 평가가 이어지고 있다.[114]

여전도회주일을 제정한 후 총회 산하 전국의 교회가 특별주일로 지키며 여전도회 사업을 기도와 헌금으로 격려하였다. 이는 '해외 선교'가 여전도회의 설립 목적 내지 존재 이유로까지 중시되었음을 보여준다. 여전도회가 처음으로 해외 선교를 위해 파송했던 선교사 김순호의 자리가 더욱 크게 다가오는 성과라 할 수 있다.[115]

총회록에서 또 하나 주목할 점은 김순호와 한가자, 윤정희의 직함이 다르게 명시되어 있다는 것이다. 한가자·윤정희에게는 전도사 혹은 선교사 명칭이 혼용되었던 반면, 김순호에게만 시종일관 선교사라는 직함이 사용되고 있다.

그 차이는 무엇이었을까? 바로 복음을 전하는 대상이 우리나라 사람이면 전도, 외국인이면 선교라고 분류한 총회의 정책이 반영되었기 때문이다. 김순호만 여성으로서는 최초로 외국인 대상 선교를 목적으로 파송되었으며, 따라서 활동에 대한 지원 역시 전도사 또는 전도부인들과 달리 남자 선교사들에 준하는 대우를 받았던 것을 확인할 수 있다.[116]

---

114 채송희, 「기독여성 생활사 공동기록 (7) 희미한 흔적 강력한 울림: 김순호 선교사」, 『새가정』 729, 새가정사, 2020, 28~29쪽.
115 정안덕, 『중국 산동의 "진꾸냥"』, 43쪽.
116 1938년 여전도회 총회 보고를 보면 산동 선교비 960원, 남만주 선교비 470원, 북만주 선교비 450원으로 김순호 선교사에 대한 지원이 많았음을 확인할 수 있다(안병호, 「김순호 선교사의 생애와 선교적 역사적 의의에 대한 연구」, 44쪽).

2) 산둥 선교 보고 활동

산둥 선교 보고 강연

1936년 총회에서 이자익 부장은 외지전도부 보고를 통해 김순호 선교사의 활약을 소개한 후 안식년으로 귀국한 그에게 새로운 임무를 허락해 줄 것을 요청하였다. 이 보고에 따르면, 여선교사 김순호는 은혜를 크게 받아 어학이 능통하게 되었으며 선교지 전체 17곳을 다니면서 부녀도리반, 사경회, 부흥회를 인도하였다. 그의 인도를 받으며 낙심한 자들이 뉘우치고 불신자들까지 감화되어 교회로 돌아오는 경우가 많았고, 부녀자들에게도 크게 환영받았고 라이양노회의 회계로도 활동하고 있었다. 그리고 이제 지모에 성경학교를 건축할 예정이니 안식년으로 귀국한 여선교사 김순호가 각 교회를 순회하며 성경학교 건축비 연보를 모집하게 해 달라는 청원을 제출하였다.[117]

이에 따라 김순호는 전국을 순회하며 산둥 선교 상황을 알리고 지모의 성경학교 건립을 위한 건축비 모금을 진행하였다. 총회에서 여전도회가 보고한 대로[118] 안식년 기간을 1년으로 정하고, 그 가운데 6개월을 안식하고 나머지 6개월은 전 선교회를 순행하면서 동시에 성경학교 건축비를 모집하는 일정을 이어 나갔다.

그중 모교인 정신여학교에서의 강연과 전라도 군산 여성성경반 집회에서의 강연 기록이 남아 있어 그 일면을 들여다볼 수 있다. 정신여학교

---

117 「조선예수교장로회총회 제25회 회록」, 『대한예수교장로회총회록 6, 제23~26회』, 1936, 43·45·49쪽.

118 「조선예수교장로회총회 제25회 회록」, 『대한예수교장로회총회록 6, 제23~26회』, 1936, 27쪽.

산둥 선교 보고 순회 강연(1936)
1936년 안식년을 맞은 김순호 선교사(앞줄 중앙)는
전국 순회 강연을 했다.

1937년 전주 남장로교 선교사
매티 테이트(최마태)와 함께

종교부 활동 보고에 따르면 1936년 11월 1일부터 일주일간 명사들을 초청하여 헌신예배를 드렸는데, 11월 5일 초청 명사가 바로 본교 동문 선교사 김순호였다. 정신여학교 학생들은 김순호의 강연을 통해 중국 산둥성의 현지 사정을 생생하게 들을 수 있었고 성의를 모아 중국 산둥성에 선교비로 50원을 전달하였다.[119]

그리고 김순호는 전라도 군산에서 개최되었던 대규모 여성성경반[120]에서 800명도 넘는 여성들 앞에서 중국인을 위한 선교 활동을 한 시간 정도 소개할 기회를 얻었다. 김순호는 궁핍한 생활의 어려움 속에서도 고국에서 보내준 물질들이 중국인 선교를 위해 얼마나 소중하게 쓰이고 있는가를 열정적으로 전달하여 선교사를 보낸 청중들에게 자부심을 느끼게 하였다. 그뿐 아니라 조선 땅을 찾아온 외국인 선교사들의 희생적 삶과 사역에 대해서 청중들이 더 깊은 이해와 고마움을 느낄 수 있게 하였다.[121]

---

119 김영삼, 『정신 75년사』, 250쪽; 정신100년사출판위원회, 『정신 100년사』上, 532~533쪽. 이 기록에는 김순호의 또 다른 이름인 김순효(金順孝)로 기재되어 있다.

120 대규모 여성 성경모임이란 당시 한국 언론에 나타나는 "군산부인대사경회"로, 이 행사는 여러 해 동안 지속되었던 정례 행사로 추정된다. 1931년의 경우 650명의 회원이 참석하였으며, 방청 회원까지 포함하면 3,000명으로 추산되는데 이는 전년에 비해 배나 증가한 것이었다. 이 행사에서 열심 우승은 이리역전 고현리 예배당, 세례인비례 우승은 충남 판교리예배당이었으며, 행사 끝까지 대성황을 이루었다고 기록되어 있다(『기독신보』, 1931.4.15).

121 정안덕, 『중국 산동의 "진꾸냥"』, 44~45쪽.

이날 현장에 함께했던 샬롯 린튼Charlotte B. Linton [122]은 다음과 같은 보고문을 남겼다.

> 그녀는 눈에 띄게 훌륭한 사람이었고 대단히 매력적인 연사였다. 그녀는 군산에서 대규모 여성성경반이 열리고 있는 동안 중국인들을 위한 그녀의 선교 활동에 대해 이야기했다. 어느 날 오후 그녀는 800명이 넘는 여성들 앞에서 한 시간 동안 청중을 사로잡았다. 여성들의 헌금이 외지 선교를 위해 어떻게 쓰여지고 있는지를 잘 알 수 있는 좋은 기회였다. 그들은 자기들 자신의 외지선교사를 가지고 있음을 매우 자랑스럽게 생각하였다. 그녀의 강연을 들은 후 많은 사람들은 한국에 온 외국 선교사들을 훨씬 더 잘 이해할 수 있게 되었다고 말했다.[123]

베드로서를 중심으로 죄의 회개와 구원의 확신을 강조하는 그의 설교는 선교지에서뿐만 아니라 안식년으로 귀국 후 국내 교회를 다니며 강연을 할 때에도 많은 이들을 감화시켜 회개의 길로 인도하였다. 재령 동부

---

122 한국명 인사례. 1899.1.6~1974.5.1. 선교사 유진 벨(Eugine Bell, 1868~1925)과 샬롯 위더스푼(Charlotte Witherspoon, 1867~1901) 사이에서 태어났으며, 선교사 윌리엄 린튼(William Alderman Linton, 1891.2.8~1960.8.13)과 결혼했다. 린튼은 1912년 미국 남장로교 해외선교상임위원회에 의해 한국 선교사로 파견되었다. 첫 선교지는 군산 영명학교였고 첫 안식년인 1919년에 뉴욕 컬럼비아대학원에서 교육학 석사학위를 취득했으며, 동시에 뉴욕성경신학교에서 신학을 공부했다. 첫 번째 안식년을 마치고 한국 복귀를 준비하던 중 에그니스스캇대학에 재학 중이던 샬롯을 만나 1922년 일본 고베에서 결혼했다. 린튼은 1927년부터 전주 신흥학교 교장으로 일했으며, 두 번째 안식년인 1928년에 애틀랜타 근교 컬럼비아신학교에서 신학을 공부하여 목사가 되었다. 1930년 7월 한국에 복귀한 후 전주 신흥학교 교장으로 있다가 1937년 신사참배를 거부하여 폐교당했다. 1940년 미국에 갔다가 1946년 7월 한국조사위원회 위원으로 복귀했다(한국기독교역사연구소 내한선교사사전 편찬위원회, 『내한선교사사전』, 277~278쪽).

123 Charlotte B. Linton, "Chunju, Korea", *The Korea Mission Field*, April 10, 1937 (이우정·이현숙, 『한국기독교장로회 여신도회 60년사』, 한국기독교장로회 여신도회 연합회, 1989, 130쪽에서 재인용).

교회에서도 김순호가 인도하는 심령부흥회가 열렸는데, 이때 청중들이 감동하여 큰 회개 운동이 일어난 것을 목도했다는 조카 김병숙의 회고가 전해진다.[124]

1936년 8월에 귀국했으니 예정대로라면 1937년 8월에 산둥으로 귀환해야 했다. 그러나 김순호는 산둥으로 돌아가지 못했다. 1937년 7월 7일 중일전쟁이 발발하면서 산둥을 일본군이 점령하는 사태가 벌어졌기 때문이다. 김순호는 일단 북만 헤이룽장성으로 가서 무단장교회를 돕다가 1938년 10월 17일이 되어서야 칭다오에 들어갈 수 있었다.[125]

중국 선교 보고 인터뷰

이 과도기에 출간된 『조력회순서』에서는 기자 인터뷰의 형식을 빌려 김순호의 중국 선교 이야기를 전하고 있다. 김순호 본인이 직접 쓴 글은 아니지만 취재를 통한 생생한 증언은 당시 중국선교 현장의 열기 속으로 독자들을 인도한다.

> 중국 사람들은 얼마나 선교사를 기다리고 고대하는지 선교사가 가는 곳마다 매일 많은 사람이 와서 하나님의 말씀을 듣기를 원하여 찾아오는 고로 음식을 먹을 시간과 쉴 시간도 없이 가르치며 힘쓰십니다. 또 감사할 것은 지금 전도하는데 성신께서 같이 역사하여 주셔서 많은 재미를 보며 전도 말씀을 듣기도 잘하는데 믿기로 작정하고 나오는 이는 회개하여 눈물을 흘리며 죄를 자복한다고 합니다. 그 외에도 성신의 역사

124　집회 도중 일어서서 자기가 누구 집 돼지를 잡아먹은 일이 있다고 자백하는 사람, 혹은 설교를 듣고 마음의 감동을 받아 사께오처럼 훔친 물건을 네 배로 배상하겠다는 사람 등등 집회에 참석한 사람 거의가 깊은 눈물의 회개를 했다(순교자기념사업회, 『순교 여교역자』, 22~23쪽).
125　정안덕, 『중국 산동의 "진꾸냥"』, 45~46쪽.

하여 주심으로 집회에도 열심이 있어서 어떤 곳은 1년 365일을 다 모여서 성경 공부한다고 합니다. 어디든지 부인이 먼저 은혜를 받은 곳이 많은 것 같습니다. 부인사경회를 열면 열심히 먼 곳에서까지 나와서 공부하려고 하나 아시는 바와 같이 중국 여자는 어렸을 때 부모들이 억지로 발을 싸매어 자유 활동을 못하는고로 발이 작아서 먼 데서 걸어올 수는 없는고로 나귀나 외바퀴차를 타고 오는데 일기가 불순하면 고생된다고 합니다. 그러나 성경을 배우려고 하는 어떤 이는 몇 리 길을 걸어서 온 이도 계신다고 합니다.[126]

김순호는 이렇게 탁월한 강연과 글로 자신을 파송해 준 교인들에게 보람과 자부심을 전하였다. 사람들을 감화시키는 그의 이러한 재능은 선교사로서의 임무를 수행하는 데 가장 중요한 자산이 아닐 수 없었다.

---

126 조선예수교장로회 여전도연합대회 편, 『조력회순서(1937년도용)』, 조선야소교서회, 1936, 2~3쪽(이우정·이현숙, 『한국기독교장로회 여신도회 60년사』, 129쪽에서 재인용); 숭실대학교 한국기독교박물관, 『(한국기독교박물관 소장) 기독교 자료해제』, 숭실대학교, 2007, 339-340쪽 참조.

II
중국 선교의 여정 - 칭다오에서 만저우까지

1. 중국 무단장교회 선교와 일본 요코하마공립여자신학교 연수

1) 무단장교회 선교 지원

1937년 하반기에 안식년을 마친 김순호는 산둥 선교지로 복귀하려 하였으나 돌아가지 못했다. 중일전쟁의 여파로 산둥 라이양에서 활동하고 있던 방지일 목사도 철수하는 상황이었다. 박상순·이대영 목사 역시 본국으로 송환 조치되었다. 산둥으로 복귀할 수 없었던 김순호의 행적에 대해 1938년 제27회 총회록은 "김순호 선교사는 목단강교회를 돕다가 횡빈여자신학교에 가서 3개월간 수양하고 돌아왔사오며"[1]라고 기록하고 있다. 김순호는 산둥에 가는 대신 북만노회 무단장교회를 지원하는 업무를 수행하다가 모교인 요코하마여자신학교에 가서 3개월간 수양했다는 것이다.

그가 정확히 언제 어디로 이동했는지를 알려주는 자료는 없으나 중국 칭다오에 부임하는 시기가 1938년 10월인 것을 토대로 대체적인 흐름을

---

1 「조선예수교장로회총회 제27회 회록」, 『대한예수교장로회총회록 7』, 1938, 16쪽.

추정해 볼 수 있다. 1937년 9월 10일부터 16일까지 개최된 제26회 총회록을 보면 김순호 선교사가 아직 임지로 가지 못하고 있었다.[2] 따라서 그 이후에 북만 헤이룽장성으로 가서 당시 무단장교회를 담당하고 있었던 전수창田守昌 목사[3]와 협력하였을 것이다.

당시 무단장교회는 조선 각 교회의 보조로 예배당을 화려하게 건축하고 총회 전도 목사 전수창의 활약으로 교인이 300명에 달하는 성장을 보였으나 건축비 부채가 800여 원 있다고 보고하였다.[4] 1937년 총회 보고에서는 무단장교회가 총회 전도 목사인 전수창의 열심 활동으로 북만의 중심 도시 무단장에서 여러 교파가 많은 중에 제일 잘 발전하고 있다고 소개하였다.[5] 김순호 선교사가 합류하였을 것으로 추정되는 1938년에는 전수창 목사가 무단장을 중심으로 산장三江성 자무쓰佳木斯까지 활동 범위를 넓혀 가며 열심히 전도하는 중이며, 특히 무단장교회는 크게 부흥하여 1200원으로 목사 주택을 매입하여 수리하고 외근에 새로 교회를 설립하고 자무쓰에서도 교회를 부흥시키고 있다고 보고하였다.[6] 이러한 보고 내용으로 보아 김순호가 교세를 확장하며 일손이 필요하게 된 무단장교회를 지원하기 위해 파견되었음을 확인할 수 있다.

---

2 「조선예수교장로회총회 제26회 회록」, 『대한예수교장로회총회록 6』, 1937, 49쪽.
3 「조선예수교장로회총회 제27회 회록」, 112쪽.
4 북만노회 상황 보고, 「조선예수교장로회총회 제25회 회록」, 『대한예수교장로회총회록 6, 제23-26회』, 1936, 150쪽.
5 북만노회 상황 보고, 「조선예수교장로회총회 제26회 회록」, 『대한예수교장로회총회록 6, 제23-26회』, 1937, 140쪽.
6 북만노회 상황 보고, 「조선예수교장로회총회 제27회 회록」, 『대한예수교장로회총회록 7, 제27회-제31회』, 1938, 112쪽.

2) 요코하마공립여자신학교 연수와 순교 여교역자 기념사업

　김순호는 1938년 봄 또는 여름에 무단장교회를 떠나 일본 요코하마 여자신학교에 가서 3개월간 수학하다가 10월에 중국 칭다오에 부임한 것으로 보인다. 다만 바쁘게 중국에서 전도 활동을 하던 김순호가 일본에 가서 3개월간 "수양"을 했던 이유는 정확히 알려져 있지 않다. 그러므로 1938년의 방문은 학업 때문이라기보다는 동문으로서 방문한 일종의 연수였던 것으로 보인다. 총회 보고에서는 3개월이라는 기간만 명시했을 뿐 구체적인 날짜는 밝히지 않았다. 다만 1937년부터 1940년까지 재학했던 공덕귀의 전기를 보면, 입학해서 만난 한국 학생들로 김경순, 김순호, 이영실, 김애신, 백인숙 등의 이름이 등장하고 있어 김순호가 모교를 방문했다는 사실을 확인해 준다.[7]

　김순호가 1938년 모교를 다시 방문했을 때 만난 동문들, 특히 박용길과 공덕귀는 이후 김순호의 뜻을 후대에 전하는 귀한 과업을 수행한 이들이다. 박용길과 공덕귀는 여성 순교자 김경순(함남 교원읍교회), 김순호(신의주 제2교회), 백인숙(평양 산정교회), 장수은(평양 신암교회), 한의정(평양 예수교회)의 고귀한 순교를 기리기 위해 1960년대 후반 순교자기념사업회를 발족하였다.[8]

7　공덕귀의 전기에 따르면, 공덕귀가 입학했을 때 김경순, 김순호, 이영실, 김애신, 백인숙 등의 한국 학생들이 공부하고 있었다고 한다(김명구, 『공덕귀-생애와 사상』, 107쪽). 그러나 제26회(1937년 9월)와 제27회(1938년 9월) 총회록에 근거한다면, 김순호는 1937년 9월까지 산둥 선교지로 돌아가지 못하고 있었고 1938년 9월에는 무단장교회 시무를 거쳐 일본 요코하마여자신학교에 3개월간 수학했다고 기록되어 있다. 여기에서 김순호는 공덕귀가 입학했던 1937년 5월에 안식년으로 국내 체류 중이었음을 확인할 수 있다. 따라서 공덕귀의 전기에 언급된 학생들은 1937년 5월 입학 당시에 재학 중이었던 것이 아니라 1940년 졸업할 때까지 재학 기간 중 만난 학생들로 이해해야 할 것으로 본다.

8　박용길의 회고에 따르면, "그때는 뭐 사명감으로 했지. 그이들은 생명을 내놓고 순교들

기념사업의 일환인 '순교 여교역자 추모예배'는 1969년 4월 3일 오후 2시 서소문교회에서 시작되어 1970년대까지 진행되었다. 그리스도의 수난주간을 앞두고 십자가의 고난을 달게 받고 순교한 여성 지도자이자 교역자였던 다섯 분의 거룩한 정신을 기리기 위해[9] 매년 4월 초에 열렸던 이 행사는 평양여자신학교 동창회, 원산 마르다윌슨신학교 동창회, 요코하마공립여자신학교 동창회가 주최하였고 정신여자중·고등학교 동창회, 예수교장로회 여전도대회, 기독교장로회 여신도회가 후원하였다.[10]

1973년 4월 7일의 『한국기독공보』 기사는 4월 3일에 열렸던 이 추모예배를 다음과 같이 소개하고 있다.

> 추모예배는 김귀순씨의 사회로 시작되어 이봉애 권사의 기도에 이어 강정애 장로의 「십자가의 길」 설교가 있었다. 이영숙 총무는 추모사를 통해 "백인숙, 장인숙 전도사는 평양여자신학교 기숙사 같은 방에서 3년을 함께 지낸 믿음의 형제"였음을 밝히고 "이들의 거룩한 순교는 후배 여교역자들이 본받아야 할 숭고한 정신"이라고 말했다.[11]

추모예배는 기도와 설교, 그리고 친구나 후배들의 증언 및 회고로 진행되었던 것으로 보인다. 김순호의 조카 김병숙의 아들 정안덕 박사는 어린 시절 모친을 따라 이 예배에 참석했던 경험을 떠올리며 유난히

을 했는데 우리가 그거 기념사업 하나 못하랴? 그래 가지고 공덕귀하고 나하고 했지"라고 한다(장정아, 『봄길 박용길』, 삼인, 2020, 105쪽; 정안덕, 『중국 산동의 "진꾸냥"』, 78쪽에서 재인용).

9 「영원히 사는 여성의 별들: 순교한 여교역자 추모예배」, 『한국기독공보』, 1973. 4. 7.
10 「영원을 사는 여성의 별들」, 『한국기독공보』, 1972. 3. 25.
11 「영원히 사는 여성의 별들: 순교한 여교역자 추모예배」, 『한국기독공보』, 1973. 4. 7.

큰 다섯 분의 초상들이 벽에 걸려 있던 모습이 무척 인상적이었다고 전한다.[12]

　순교자기념사업회가 1975년에 출판한 『순교 여교역자』는 여성 순교자 5인의 삶을 생생하게 전하는 귀한 자료이다. 발간사에서 "단 한 마리 양이라도 남아 있는 한 북한을 떠날 수 없다고 끝까지 교회를 섬기다가 마침내 순교의 피를 주의 제단에 부은 다섯 분이 계시며" 추모예배를 드린 지 일곱 해가 되었는데 "국내외에서 이 분들의 생애를 알고 싶어 하는 분이 많아 이번에 여러분의 협조를 얻어 다섯 분의 선교사를 엮었다"고 그 취지를 밝히고 있다.

　이 책은 "죽는 날까지 하늘을 우러러 한 점 부끄럼이 없기를…" 윤동주 서시의 한 구절과 함께 김경순 전도사, 김순호 전도사, 백인숙 전도사, 장수은 전도사, 한의정 복음사의 약력[13]을 소개한 후, 동일한 순서로 각 개인의 생애를 수록하였다. 문건으로 된 자료들뿐 아니라 많은 지인들과의 인터뷰를 통해 고인들의 생애를 복원함으로써 자칫 시간의 흐름 속

12　정안덕, 『중국 산동의 "진꾸냥"』, 84쪽.
13　순교자기념사업회, 『순교 여교역자』, 6~7쪽.
　　김경순 전도사 : 함남 영흥군에서 출생(1900년), 정신여학교 12회 졸업(1920년), 원산 마르다윌슨신학교 졸업, 요꼬하마공립신학교 졸업, 고원읍교회 전도사로 함흥에서 순교함.
　　김순호 선교사 : 황해도 재령에서 출생(1902년), 정신여학교 13회(1921년), 평양여자신학교 졸업, 중국 산동성 선교사로 파송받음, 요꼬하마공립신학교 수업, 신의주 제2교회 시무 중 순교함.
　　백인숙 전도사 : 평북 신의주에서 출생(1900년), 안동여중 수학, 평양여자신학교 졸업(1934년), 요꼬하마공립신학교 졸업(1939년), 평양 신정현교회 전도사로 시무, 1950년 6월 25일 친우인 장수은과 함께 순교함.
　　장수은 전도사 : 황해도 서흥읍에서 출생(1911년), 재령 명신중고 9회 졸업, 평양여자신학교 졸업(1943년), 평양 신암교회 전도사로 시무, 1950년 6월 25일 순교함.
　　한의정 복음사 : 경북 대구에서 출생(1908년), 명동여학교 졸업, 원산 마르다윌슨신학교 졸업, 요꼬하마공립신학교 졸업(1940년), 평양 예수교회 복음사로 6·25 후 평양 감옥에서 순교함(1950년).

에 사라질 뻔한 행적들을 되살려 후대에 전하고 있다. 김순호에 대해서는 "나는 거짓말을 할 수 없어 못 간다. 나는 전도하다 죽으러 북으로 간다"는 헤드라인 아래 기도의 사람, 거짓말을 모른 사람, 영력 있는 설교자 전도자, 사랑의 사도, 순교의 생애라는 소제목으로 나누어 그의 생애를 소개하고 있다.[14]

순교 여교역자 기념사업 팸플릿 표지(1970)

『순교 여교역자』 표지(1975)

---

14 김순호 선교사에 관한 내용은 순교자기념사업회, 『순교 여교역자』, 17~27쪽에 수록.

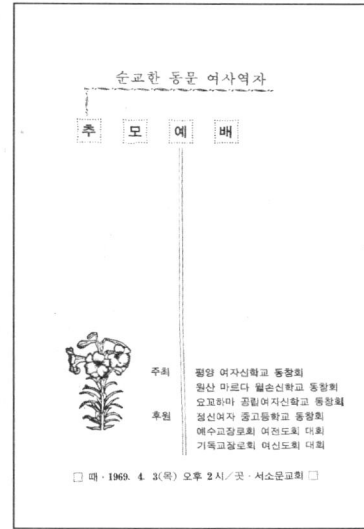
제1회 추모예배 순서지(1969)

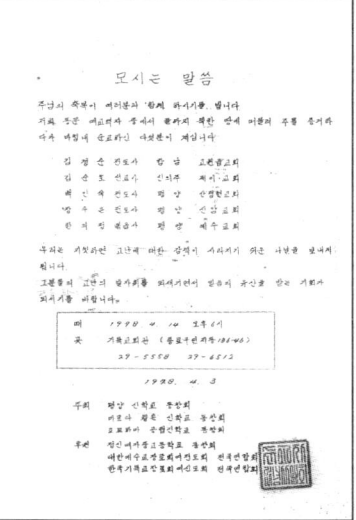
제10회 추모예배 초청장(1978)

추모예배 영정(연도미상)

2. 중국 칭다오 선교

1) 개척 선교지 칭다오

1938년 10월 17일 김순호는 본격적으로 선교를 재개하기 위해 중국으로 돌아갔다. 그러나 원래 활동하던 라이양으로 갈 수는 없었다. 먼저 산둥성 칭다오에 도착했던 방지일 목사도 박상순 목사와 함께 칭다오에 정착해서 조선장로회 칭다오선교구를 개설하였다. 칭다오에 도착한 김순호는 방지일과 함께 지모를 왕래하며 선교 사업을 재개하였다. 김순호는 특히 칭다오시 타이핑춘太平村 교회와 중지아와仲家窪 교회 설립에 많은 기여를 했으며, 타이핑춘교회에 도리반을 열고 인도하였다.[15]

그곳에서 그는 중국 여성들에게 글자를 가르치고, 글을 터득하면 성경공부를 시키며 전도하였다. 동시에 칭다오에 있는 조선인들을 모아 조선인 교회를 조직하고 교인을 심방할 뿐 아니라 조선인 교회 부인사경회도 인도하였다.[16]

1939년에 발간된 『조력회순서』에서 칭다오 선교 활동을 전하는 김순호의 서신을 만날 수 있다.

> 다음 주일부터 중국(기성 교회) 교회 전도부인과 같이 3주일 동안 쾌즈반(중국문반)을 열고 그를 도와주게 하신 후 계속하여 3주일 동안은 청도의 중국 빈민들이 사는 소촌장小村莊이라는 곳에 가서 도리반을 열게 되었습니다. 저 있는 숙소에서 40분 동안 가는 곳인데 10분 동안

---

15 「조선예수교장로회총회 제28회 회록」, 『대한예수교장로회총회록 7, 제27회-제31회』, 1939, 37쪽.
16 이우정·이현숙, 『한국기독교장로회 여신도회 60년사』, 130쪽.

칭다오 한국인 교회
맨 뒷줄 왼쪽에서 세 번째가 박상순 목사,
가운뎃줄 왼쪽에서 두 번째가 김순호 선교사

버스로 가서 30분을 걸어다녔습니다. 모이는 곳이 14, 5처인데 아직은 조직 교회가 아니고 처소회인 전도소인데 글 읽을 수 있는 자가 없으므로 "쾌즈(쾌자)"를 가르치기로 했습니다.

어제까지 꼭 3주일인데 성경 볼 수 있는 자가 6, 7인이고 그 외 거반 토바침합니다.

빈민으로서 성경 살 능력이 없는 자들이올시다. 감사하기는 제가 황해도 본집에서 떠날 적에 어떤 친구가 돈 10원을 주면서 주님 앞에 쓰라고 했음으로 그 돈으로 성경 사서 누구든지 먼저 배워 읽을 수 있는 자에게 성경을 주기로 한즉 그들이 퍽 기뻐하며 열심히 배웠으며 작일 마치는 날 박상순 목사와 방지일 목사께서 참석하여 권면하셨습니다.

중국 선교의 여정—칭다오에서 만저우까지

아주 배워서 능히 읽을 수 있는 자 5인, 좀 서투르나 읽을 자 3인, 거의 토바침하는 자 5인, 2인은 새로 오고요. 재미있게 마쳤습니다. 같이 전도할 중국 전도부인도 3주일 전에 와서 같이했습니다. 이름은 동수미라는 아직 미혼이고 30여 세 되었습니다. 학력은 초등중학 2년을 마치고 성경학교 마친 사람이올시다.

이제 그는 즉묵으로 가서 교회를 돕고자 합니다. 장차 청도에 무슨 일 할 것이 있으면 와서 나와 같이 일하게 하렵니다. 앞으로도 주께서 준비해 주실 줄 믿습니다. 장차 이 소촌장에서 힘쓰고자 합니다. 우리 선교구역 교회는 평안하다고 소식이 옵니다. 어서 들어가고 싶으나 아직 들어갈 수 없습니다. 그리고 이곳 조선교회 조직하는 중인데요. 예배 6일 토요일마다 목사님 몇 분과 같이 심방하며 주일 오후 예배와 3일 밤 예배 보는 중 3, 40명 내지 5, 60명까지 모이고 지난 12월 4일에는 부인전도회도 15인 회원으로 창립했습니다.

여러 임원 제씨와 전선부인 전도회원들의 간절한 기도와 성의를 잊을 수 없습니다. 얼마 남은 성탄을 기쁘게 맞으시기를 바랍니다.

소화 13년(1938) 12월 16일
김순호[17]

중국 선교의 현장이 실제로 어떻게 진행되고 있었는지 들여다볼 수 있는 귀한 증언이라 할 수 있다. 열정과 보람으로 견뎠던 김순호의 생활은 많이 어려웠던 것으로 알려져 있다. 중일전쟁으로 한국에서의 선교비가 중단되자, 칭다오의 방지일·이대영 선교사와 함께 김순호의 생활 역시 차마 눈뜨고 볼 수 없는 지경이었다고 한다.[18]

17　전북·전남·순천·제주 여전도회위원 편, 『조력회순서(1940년도용)』, 조선야소교서회, 1939, 26~29쪽 (이우정·이현숙, 『한국기독교장로회 여신도회 60년사』. 130-131쪽에서 재인용) ; 『(한국기독교박물관 소장) 기독교 자료해제』, 340~341쪽 참조.
18　이우정·이현숙, 『한국기독교장로회 여신도회 60년사』, 131쪽.

2) 시국 문제 발생과 본국 소환

칭다오에서는 박상순 선교사가 사형을 언도받는 심각한 시국 문제도 발생하였다.[19] 중국 교회 조직인 중화기독교 산동대회장을 역임하고 1939년 당시 부회장을 맡고 있었던 박상순 목사는 신사참배 문제로 인해 배일사상자로 지목되었다. 그 결과 지모에서 칭다오로 퇴거당하였다가 끝내 일본 측에 체포되어 사형 선고까지 받았다. 방지일 선교사는 본국으로 박상순 선교사 구조 요청 전보를 보냈고, 조선예수교장로회총회는 특사로 김석진 목사를 파견하였다. 김석진 목사의 교섭과 설득의 결과로 박상순 선교사는 사형을 면하고 본국 소환 절차를 밟게 되었다. 일본 측이 박상순 목사에게 사형을 언도하고 또 한국 교회가 그를 구출하는 일련의 과정을 통해서 조선총독부 칭다오출장소와 일본 해군 당국이 모두 칭다오에서 선교하는 조선 선교사 박상순, 이대영, 김순호, 방지일을 주목하고 있다는 사실을 알게 되었다.

한편 1939년 5월 라이양 지방이 격렬한 전쟁에 휘말렸으나 다행히도 조선선교회 관련 건물과 재산은 거의 피해를 입지 않았다. 1939년 7월 하순에 안식년을 마친 이대영 선교사 가족이 고국을 떠나 8월 3일 칭다오에 도착하였다. 이대영 선교사는 지모에 가서 예배를 인도하였을 뿐 아니라 지모로 이주하고자 했으나 실현되지 못하였다. 또 1939년 조선예수교장로회 제28회 총회 외국전도부 보고에 따르면 이대영 선교사를 만저우로 파송하기 위해 작정하고 힘썼으나 그 역시 실행하지 못하였다.[20]

---

19 김교철, 「초기 한국 장로교회의 타문화권 교회 설립에 관한 선교학적 고찰」, 아세아연합신학대학교 대학원 박사학위 논문, 2018, 94~98쪽.
20 「조선예수교장로회총회 제28회 회록」, 『대한예수교장로회총회록 7, 제27회-제31회』, 1939, 36쪽.

여전도총회가 1939년 9월 시국 관계를 이유로 김순호를 소환함[21]으로써 그의 산둥 선교는 막을 내렸다.[22]

당시 칭다오에 남았던 방지일 목사는 이 시기에 일본 측으로부터 '대동아선교회'에 가입하라는 회유가 빈번했다고 회고했다. 대동아선교회는 일본이 대동아공영권이라는 이념을 내세워 중국 교회를 자신들의 통제 하에 두려고 만든 단체였다. 방지일 목사는 벌써 20년 전에 중국 선교를 시작했고, 중국에 올 때 중국 목사의 직을 가지고 왔으며, 교회도 중화기독교회로 세웠기 때문에 지금에 와서 목사나 교회의 적을 옮길 생각이 없다고 단호히 거절했다고 한다. 일본은 내선일체를 내세워 한국 선교사들에게 이적을 강권하였지만 한국 선교사들은 이미 중국 교회 소속임을 내세워 거절했던 것이다.[23]

이 풍파 속에서 박상순 목사와 김순호 선교사는 본국으로 소환되고 이대영·방지일 목사는 칭다오에 계속 남아서 선교했으나 일본의 견제로부터 자유로울 수는 없었다.

---

21 「조선예수교장로회총회 제28회 회록」, 80쪽.
22 설충수, 『방지일과 산둥선교』, 120쪽.
23 설충수, 『방지일과 산둥선교』, 24~31쪽.

3. 중국 만저우 선교

1) 공식적 선교 활동

만저우의 한국인들

조선에서 가장 먼저 만저우 선교를 제안한 사람은 선교사 로즈Harry A. Rhodes로 알려져 있는데, 그는 만저우 선교가 산둥 선교보다 더 큰 성공을 거둘 수 있다는 확신을 갖고 있었다. 만저우에는 수십만 명의 한국인이 거주하고 있고, 그중 상당수가 이곳에서 태어나고 자라서 중국 시민권까지 가지고 있는 경우가 적지 않았다. 그러한 만저우의 한국인들을 복음으로 인도할 수만 있다면 중국과 일본을 복음화하는 데 효율적으로 기여할 것이라고 기대했던 것이다.[24]

굶주림에서 벗어나기 위해 고향을 떠나 만저우로 이주해 왔던 한국인들은 이 지역의 잦은 전쟁으로 약탈당하고 어렵게 일군 삶의 터전을 잃어버리는 경우가 빈발하였다. 게다가 처음에는 황무지를 개간할 유능한 인력이라고 생각해서 한국인을 환영했던 중국인들이 시간이 지남에 따라 견제하며 심한 차별과 불이익을 주기도 하였다. 더구나 일본이 만저우에 대한 야심을 본격적으로 드러내는 상황에서 한국이 일본의 식민지가 되자 한국인들을 일본의 앞잡이라고 생각해서 경계하고 탄압하기 시작했다. 이러한 만저우 한국인의 상황을 다음 기사에서도 읽을 수 있다.

---

24 안병호,「김순호 선교사의 생애와 선교적 역사적 의의에 대한 연구」, 장로회신학대학교 신학대학원 석사학위 논문, 2011, 28쪽(Rhodes Harry, "Manchuria again", *The Korea Mission Field*, Vol.XI, No. 3, March (Seoul: Fedral Council of Protestant Evangelical Missions in Korea, 1915b); 박기호,『한국 선교운동사』, 아시아선교연구소 출판부, 1999, 113쪽에서 재인용).

만주는 역사적으로 조선의 옛 땅이며 지금부터 20여 년 사이에 조선을 떠나 남부여대男負女戴[25]하고 와서 만주 벌판에서 운무가 가득 차고 짐승의 침해, 풍토의 고생을 당하면서라도 이 거치른 땅을 개간한 주인들은 조선 사람이다. 어떤 때는 토비 같은 도적놈에게 생명을 빼앗기고 (…중략…) 왼편으로 치우치는 주의자들에게 몹스런[26] 매도 한두 번 맞은 것이 아니오 오도 가도 못한 이들은 조선 사람이였다. 그러나 그들은 헐벗고 주리되 그 맘속에 하느님의 신이 있어서 가는 곳마다 예배당을 세우고 천국의 신령한 운동을 하는 동시에 교화경제 등에도 열중케 하였다. 그러나 그들에게는 한때나 한 초도 맘 평안을 얻지 못하고 오직 여리고 골짜기의 불한당 만난 사람 같은 생활이었다. 애매히 매를 맞고 무참히 피를 흘린 그들을 위하여 하느님은 긍휼하시고 자비하시와 사면에서 당신의 종들을 부르시고 하느님의 종들을 개척키로 하신다.[27]

만저우의 한국인 중에는 본격적으로 독립운동을 전개하기 위해 이주해 온 이들도 있어, 이 지역은 정치적으로도 한국인에게 중요한 지역이 되어 가고 있었다.[28] 만저우 한국인들을 위한 조선 교회의 선교에 이어 중국인들까지 포함하는 만저우 선교가 본격화한 시점은 1937년으로, 최혁주 목사가 당시 만저우 지역 중국인들의 전도를 위해 파송되었다.

---

25 '남자는 지고 여자는 인다'는 뜻으로 가난한 사람들이 살 곳을 찾아 이리저리 떠돌아다니는 모습을 비유적으로 이르는 말이다.
26 '악독하고 고약한'이라는 의미의 '몹쓸'의 다른 표현으로 추정됨.
27 「재만동포 구령운동의 전망」, 『기독신보』, 1934.1.17. 독자의 이해를 돕기 위해 일부 표현을 현대 표기로 변경하였음을 밝힌다.
28 안병호, 「김순호 선교사의 생애와 선교적 역사적 의의에 대한 연구」, 29쪽.

만저우 선교의 의의

선교 사업을 진행하는 기독교계 내부에서도 여러 입장이 교차하지만 "하나님의 서기"를 자처하며 글을 통한 문서 전도에 전념했던 김인서[29]는 1930년대 여러 편의 글에서 소위 만주선교론을 피력하였다.

> 동양에 아편 살인죄를 시작한 서양 사람들은 동양에 전도할 자격을 잃었다. 아편전쟁에서 빼앗은 돈으로 예배당을 짓는 중국 선교는 실패할 수밖에 없다. 아편과 총칼을 실은 배에 성경을 싣고 전도함은 너무나 큰 모순이다. 서양 교인들은 먼저 아편 금매禁買 운동을 실행하지 아니하면 전도의 진眞 정신을 몰각沒覺하는 일이다. (…중략…) 서양 사람의 동방 전도 개척의 공을 감사하거니와 중국 사억만 민중에게 아편을 먹이는 대죄악은 도저히 씻지 못할 죄악이다.[30]

적어도 중국에서는 침략자요 착취자로 인식되고 있던 미국인과 영국인 같은 서양인들에 의한 중국 선교는 어렵게 되었다는 것이 그의 판단이

---

29 권평, 「1930년대 김인서의 '만주선교론' 분석」, 『한국 기독교와 역사』 19, 2003, 31~35쪽. 김인서는 1894년 함경남도에서 출생하였고 1910년부터 교회에 나가기 시작했으며, 서울 경신학교를 졸업한 후 1915년 함북 회녕 선교부 경영 보통학교 교사 겸 교회 전도사로 봉사하였다. 1919년 3·1운동 이후에는 상해임시정부의 지령을 받아 함북 연통제의 책임비서로 활약하다가 체포되어 4년여의 옥살이를 하였다. 감옥에서 과격한 공산주의자들이나 민족주의자들과의 토론을 통해서 김인서는 민족의 장래가 이들의 애국운동에 달려 있지 않다고 판단하고, 십자가의 복음을 전파하는 것이 자신의 사명이라고 확신하였다. 1923년 가을 출옥한 김인서는 경성에서 동인지 『신건설』을 창간하기도 하였으나 2회 발행에 그치고 이때부터 "하나님의 서기"로서 문서 전도에 필생의 힘을 다하기로 다짐하였다고 한다. 1926년 평양신학교에 입학하여 1931년 졸업하였는데, 그전 해인 1930년부터 평양신학교 기관지 『신학지남』의 편집을 맡았다. 그가 『신학지남』 편집인을 그만두고 1932년 창간한 『신앙생활』은 1941년 6월 일제에 의해 강제 폐간될 때까지 기독교인들에게 대중적이고 영향력 있는 잡지였다. 이 잡지는 1930년대의 기독교 동향, 특히 장로교의 상황을 이해하는 데 많은 도움을 준다.

30 김인서, 「만주 소감」, 『신앙생활』, 1935년 11월호. 『김인서 저작전집』 제5권, 222쪽 (권평, 「1930년대 김인서의 '만주선교론' 분석」, 47쪽에서 재인용).

었다. 그렇다면 중국 복음화의 대임을 누가 맡아야 할 것인가?

> 만주 전도의 대급大急을 고하는 여배余輩, 우리들은 한갓 조선인 영고榮枯의 문제만을 운위云謂함이 아니요, 대동大東 전도의 사명이 또한 우리에게 있음을 아는 때문이다. (…중략…) 서양인이 아세아 전도의 적임자가 아니매 대동 전도의 사명이 조선 사람에게 있는 것을 다시금 감사하게 된다. 최초 세계 전도의 대사명이 대로마제국에 있지 아니하고 소방小邦 유대인에게 있었던 것을 알진대 금일 대동 전도의 사명쯤이야 구미인에게 의뢰할 것이 아니고 조선인의 어깨에 지지 아니하면 아니 된다.[31]

여기에서 알 수 있듯이 김인서가 만저우가 중요하다고 주장했던 이유는 단지 우리 민족의 장래에 있는 것이 아니었다. 신앙과 선교의 올바른 실천이라는 더 큰 이유가 있었던 것이다. 그의 글을 보면, 최초 세계 전도의 대사명은 로마의 속국으로서 고통받으며 세계 각지에 흩어졌던 유대인, 처음으로 세계를 향한 전도의 사명을 가지고 흩어졌던 유대인들에게 있었다. 그리고 유대인과 마찬가지로 일제에 의해 고통받고 있는 조선, 어쩔 수 없이 고국을 떠나 세계 각지로 흩어져야 했던 조선인에게 대동 전도의 큰 사명이 주어졌다고 본 것이다. 이러한 사명은 조선인만이 감당할 수 있다는 것이 그의 만주선교론이었다.

이외에도 만저우 선교를 주장한 이들로는 눈앞의 독립과 타도해야 할 일본, 더 나아가 우리 민족의 영화와 영토 확대를 위해 만저우 선교를 주장했던 기독교 민족주의자들도 있었고, 당장 만저우에서 고통당하는

---

31 김인서, 「만주 소감」, 『신앙생활』, 1935년 11월호; 『김인서 저작전집』 제5권, 222쪽(권평, 「1930년대 김인서의 '만주선교론' 분석」, 49쪽에서 재인용).

동포들을 위해서 선교사를 보내야 한다고 주장했던 다른 교파의 선교사들도 있었다.³²

그렇다면 만저우 선교는 언제 시작되었을까? 1870년대부터 스코틀랜드 선교사 존 로스John Ross와 존 맥킨타이어John McIntyre에 의해 만저우 지역 조선인 선교가 시작되어 여러 곳에 조선인 교회가 설립되었고, 1932년 만주국滿洲國³³ 성립 당시 만주국에 산재한 조선인 교회들이 조선 동포들을 대상으로 활동하고 있었다. 그런데 조선예수교장로회 의산義山노회가 1933년 제22회 총회에서 만저우에 거주하는 중국인 선교를 위해 선교사를 파송해 달라는 안건을 제출함으로써 만저우 선교는 새로운 단계에 접어들게 되었다. 만주국 선교사 파송 건은 재정 문제 등의 이유로 계속 유보되다가 1936년 제25회 총회에서 가결되어 외국전도부가 산둥성 선교와 만주국 선교를 동시에 추진하게 되었다.³⁴

만저우선교회 - 최혁주와 김순호

1937년 4월 14일 평양 장대현교회 예배당에서 만주국 선교사 최혁주崔赫宙³⁵ 목사와 산둥 선교사 방지일方之一 목사 파송식이 거행되었다. 조선예수교장로회총회 만주국 선교사로 선택된 최혁주 목사는 일찍부터

---

32 권평, 「1930년대 김인서의 '만주선교론' 분석」, 47~49쪽.
33 1932년 3월 1일 건국, 1945년 8월 18일 황제 애신각라(愛新覺羅) 부의(溥儀)의 퇴위 선언과 함께 종식되었던 일제의 괴뢰 국가.
34 만주 선교의 역사에 대해서는 김교철, 「초기 한국 장로교회의 타문화권 교회 설립에 관한 선교학적 고찰」, 131~137쪽 참조.
35 1905~1977. 만주국 조선예수교장로회 봉천노회 소속 노회원. 1936년 제3회 봉천노회에서 서기로 선출. 1936년 총회 결의 후 만주국 선교사로 선택. 1937년 4월 평양 장대현교회에서 파송식 거행(김교철, 「초기 한국 장로교회의 타문화권 교회 설립에 관한 선교학적 고찰」, 132~133쪽).

만저우에서 활동해 온 만주국 조선예수교장로회 봉천노회 소속 노회원이었다. 만주국 건국 이후 만저우에 거주하는 조선인들은 법적으로 조선 국적을 가지지 못한 채 만저우 국적과 일본 국적 두 가지를 갖고 있었기 때문에 최혁주 역시 이 두 가지 국적을 가지고 만저우에서 활동하고 있었다.

1937년 파송 이후 최혁주 목사는 만저우인을 대상으로 전도하고 교회를 설립하는 일에 착수하였다. 그는 만주국에 거주해 왔기 때문에 만저우 상황에 비교적 익숙하여 즉시 선교 활동을 시작할 수 있었다. 만주국 선교 지역으로는 지린吉林성 솽양雙陽현이 결정되었는데, 이곳은 작은 산골 도시로 개신교 교회는 없고 천주교만 상당한 기반을 갖추고 있었다. 최 목사는 현지 전도인과 함께 동역하는 방식으로 선교 사업을 시작하였다.[36] 1938년 9월에 솽양현교회 설립 인가를 받고 1939년 5월부터 쏘구깨촌에서 전도를 시작하여 기도처를 신설하였다. 최혁주 목사는 현지 전도인과 함께 여러 촌락을 가서 전도 활동을 하였는데, 복음당 전도, 호별 방문 전도, 천막 전도, 집합 강연 전도 방식을 활용하였다.[37] 솽양현교회는 만주국의 인가를 받은 후 외적으로 성장하기 시작하였는데, 1939년 겨울부터는 중국 산둥 선교사로 일하던 김순호 선교사가 참여하였을 뿐 아니라 왕매애 전도사도 합류하면서 만저우 선교 영역이 크게 확장되었다. 이 시기에도 천막 전도, 복음당 전도, 호별 방문 전도, 노방 전도 방식을 채택하였다.[38] 조선예수교장로회총회는 1913년부터 1937년까지

---

36 「조선예수교장로회총회 제28회 회록」, 『대한예수교장로회총회록 7, 제27회–제31회』, 1939, 39쪽.
37 「조선예수교장로회총회 제28회 회록」, 40쪽.
38 「조선예수교장로회총회 제29회 회록」, 『대한예수교장로회총회록 7, 제27회–제31회』, 1940, 25쪽.

방지일·최혁주 파송 기념 총회 선교위원들과 함께(1937.3.)
뒷줄 왼쪽부터 이영희 목사, 김석향 목사, 미상, 이자익 목사,
김재석 목사, 이문주 목사. 앞줄 왼쪽부터 김순호 선교사,
방 선교사 부인, 방 선교사 딸 선자, 방지일 선교사, 최혁주 선교사

는 외국 선교비를 중국 산둥 선교만을 위해 사용했으나 1937년 만주국 선교를 시작하면서 산둥 선교비를 축소하고 만저우 선교비를 증액하였다. 1939년 산둥 선교사 박상순·김순호 선교사가 철수하면서 산둥에는 이대영과 방지일 두 선교사 가정만 남은 반면, 만저우에는 최혁주·김순호 두 선교사가 활동하면서 지교회 설립비도 지원되었기 때문이었다.[39]

1939년 9월 12일 신의주예배당에서 개최된 조선예수교장로회 여전도 총회 제11회 총회에서 "당분간 소환" 결정에 따라 9월 20일에 소환되었던 김순호는 12월경 지린성 쌍양현으로 파견되었다.[40] 이러한 지역 변경

---

39 「조선예수교장로회총회 제29회 회록」, 28~29쪽.
40 「조선예수교장로회총회 제29회 회록」, 23쪽.

중국 선교의 여정—칭다오에서 만저우까지 237

은 산둥보다 만저우 선교에 인적 자원이 필요하다고 판단한 총회 결정에 따른 것이었다.[41] 산둥선교회 소속으로 부임했던 김순호는 1941년에 완전히 만저우선교회 소속으로 전환되어 1942년까지 활동하였다.[42]

만저우에 부임한 김순호는 "유창한 중국어로 만주 부녀들을 모아서 도리반을 열고" 말씀과 글을 가르치니 "일반 사회에서나 부녀들 사이에서는 대호평을 받고 어디를 가든지 만인들 간에는 천사같이 대우"받았다고 한다.[43] 1941년 총회의 만저우 선교 보고에 따르면 김순호는 만저우선교회가 관리하는 솽양교회, 솽허전雙河鎭교회, 쏘구깨교회를 1개월씩 순회하면서 부녀도리반을 설치하고 성경 도리道理와 음자모音字母를 가르쳐서 성경을 볼 수 있는 이가 증가하였으며, 불신자 가정도 심방하는 등 열심히 전도하고 있었다.[44] 김순호 스스로도 개척해 가는 선교에 많은 기쁨과 보람을 느끼고 있었다.

> 김순호씨도 산둥 선교보다는 물론 힘은 드나 재미는 무한하다고 하며 이제야 선교사의 취미를 본다고 한다. 산둥은 타인이 건설하여 놓은 것을 심방이나 하고 도리반이나 한 것뿐이었으나 만주 선교는 그야말로 제일선 개척을 하지 않으면 안 된다고 한다.[45]

---

41 방지일, 『복음역사 반백년』, 반도문화사, 1986, 58쪽.
42 이우정·이현숙, 『한국기독교장로회 여신도회 60년사』, 131쪽.
43 김창덕, 「만주 광야에서 부르짖는 소리」, 『기독교신문』, 1942.7.15 (김교철, 「초기 한국 장로교회의 타문화권 교회 설립에 관한 선교학적 고찰」, 137쪽에서 재인용).
44 「조선예수교장로회총회 제30회 회록」, 『대한예수교장로회총회록 7, 제27회-제31회』, 1941, 14쪽.
45 김창덕, 「만주 광야에서 부르짖는 소리」, 『기독교신문』, 1942.7.15 (김교철, 「한국 여성 최초의 중국 여선교사 김순호와 중국 여성 선교」, 『중국을 주께로』 45, 중국어문선교회, 1997 5/6월호, 84쪽에서 재인용).

솽양 도리반과 김순호 선교사(1942.3.15)
솽양현에서 지도한 도리반 학생들과 함께.
뒤에서 두 번째 줄 왼쪽에서 네 번째가 김순호

동만여성서학원 졸업기념(1941)
맨 뒷줄 왼쪽에서 세 번째가 김순호

최혁주와 김순호의 만저우선교회 활동은 1941년 7월 11일 만주국 수도 신징新京에서 개최된 만주기독교연합회에 가입하게 됨으로써 전환점을 맞게 된다. 1941년 만주국 민생부가 각 종파의 포교관리사무소를 수도 신징에 설치하라는 지시를 내리자, 만저우선교회는 만주예수교장로회 임시판사처辦事處를 신징 조선장로교회에 설치하였다. 그 후 조선예수교장로회총회가 지원하는 만주국 선교 사업은 만주국 민생부의 정책에 의해 만저우선교회가 만주기독교연합회에 정식 가입하면서 1942년 2월에 종료하는 것으로 결정되었다.[46]

1941년 11월 평양에서 개최된 조선예수교장로회총회 제30회 총회에서, 만저우 선교사 사업을 1942년 2월까지만 계속하기로 결의하였다. 이로써 1942년 2월이 지나면 만저우선교회와 조선총회가 완전히 분리된다는 입장이 공식화되었다.[47] 이후 만저우 지역 노회들은 1941년 11월 28일에 감리교, 성결교, 동아기독교, 조선기독교가 합동으로 만주조선기독교총회를 결성하기로 하였다. 이로써 한반도에 위치한 조선 기독교와 만주국의 조선 기독교는 완전히 분리되었다. 만주국 민생부가 만주국 내 기독교와 각 종교를 통합 관리하게 되면서 만주국에서 활동하던 만저우선교회는 본국 지원 없이 생존의 길을 모색하지 않으면 안 되었다.[48]

김순호 역시 이와 같은 만저우선교회의 입장에 따라 파견 선교사의 사직을 요청하였다. 1942년 9월 평양 장대현교회에서 개최된 조선예수교장로회 여전도총회 제12회 총회에서 김순호가 만저우 선교 사업을 보고

---

46 「조선예수교장로회총회 제30회 회록」, 『대한예수교장로회총회록 7, 제27회-제31회』, 1941, 14~15쪽.
47 「조선예수교장로회총회제30회 회록」, 15쪽.
48 김교철, 「초기 한국 장로교회의 타문화권 교회 설립에 관한 선교학적 고찰」, 138~141쪽.

한 후 선교사 사직 청원이 수리되었다.[49] 따라서 김순호 선교사가 본국 파견 선교사 자격으로 만주국에서 만주 부녀자들을 대상으로 선교 활동을 한 기간은 1939년 12월부터 1942년 9월 전까지로 볼 수 있다.[50]

이외에도 김순호는 "북만여전도회연합회의 회장으로 여성 지도의 선봉에 서 있었다"고 전한다.[51] 1941년부터는 중국인 교회 동만 지방 전도부 총무로 활동한 것으로도 알려져 있다.[52]

2) 개인적 선교 활동

총회 선교사 사임 후 만저우 선교

만저우 선교사 김순호의 사임은 만주국 상황에 따른 것으로 볼 수 있지만, 당시 여전도총회가 더 이상 지원을 할 수 없었기 때문이라고 설명하기도 한다. "1943년부터 해방되기까지는 용정을 본거지로 전도 사업을 하게 되었는데 여전도총회는 일정 말기라 선교사를 위한 헌금을 거출할 수 없었기 때문에 (김순호는) 동만주 지방을 순회하면서 전도하였다"[53]는 것이다. 이러한 상황에서도 김순호는 곧바로 귀국하지 않고 대부분의 비용을 자비로 부담하면서 1년 더 만저우에서 선교 활동을 이어갔다. 여전도총회 제12회 총회는 김순호 선교사의 사직 청원을 허락하기로 결의

---

49 「조선예수교장로회총회 제31회 회록」, 『대한예수교장로회총회록 7, 제27회-제31회』, 1942, 35쪽.
50 김교철, 「한국 여성 최초의 중국 여선교사 김순호와 중국 여성 선교」, 86쪽.
51 『기독교보』 제40호, 1936.3.31 (안병호, 「김순호 선교사의 생애와 선교적 역사적 의의에 대한 연구」, 31쪽에서 재인용).
52 유관지, 「여선교사 김순호」, 『중국을 주께로』 통권 83호, 2003.8.20.
53 주선애, 『장로교 여성사』, 234쪽.

하면서 여자신학부를 신설하기로 하고 신학부 이사로 김순호, 김마리아, 류안심, 배명진, 리순남을 선출하였다.

또한 여전도총회는 김순호 선교사의 사직을 허락하지만 만저우 선교 사업은 1년간 계속하기로 하고 예산은 1,200원으로 하되 1,000원은 김순호가 만저우에서 활동하면서 저축한 비용으로 충당하고 200원은 여전도총회가 부담하기로 결의하였다. 여전도총회 제12회 총회에 참석한 김순호는 회원들에게 만저우 선교 사업을 보고하였으며, 이 자리에서 표창도 받았다.[54]

조선예수교장로회총회는 제30회 총회 결의에 따라 표면상 1942년 2월 이후 만저우선교회와의 관계를 단절했으나 실제로는 지속되는 양상을 보여주었다. 1942년 2월 이후에도 최혁주·김순호의 만저우 선교는 만주국 신징을 중심으로 이어졌다. 만주국의 종교정책은 만주조선기독교총회 결성으로 이어졌는데 모든 교파, 즉 장로교·감리교·성결교·동아기독교·조선기독교회가 통합된 것이다. 최혁주 선교사는 봉천노회 시절부터 같이 활동하였던 김창덕金昌德 목사와 긴밀한 관계를 유지하고 있었다. 김창덕 목사는 만주조선기독교총회 산하 신징 교구장을 맡고 있었고, 최혁주 선교사는 만주국 민생부의 지시에 따라 포교관리사무소를 김창덕 목사가 담임하던 신징장로교회에 설치하였다.

가까이에서 지켜본 김창덕 목사는 최혁주·김순호의 활약을 높이 평가하면서, 두 선교사가 사오구오지에燒鍋街 지역에서 장막전도를 진행하여 신자를 얻고 교인 10여 명이 자력으로 예배당을 건축하는 성과를 올렸다고 보고하였다.

---

54 「조선예수교장로회 여전도연합대회 촬요(撮要)」, 『기독교신문』, 1942.10.7(김교철, 「초기 한국 장로교회의 타문화권 교회 설립에 관한 선교학적 고찰」, 141쪽에서 재인용).

> 영국, 스코틀란드 장로교, 아일랜드 장로교가 만주 땅에 선교한 지 70여 년 역사를 가지고 신도가 2만 4, 5천에 예배당 수가 280여 처이고 만인滿人, 만저우인 목사가 60여 인이 있다 하여도, 아직 완전 자립하는 교회가 없어 이때에 가장 곤란을 당하고 있는 것이다. 우리 선교가 시작된 지 불과 3년에 벌써 자립의 정신이 철저하고 교회를 세운 지 1년도 못 되고 겨우 학습밖에 받지 못한 교인들이 벌써 예배당을 건축하게 되는 것은 참으로 기적적이라 아니할 수 없다.[55]

김창덕은 서구 선교사들이 70년 이상 세운 교회들과 최혁주·김순호 선교사가 세운 교회를 비교하며 조선예수교장로회총회 선교사들이 자립적인 만저우인 교회를 세운 것은 기적이라고 평가하였다. 만주국 정책에 대해 최혁주·김순호가 구체적으로 입장을 표명한 적은 없었다. 그러나 당시 만저우 지역 기독교회의 선교는 전반적으로 만주국 정책에 순응하지 않고서는 진행되기 어려웠다. 그리고 만주국을 사실상 일본이 장악하고 있었다는 점에서 기독교회는 중국인들, 특히 중국공산당으로부터 친일이라는 공격을 받게 되는 어두운 측면도 안게 되었다.[56]

김순호·최혁주 선교사는 본국과의 관계가 종료되면서 선교비 조달에 문제가 발생했지만 그 해결책을 만주조선기독교총회 산하 만저우 조선교회에서 찾으려고 노력하였다. 그리하여 두 선교사는 "기회만 있으면 재만 각 노회에 가서 선전"[57]하였다고 한다. 사실 만저우의 조선 기독교가 교파를 초월하여 통합되었고, 장로회의 경우 노회 대신 교구로 재편되었기

---

55 김창덕, 「만주 광야의 부르짖는 소리」, 『기독교신문』, 1942.7.22 (김교철, 「초기 한국 장로교회의 타문화권 교회 설립에 관한 선교학적 고찰」, 143~144쪽에서 재인용).
56 김교철, 「초기 한국 장로교회의 타문화권 교회 설립에 관한 선교학적 고찰」, 145쪽.
57 김창덕, 「만주 광야의 부르짖는 소리」, 『기독교신문』, 1942. 7. 22 (김교철, 「초기 한국 장로교회의 타문화권 교회 설립에 관한 선교학적 고찰」, 149쪽에서 재인용).

때문에 만저우의 여러 조선 교회들이 교파를 초월하여 두 사람의 만저우인 대상 선교 사업을 지원했다.[58]

이 시기를 함께했던 최혁주 목사는 김순호를 "예수밖에 모르는 사람"으로 회고하였다.

> 그는 예수밖에 몰랐다. 돈이 있어도 선교하는 일과 남을 도와주는 일에만 썼다. 우리가 함께 일하던 쌍양은 대도시 신경에서도 90여 리나 떨어진 고을이었는데 교회가 하나도 없는 그런 데였다. 김 선교사님은 거기서 한족漢族 사람들과 숙식을 같이하면서 아무리 힘들고 고달파도 불평하는 법이 없었다. 그는 중국 사람을 조선 사람과 똑같이 사랑하여 그들을 인도하였다.[59]

그의 회고는 김순호가 타국에서 열정적으로 활동을 이어갈 수 있었던 원동력이 신앙과 함께 한국인과 중국인을 가르지 않는 사랑에 있었음을 보여준다.

동만평생여전도회 활동

김순호는 1942년 가을에 동만평생여전도회 회장이던 김신묵의 요청에 따라 평생여전도회 총무로 일하게 되었다. 김신묵은 룽징龍井 중앙교회의 담임목사 문재린의 아내로, 1946년 귀국할 때까지 동만평생여전도회 회장 직을 16년 동안 수행했다.

---

58 김교철, 「초기 한국 장로교회의 타문화권 교회 설립에 관한 선교학적 고찰」, 149~151쪽.
59 순교자기념사업회, 『순교 여교역자』, 23쪽.

1942년에는 회(동만평생여전도회)가 너무 커가니까 유급 총무를 두기로 하고 산동에서 선교하던 김순호를 채용했다. 김순호는 산동반도에서 선교하다가 일본 때문에 더 못하게 되자 구 길림에 머물고 있었다. 나는 길림에 가서 하루 자고 다시 기차를 타고 구 길림으로 그를 데리러 갔다. 순호는 중국 교회에서 일하다가 바로 짐을 챙겨서 우리와 같이 돌아왔다. (…중략…) 김순호는 평생여전도회 일을 참 잘했다. 모금도 잘했고 나가서 집회를 하면 은혜롭게 했다. 그래서 회원도 죽죽 늘어 갔다. 순회 전도를 할 때에는 바빴지만 나머지 시간에는 할 일이 많지 않았기 때문에 남편이 1932년부터 목회 하던 용정 중앙교회에서 김순호의 월급 절반을 대주면서 반半전도사로 일하게 했다. 해방 후에 동산교회 전도사 자리가 비자 김순호는 거기서 월급의 절반, 평생여전도회에서 나머지 반을 받고 일했다. 김순호는 해방 후 북에서 활동하다가 순교했다.[60]

동만 평생여전도회[61]는 1930년 4월 12일 룽징에서 창립된 모임으로 임뵈뵈[62]라는 여성이 만들었다. 그는 1920년에 일어난 '15만원 사건'[63]

---

60 문재린, 『기린갑이와 고만녜의 꿈』, 삼인, 2006, 483~484쪽. 김순호와 함께 일했던 중앙교회 여자 전도사 김애신은 평양 숭의학교 선생 출신으로 부임해서 일을 아주 잘했다. 가르치는 것도 잘하고 심방도 열심히 하고 재미를 붙였다. 김애신은 평생여전도회 일로 초빙해 온 김순호와 같은 집에서 살았다.
61 문재린, 『기린갑이와 고만녜의 꿈』, 170~171쪽.
62 뵈뵈는 성경에서 가져온 이름으로 '맑고 깨끗하고 빛나다'라는 의미를 지닌다. 사도 바울의 서신 로마서 16장 1절에서 단 한 번 언급되었다. "내가 겐그레아 교회의 일꾼으로 있는 우리 자매 뵈뵈를 너희에게 추천하노니 너희는 주 안에서 성도들의 합당한 예절로 그를 영접하고 무엇이든지 그에게 소용되는 바를 도와줄지니 이는 그가 여러 사람과 나의 보호자가 되었음이라."
63 1920년 1월 회령은행에서 용정으로 막대한 돈을 이송한다는 소식을, 회령은행 김모 씨가 독립운동가 윤준희, 임국정, 최봉설, 박웅세, 한상호 씨에게 알렸다. 이들은 돈을 탈취해 백두산 뒤에 군관학교를 짓고 무기를 사려는 계획을 세웠다. 그들은 6일, 말을 타고 지나가는 일본인 세 사람 중에서 한 명은 총으로 쏴 죽이고 두 명은 묶은 후에 15만 원을 빼앗은 뒤 말을 타고 산으로 도망쳤다. 이틀 뒤 다시 와룡동에서 만나 해삼위까지 갔고 독립

동만평생여전도회, 1940년대 룽징
앞줄 가운데가 임뵈뵈 할머니와 총무 김순호,
바로 뒤가 회장 김신묵, 뒷줄 오른쪽 끝이 전도사 김애신

동만평생여전도회 지방회 창립 10주년 기념식(1941.5.6)
앞줄 왼쪽에서 네 번째가 김순호

으로 희생된 임국정 선생의 모친이다. 캐나다선교부는 아들을 잃은 임뵈뵈를 위로하고 격려하는 의미에서 캐나다 평생여전도회 회원으로 가입시켜 주었다고 한다. 임뵈뵈는 아들이 죽은 후 꼼짝도 못하고 누워 있다가 그 회원권을 받고는 자리를 박차고 일어나 '우리도 이런 전도회를 만들어야겠다'고 생각했다. 자기처럼 자식을 잃은 가정에 가서 아들딸을 잃었다고 울지만 말고 그 아이 기념으로 평생여전도회에 들라고 설득하여 회원을 모집했다.[64] 그는 1921년부터 혼자서 평생회원을 모집했고, 1930년 4월에 동만평생여전도회를 탄생시켰다. 김신묵의 회고에 따르면 회원이 만주에 1,000명 이상 있었고 회원들은 입회금 5원, 1년 정기회비를 1원씩 내서 재산을 꽤 많이 축적하여 여러 지역의 선교 활동을 지원하였다고 한다.[65]

이같이 김순호는 1942년 조선예수교장로회 여전도총회 파견 선교사직을 사임한 후 해방 후까지 개인 자격으로 만저우 지역 선교 활동을 이어나갔다. 그는 지린의 중국인 교회에서 시무하다가 룽징으로 초빙되어 중앙교회와 동산교회의 전도사[66]로 일하면서 동만평생여전도회 총무로도 활동하였다. 룽징에서도 일 잘하는 여전도회 총무이자 전도사로서 순회

운동 동지인 엄인섭을 만나서 무기를 산 다음 백두산으로 가기로 했는데, 자고 있는 여관을 경찰이 둘러쌌다. 엄인섭이 배신하여 밀고했고 최봉설은 탈출했으나 윤준희, 임국정, 한상호는 체포되었다. 돈에 대한 정보를 알려준 회령은행 서기도 청진감옥에서 도주했으나 임국정, 윤준희, 한상호 세 사람은 1921년 8월 25일 서울 서대문형무소에서 사형당했다(문재린, 『기린갑이와 고만녜의 꿈』, 477~479쪽).

64 문재린, 『기린갑이와 고만녜의 꿈』, 481쪽.
65 문재린, 『기린갑이와 고만녜의 꿈』, 484쪽. 선교했던 구역은 돈화, 훈춘, 마적달, 동불사, 대황구, 동경성, 토성포 등지였다고 한다.
66 당시 동산교회의 담임목사는 이권찬이었다. 이호열, 「함흥 출애굽 사역의 인도자 이권찬」, 숭실인물사편찬위원회, 『인물로 본 숭실 100년』 제2집, 숭실대학교 출판부, 1997, 296~297쪽.

전도나 집회에서 탁월한 능력을 발휘하는 면모를 보여주었다.

김순호는 조선예수교장로회총회 최초의 타 문화권 선교인 산둥 선교와 만저우 선교에 모두 참여한 선교사였을 뿐 아니라 탁월한 능력과 헌신으로 남자 선교사들과 거의 동등한 활약을 보여준 최초의 공식 파견 여선교사였다. 일제의 식민지라는 열악한 상황에서 출발하였으나 비서구교회로서 아시아 교회의 세계 선교 참여였다는 점에서 의미 깊은 이 선교 현장에 김순호가 당당히 중심적 역할을 수행한 것이다. 초기 한국 교회가 훈련과 현장 지식의 부족에도 불구하고 해외에 선교사를 파견하였다는 사실은 선교사에서 매우 중요한 위상을 차지하고 있다.[67] 특히 이 과정에서 취약계층이었던 중국 여성을 위한 김순호의 선교는 용감하고 헌신적인 결단이 가져온 아름다운 결실이었다.

---

67 김교철, 「초기 한국 장로교회의 타문화권 교회 설립에 관한 선교학적 고찰」, 24~25쪽.

룽징 중앙교회에서 전도사로 함께 일했던 김애신(왼쪽)과 김순호

III
조국에서의 헌신 – 교육과 사역

1. 평양신학교 – 영원한 스승 김순호

1) 평양신학교의 변천

해방 후에도 만저우에 남아 룽징 동산교회의 전도사 일과 평생여전도회 일을 병행하던 김순호는 젠다오間島가 공산화되면서 더 이상 활동하지 못하게 되자, 청진의 신암교회 전도사로 시무하기 위해 귀국길에 올랐다.[1]

귀국 이후 행적은 잘 알려져 있지 않지만 평양신학교 제자들의 증언으로 1947~1948년경 평양신학교 여성신학부 교수 겸 여학생 기숙사 사감[2]으로 활동한 김순호를 확인할 수 있다.

사실 김순호와 평양신학교의 인연은 1942년으로 거슬러 올라간다. 1942년, 여전도총회가 1901년 개교한 평양신학교에 여자부를 신설하기로 결정하고 김마리아, 류안심, 배명진, 리순남과 함께 김순호를 여자부

---

1 문재린, 『기린갑이와 고만네의 꿈』, 171쪽.
2 이우정·이현숙, 『한국기독교장로회 여신도회 60년사』, 131쪽.

이사로 선임하였다.³ 평양신학교에 여자부를 증설하려는 계획은 1941년 조선예수교장로회 제30회 총회 보고에서도 확인된다. 당시 이사장 김석창 목사는 여자부 증설 계획을 보고하고 그 준비를 위한 기본금으로 5개년간 100만 원 적립을 요청하였다.⁴ 그다음 해인 1942년 조선예수교장로회 제31회 총회 보고에서 교장 채필근은 여자부 설치 문제가 본교의 경상비 지원 및 기본금 적립 부족 때문에 지연되었으나 여자전도대회(여전도총회)가 여자부 설치를 위한 경상비 지출 및 기본금 모집을 부담하겠다는 결의를 했기 때문에 여자부 설치를 위한 수속 일반을 인수하였다고 설명하였다.⁵ 그러나 1942년 이후로는 평양신학교 관련 총회 보고나 평양신학교 역사에서 여자부에 대한 내용이 확인되지 않는다.⁶

평양신학교는 신사참배 문제로 폐쇄되었다가 1946년 다시 문을 열었는데, 이때 여자부가 만들어져 남녀가 따로 교무 행정을 운영하되 때에 따라 합반하기도 하는 형태로 진행되었다.⁷

김순호가 언제부터 평양신학교 강단에 섰는지를 정확하게 특정하기

---

3 「조선예수교장로회총회 제31회 회록」, 『대한예수교장로회총회록 7, 제27회-제31회』, 1942, 35쪽; 이연옥, 『대한예수교장로회 여전도회 100년사』, 대한예수교장로회 여전도회전국연합회 출판회, 1998, 80~81쪽.

4 「조선예수교장로회총회 제30회 회록」, 『대한예수교장로회총회록 7, 제27회-제31회』, 1941, 29쪽.

5 「조선예수교장로회총회 제31회 회록」, 『대한예수교장로회총회록 7, 제27회-제31회』, 1942, 12쪽.

6 장로회신학대학교 100년사편찬위원회 편, 『장로회신학대학교 100년사』, 장로회신학대학교, 2002, 282~285쪽.

7 평양신학교 여자부 설치와 운영에 관해서는 총회록이나 『장로회신학대학교 100년사』에서 확인되지 않아 당시 재학생이었던 주선애 교수의 회고록에 근거하여 서술하였다. "나는 1946년 평양신학교가 문을 열면서 여자 신학부가 같이 시작되어 첫 학기부터 입학을 했다. (…중략…) 원래 평양신학교는 1901년에 시작되어 오다가 신사참배 문제로 폐쇄되었던 것이 해방이 되면서 다시 열어서 전에 없었던 여자부를 두고 남녀가 따로 교무 행정을 하면서 때에 따라 합반하기도 하였다"(주선애, 『주님과 한평생』, 두란노서원, 2011, 63쪽 참조).

는 어렵다. 다만 제자 이연옥의 회고에 따르면 중국이 공산화되면서 선교사들을 다 쫓아내 선교사였던 김순호도 평양으로 왔다고 한다.[8]

그 외 다른 지역에 대한 특별한 언급이 없는 것으로 미루어 중국에서 귀국한 후 청진 신암교회에서 전도사로 사역하다가 평양으로 와서 평양신학교에 합류했던 것으로 짐작해 볼 수 있다.

평양신학교는 개교 이후 상황 변화에 따라 세 가지 명칭을 갖고 있다. 1901년 개교부터 1938년 신사참배 거부로 인해 폐교할 때까지를 '평양신학교', 1940년 재건되어 해방까지 운영된 신학교를 '(후)평양신학교' 그리고 1946년에 다시 문을 연 신학교를 '해방후 평양신학교'로 부른다.

해방이 되자 후평양신학교 교장이었던 채필근 목사가 친일파라는 죄목으로 감금되면서 후평양신학교 시기는 막을 내렸다. 그 후 5도연합회에서 평양장로회신학교를 연합노회가 직영하기로 결의하고 1945년 12월 김인준 목사가 교장에 임명되어 해방후신학교를 운영하였다. 김 교장은 공산정권이 주도한 조선기독교연맹 가입을 거부하였다는 이유로 1947년 1월 소련군 사령부에 연행되어 시베리아 유배 중 순교하였다. 그 뒤를 이어 이성휘 목사가 1947년 1월 교장에 취임하였다. 1947년 4월 미군정청의 특별교섭으로 평양신학교를 방문했던 방위량W.N. Blair[9] 선교사는 164명의 학생들이 공부하고 있다고 보고하였다. 애석하게도 해방후 신학교 운영 상황에 대해서 지금 공식적으로 확인할 수 있는 정보는 여기까지다.

8　이연옥, 『향유 가득한 옥합』, 52쪽; 이연옥, 「평양여자신학교에서의 시작」, 『한국기독공보』, 2012.3.5.

9　방위량(1876~1970)은 1901년 9월 10일 내한하여 1942년 6월 1일 일제에 의해 강제로 출국당하기까지 42년간 한국에서 선교하였던 미국 북장로교 선교사였다. 그는 내한 이래로 평양과 서북 지역에서 활동하며 교회 개척과 문서 사역 및 전도 사역에 헌신하였다(김종부, 「방위량 선교사의 한국 선교에 관한 연구」, 고신대학교 선교목회대학원 석사학위 논문, 2014 참조).

평양신학교
1학년 학생들과
(1948)

평양신학교 남녀 학우
대보산 탐승 기념(1948)

평양여자신학교
기숙생 일동(1948)
두 번째 줄 왼쪽부터
여섯 번째 조순덕,
여덟 번째 김순호,
열한번 째 이연옥

1946년 9월 평양에 감리교신학교인 성화신학교가 개교한 이후 조선기독교연맹 관계자들이 해방후 평양신학교와 통합하는 작업을 진행, 마침내 1950년 3월 두 학교가 강제병합되어 '조선기독신학교'가 설립되었다는 소식을 마지막으로 전하고 있다.[10] 1947년 4월부터 기독교연맹이 감리교 성화신학교와 강제 합병, '기독신학교'로 재편성한 1950년 3월까지 약 3년간은 공식 자료에서 공백으로 남았다. 김순호가 강단에 선 평양신학교는 바로 이 '해방후 평양신학교'였다.

2) 제자들이 기억하는 스승 김순호

그는 후리후리한 키에 늘 검정색 치마와 흰 저고리를 입고 다니셨다. 그리 미인은 아니었지만 인자하고 온화한 수녀 같은 순결함을 풍기는 분으로 모든 학생의 존경과 사랑을 받던 분이었다. 그는 철저한 말씀 순종의 삶을 통하여 표현하기 어려운 어떤 조용하면서도 강력한 권위

---

10 "1950년 3월에는 두 학교를 완전히 하나로 통합하여 '기독신학교'를 만들었다. 교장에는 이성휘 목사, 부교장에는 감리교의 송정근 목사, 교수로는 장로교회에서 최지화 목사, 감리교회에서는 박대선 목사를 임명하였다. 그러나 사실상 학교의 실권은 김응순 목사가 쥐고 있었다. 교장 이성휘 목사는 정치보위부에 끌려갔고 연맹 부총회장인 김응순이 교장으로 들어와서 공산당 시책에 따른 세뇌교육을 실시하였다."(『장로회신학대학교 100년사편찬위원회 편, 『장로회신학대학교 100년사』, 282~285쪽). "8·15해방 직후 북한에서 평양 장로회신학교가 재건되었다. 이때부터 공산당 정권의 탄압을 단호히 막아내며 버티던 제4대 교장 김인준 목사가 결국 1947년 1월 17일 당국에 연행되고, 이성휘 목사가 제5대 교장으로 임명되었다. 1950년 3월 새 학기 이전에 장로회신학교와 성화신학교(감리교)가 강제로 통합되었고, 학교 이름을 '조선기독신학교'라 지었다. 그러다가 그해 7월 5일 처음이자 마지막 졸업식을 거행하고 교문이 닫혔다. 한편 남한에서 대한예수교장로회 제35회 총회가 1948년 6월 서울 남산에서 개교한 장로회신학교를 평양에서의 신학 교육을 계승한 학교로 인준했다."(장로회신학대학교 홈페이지(www.puts.ac.kr)「대학소개-역사-약사」). 제33회 총회(1947), 제34회 총회(1948), 제35회 총회(1949)에서도 평양의 '해방후 신학교'에 대한 언급은 찾아볼 수 없다(『대한예수교장로회총회록 제33회-제40회』 참조). 따라서 장로회신학교 관련 공식 자료에서는 1947년 1월부터 1950년 초까지 약 3년간의 '해방후신학교' 관련 내용이 공백 상태임을 알 수 있다.

를 몸에 지니고 있었고 그 힘을 주위의 사람들에게도 느끼게 해주셨던 분이었다.[11]

김순호의 조용하면서도 강력한 권위는 어느 날 학생 주선애에게 던진 질문에서 분명하게 드러난다.

> 어느 강의 시간이었다. 김순호 선생님은 갑자기 내 이름을 부르면서 "주선애! 주선애는 산 돌이신 주님에 의해 온전히 깨여지고 부서졌는가?" 하고 물으셨다. 나는 소스라치게 놀라 아무 대답도 할 수 없었다. 나는 그때 주님을 만나는 체험도 없이 공부가 좋아 입학했던 것뿐이었기 때문이다. 즉 회개의 경험도 없이 신학교에 입학했던 것이다.
>
> 어리석은 나는 그 당시 학생들이 울면서 기도하는 모습들을 보면서 "아, 그들은 믿지 않는 집에서 자라나서 회개 거리가 많은가 보다" "나는 믿는 집에서 자라났기 때문에 기도해도 눈물은 나지 않는다"고 스스로 위로하곤 했었다. 선생님은 나를 꿰뚫어보셨던 것이다. 학생회 회장을 한답시고 우쭐대며 다니는 내 모습을 불쌍히 보셨던 듯⋯ 나의 마음을 한 번 찔러 주셨던 것이다.[12]

김순호의 질문은 누구나 깨어져야 영적으로 다시 태어나는 중생重生을 경험할 수 있다는 가르침을 담고 있다. 훗날 주선애는 당시 깨어져 있지 않았으나 그 후에 깨어지고 새로운 삶이 시작되었다고 전하면서 자신이 그만큼 될 수 되었던 데에는 선생님의 말씀이 밑거름이 되었다고 증언하

---

11 주선애, 「교회학교 교사들에게: 나의 스승 김순호 선교사님」, 『교육교회』 통권 273호, 장로회신학대학교 기독교교육연구원, 1999, 34쪽.
12 주선애, 「교회학교 교사들에게: 나의 스승 김순호 선교사님」, 34쪽.

였다.[13] 주선애 역시 한국 기독교 교육의 큰 스승이 되었고, 그 주선애의 스승 김순호는 주선애기념서화집에도 한 편의 시로 남았다.

김순호 선교사

"주선애, 다 깨어져 가루가 되었나요?"
평양신학교에서 만난
김순호 스승님의 간단한 질문
잘 포장된 나의 심령을 파고드는 비수 같은 언어의 힘
그분의 온화한 미소와 통찰력 있는 눈동자
조용조용한 말씀 가운데 풍기는 권위의 힘은
기도로 응결된 까닭이리라
사랑의 어머니와 같은 그분은 내 삶의 모범이 되어 함께 해주셨다[14]

김순호의 조용하지만 강한 힘은 그의 굳건한 신앙 생활에서 비롯한 것이었을 것이다. 평생 기도를 통해 신앙의 힘을 얻고 힘든 여정을 헤쳐 나갔지만 평양신학교 여자신학부 재직 시에도 가장 먼저 새벽 기도에 나가 가장 나중에 나왔다고 한다. 그는 새벽 기도가 끝나고 돌아오면 기쁨에 넘쳐 만면에 웃음을 머금고 기숙사 방마다 찾아다니며 일일이 학생들과 아침 인사를 나누곤 하였다.[15] 매일 새벽 3시에 교회에 나가 세 시간 이상 기도하는 습관은 김순호의 복숭아뼈에 굳은살로 만들어진 혹을 남겼다.[16]

---

13 이 질문은 구약성경 다니엘서에 나오는 우상을 깨뜨리는 이야기를 담고 있다고 해석하기도 한다(순교자기념사업회, 『순교 여교역자』, 24-25쪽).
14 이순배, 『외톨이의 삶, 섬김으로 즐거웠네』, 두란노서원, 2022, 34쪽.
15 제자 이연옥의 회고, 순교자기념사업회, 『순교 여교역자』, 20쪽.
16 조카 김병숙의 회고, 순교자기념사업회, 『순교 여교역자』, 19쪽.

김순호는 이미 중국 선교와 선교 보고 활동에서 보여주었던 뛰어난 언변으로 학생들을 매료시키는 성경 강의를 했던 것으로도 유명하다. 평양 장대현교회 집회에서 강사 김순호 선교사를 처음 대면했던 이연옥은 교원대학에 진학하려던 계획을 바꾸어 1948년 봄 평양신학교에 입학하여 그분의 제자가 되었다.

> 장대현교회의 집회에 참석했는데 강사가 김순호 선교사였다. (…중략…) 이분이 그날 저녁에 강의를 하는데 얼마나 잘하는지 내 머릿속에 불이 켜진 듯 명료해졌고 가슴은 소망으로 콩닥거리기 시작했다. 그분은 성경 박사였다. 그 순간에 나는 그분에게 홀딱 반해 버렸다. 집회가 끝난 뒤 나는 나를 데리고 온 여성분에게 물었다. 저 강사님 뭐 하시는 분이에요? 아! 그분 평양여자신학교 그러니까 내가 다니는 신학교 교수님이셔. 그 신학교에 누구나 들어갈 수 있습니까? 그랬더니 신학교에 입학원서 내고 시험 치고 합격하면 들어갈 수 있지. 그 말을 듣는 순간 나의 인생 계획이 바뀌었다. 어머니를 졸라서 교원대학에 입학하려고 평양으로 유학 온 내가 김순호 선생님께 홀딱 반해서 그분이 가르치시는 신학교에 입학하기로 한 것이다.[17]

김순호는 외모는 엄격하게 보이나 마음은 무척 다정다감한 스승이었다. 이연옥은 입학하고 난 지 얼마 지나지 않아 김순호의 호출을 받게 되었다. 혹시 야단맞을까 걱정하며 찾아간 그에게 김순호는 뜻밖의 제안을 하였다.

---

17 이연옥, 『향유 가득한 옥합』, 52쪽.

"이연옥 씨는 친척집에서 통학하는 것 같은데 기숙사의 식사가 형편없잖아요. 조순덕 씨가 병이 났어요. 감기가 떨어지지 않고 아무래도 과로로 무리해서 영양실조에 걸린 것 같으니까 이연옥 씨가 금요일에 집으로 데리고 가서 주일까지 좀 먹여서 영양보충을 시켜 주세요"라고 부탁하셨다.

"선생님, 제가 조순덕이랑 대판 싸웠습니다. 저는 절대로 싫습니다"라는 말이 목구멍으로 치밀어 올랐으나 차마 그 말을 입밖에 낼 수가 없어서 가만히 앉아 있었다. "이연옥 씨 어려우세요? 힘드세요? 친척집 사정이 학생 한 명 밥 몇 끼 해먹이는 것이 부담스러울 만큼 어려운가요?" 선생님의 물음에 나는 아무 말도 못하고 마지못해 "네, 그렇게 하겠습니다."라고 대답했다.[18]

학생 이연옥은 선생님의 이 부탁이 황송해서 조순덕을 도와주었는데 그 후 세 사람은 모녀같이 지냈다고 한다. 1948년 5월 8일 어머니날에 세 분이 같이 찍은 사진이 있는데 이연옥과 조순덕 학생은 그 사진을 고이 간직하면서 김순호를 일생 동안 영적인 어머니로 모시기로 다짐했다고도 전한다. 후에 전도사가 된 조순덕은 이연옥과 동갑내기로 수간호사로 일하다가 신학교에 입학했는데 등록금을 마련하기 위해 기숙사 사감 선생님의 시중을 드는 일을 하고 있었다.[19]

김순호는 그 스스로도 자신의 사랑을 아낌없이 나누는 삶을 살았다. 신학교에서 월급을 타면 대부분을 가난한 이들에게 나누어주었으며, 교회에서 귀한 음식을 가져다줄 때에도 사감방 앞을 지나는 학생들을 불러

---

18 이연옥, 『향유 가득한 옥합』, 53~54쪽.
19 조순덕은 김순호 선교사가 북간도에서부터 데리고 나와 계속 돌보아 주던 학생이었다고도 한다(순교자기념사업회, 『순교 여교역자』, 23~24쪽).

들여 음식을 권하곤 하였다. 그의 사랑은 국적을 넘어 중국인들에게도 미쳤는데, 중국에서 귀국한 다음 꿈에 중국의 지인들을 보고 그들이 그리워 울면서 그들을 위해 기도했다고 술회하기도 하였다.[20]

조카 김병숙은 김순호의 무척이나 검소했던 생활을 기억하고 있었다. 그는 여름에는 당목으로 만든 흰 치마저고리를, 겨울에는 물들인 당목으로 까만 치마저고리를 해 입고 다녔다. 심지어 옷이 두 벌 생기면 한 벌을 다른 사람에게 나누어줄 정도였다. 그가 베푼 이와 같은 온정으로 인해 가는 곳마다 사랑과 존경을 받았다. 그가 1931년 산둥성 선교사로 떠날 때에는 재령 사람들이 신자·불신자를 막론하고 역전을 메우며 환송해 주었다고 한다.[21]

3) 김순호의 뜻을 이은 여성지도자들

1948년 남한과 북한이 별도의 정부 수립을 추진하면서 북한 지역이 본격적으로 공산화될 것이라고 예견될 즈음 평양신학교도 곧 문을 닫을 거라는 소문이 돌자, 학생 이연옥과 조순덕은 김순호를 찾아갔다.

> "선생님, 우리 둘하고 선생님 이렇게 셋이서 이남으로 넘어가십시다"라고 말씀드렸다. 그랬더니 선생님이 하시는 말씀이 이러했다. 지금도 그 말씀이 귓가에 쟁쟁하게 울린다. "여기가 어떻게 될 것인지 아주 불투명하단다. (지금 북한을 지배하기 시작한) 공산주의는 기독교와 원수지간이다. 이 학교가 언제 폐교될지 모르니 너희 둘이는 (남한으로) 넘어가서

---

20 순교자기념사업회, 『순교 여교역자』, 24~25쪽.
21 순교자기념사업회, 『순교 여교역자』, 25쪽.

훌륭한 사람이 되도록 교육 받아라. (나도 너희와 함께하고 싶지만) 나는 (국경에서 경비병에게 붙잡히면) 거짓말을 하지 못해 함께 가지 못한다. 가다가 붙잡히면 '어디 가느냐?'고 경비병이 물으면 거짓말을 해야 할 터인데 나는 거짓말을 못해서 포기하련다."[22]

김순호는 뒤이어 찾아온 조카 김병숙이 함께 남한으로 가자고 간청하자 같은 말씀으로 거절했다. 그리고 "너는 남으로 가거라. 나는 전도하다 죽으러 북으로 간다"라고 덧붙였다.[23]

제자들에게 남한으로 가라고 권유한 김순호는 평양신학교에서 더 이상 가르칠 수 없게 되자, 마지막 사역지가 된 신의주로 떠났다.

그렇게 스승과 헤어진 제자들은 평생 스승의 발자취를 따랐다. 그들은 전도부인, 전도사, 교육자, 여성지도자로서 한국 교회에 크게 이바지하였다. 서울 남영동교회와 서대문교회에서 활동한 조순덕, 대한예수교장로회 여전도회전국연합회 회장 이연옥, 대한예수교장로회 여전도회전국연합회 회장 이동선, 연동교회에서 활동한 양효숙, 장로회신학대학교 교수 주선애, 해남 고당교회에서 활동한 김병숙 등이 대표적 사례이다.[24]

그중에서도 한국 기독교의 대표적 여성지도자로 활약했던 이연옥과 주선애는 2012년 한국예수교장로회 교단 창립 100주년 기념예배에서 공로패를 받았다.[25]

평신도 부문에서 공로패를 받은 이연옥 장로는 기독교교육학 분야의 전문성과 여성지도자로서의 지도력으로 34년간 여전도회전국연합회 회장

---

22 이연옥, 『향유 가득한 옥합』, 55쪽.
23 순교자기념사업회, 『순교 여교역자』, 21~22쪽.
24 정안덕, 『중국 산동의 "진꾸냥"』, 77쪽.
25 「이연옥 박사 주선애 교수, 교단 공로패 받아」, 『한국기독공보』, 2012.9.26.

제자 조순덕과 이연옥(오른쪽)

교단 창립 100주년 기념예배에서 교회교육 부문 공로패를 받은 주선애(왼쪽)와
평신도부문 공로패를 받은 이연옥(오른쪽)

과 명예회장으로 봉사하며 여전도회의 발전, 여성의 지도력과 능력 개발 및 교회 민주화에 헌신해 왔다는 평가를 받았다. 여전도회관 건축과 운영, 교회 여성의 지도력 향상을 위한 계속교육원 건립과 여성지도자 양성, 한국장로교여성협의회와 한국교회여성연합회 창립 등에 기여하였다. 특히 장신대 건축위원장과 석좌제 교수 지원, 서울여대 이사장을 통해 신학교와 대학 발전에도 크게 기여했고, 장로교 여성신문을 본보와 통합해 발전을 도모했다는 점도 그의 공로로 기록되었다.

주선애 교수는 교회교육 부문의 공로패를 받았는데, 그는 기독교교육학을 전공한 학자로 숭실대 기독교교육학과 초대 교수와 장신대 교수로서 기독교교육학과 설립과 발전에 헌신하였다. 특히 전국 교회 교회학교 교사들의 지도력 향상과 교회학교 발전을 위해 전국을 순회하였다. 또한 총회의 공과(교재) 『성서와 생활』을 비롯해 그룹별 성경 공부 교재인 『복음의 삶』 집필과 교육과정 개발 책임자로서 크게 기여하였다는 점이 수상의 근거가 되었다.

7. 마지막 사역, 신의주

1) 왜 신의주인가?

1948년경 함께 남한으로 가자는 제자들의 청을 거절한 김순호는 얼마 후 신의주로 갔다. 당시 신의주는 기독교사회민주당 사건, 신의주 학생시위 등으로 기독교 교회와 공산당이 첨예하게 대립했던 험지 중의 험지였다.[26] 북한 지역에서는 해방 후 거의 전 지역 자치회와 건국준비위원회 등 기타 정당 단체에서 기독교인들이 중추적 역할을 담당하였다. 소련군과 공산세력은 그 단체들을 장악하려 하였고, 그 결과 일제강점기와 마찬가지로 교회는 박해 대상이 되었다.

대표적 사례인 기독교사회민주당은 1945년 9월 초 신의주 제1교회 목사 윤하영尹河英, 제2교회 목사 한경직韓景職의 주도 하에 평안북도 기독교인을 기반으로 조직되었다. 한국 최초의 정당으로서 민주주의 정부의 수립과 기독교 정신에 의한 사회 개량을 정강으로 내세웠다. 후에 이 정당은 대중적 지지를 확보하기 위해 기독교라는 종교적 색채를 거두고 사회민주당이라는 이름으로 변경하였다.

지방마다 교회를 중심으로 지부를 조직하여 세력이 커져 나가자 소련군은 탄압할 방법을 찾기 시작했다. 소련 혹은 함경도에서 파견된 공산당원들을 동원하여 지방의 불량배들을 매수하고 노동자·농민들을 선동하여 방해 공작을 전개하였다.

최초의 충돌은 1945년 11월 16일 용암포에서 열린 지부 조직대회에서 발생하였다. 공산당 세력은 그 지역 경금속 공장 직공들로 하여금 조직대회를 습격하게 했는데, 당 간부들에게 폭행을 가하는 과정에서 장로 한 명은 현장에서 사망하였고 교회당과 당 간부들의 가정이 대거 피해를 입었다.

이에 기독교 학생을 중심으로 한 다수의 중·고등학교 학생들이 분노하여 직공들의 폭력 행위를 제지하다가 대규모 충돌까지 발생하였다. 다수의 부상자를 남긴 채 일시 진정된 듯 보였지만 신의주와 인근의 중·

---

26 당시 신의주 기독교사회민주당과 신의주 학생시위 사건에 관해서는 평북노회사 편찬위원회, 『평북노회사』, 기독교문화사, 1979, 263~265쪽 참조.

고등학생들은 대규모 학생 시위를 준비하고 있었다. 학생들은 11월 23일 23시에 공산당 본부, 인민위원회 본부, 보안서를 공격하고 철수할 것을 요구하였다. 이들은 행동에 들어가기 전에 3인의 대표를 기독교사회민주당 본부에 보내서 계획을 보고하고 사후 수습을 부탁하였다. 공산당원들은 인민위원회 본부, 보안서, 공산당 본부 앞에서 학생 시위대를 향해 기관총을 발포하였다. 시외에서 들어오는 학생들의 행렬 위에는 소련군 비행기가 나타나 기관총 소사를 하기도 하였다. 결국 학생들의 시위는 50여 명이 죽거나 다치고 80여 명이 검거되면서 종결되었다. 기독교사회민주당을 중심으로 교회 목사들이 총동원되어 사태 수습에 나섰으나 소련군은 계엄령을 선포하고 기독교사회민주당 간부들을 총검거하였다.

북조선인민위원회가 사활을 걸고 추진한 1946년 11월 3일 총선거에 대하여 북한 기독교인들의 자생적 조직인 이북5도 연합노회[27]가 불참을 통보하자, 이에 대항하기 위한 기독교연맹이 등장하였다. 북조선인민위원회는 북한 지역에 이북5도연합노회와 대립할 교회 기관을 만들어서 내분을 유도, 교회 자멸을 도모하기 위해 기독교연맹을 출범시켰던 것이다.

---

27 해방 후 평북, 의산, 용산, 평동, 산서, 삼산 노회 대표자들이 5도 연합노회를 조직하기로 합의하여 5도 16노회와 연락을 취하여 1945년 12월 초 평양 장대현교회에서 5도 연합노회를 개최하였다. 남북한 통행이 통제되고 소련의 북한 장악 의도가 노골적으로 드러나고 있었기 때문에 비교적 신속하게 연합회가 결성되었다. 연합회가 결정한 중요 안건은 다음과 같다. ① 북한5도연합회는 남북통일이 완성될 때까지 총회를 대행할 수 있는 잠정적인 협의 기관으로 한다. ② 총회의 헌법은 개정 이전의 헌법을 사용하되 남북 통일 총회가 열릴 때까지 그대로 둔다. ③ 본 교회는 신사참배의 죄과를 통회하고 교직자는 2개월간 근신할 것. ④ 신학교는 연합노회 직영으로 한다. ⑤ 조국의 기독교화를 목표로 독립 기념 전도회를 조직하여 전도, 교회 운동을 대대적으로 전개한다. ⑥ 북한 교회를 대표하는 사절단을 파견하여 연합국 사령관에게 감사의 뜻을 표하기로 한다. 소련 당국의 오해를 피하기 위해 연합국 사령관에게 감사의 뜻을 표하는 사절단이라는 명목을 붙이긴 했으나 실은 남한 교회와의 연락과 이승만 박사 및 중경 임정 요인들을 예방하기 위한 것이었다. 증경 총회장 이인식 목사, 평동노회장 김양선 목사가 사절단으로 월남하여 남한 교회와의 연락의 길을 열었다(평북노회사 편찬위원회, 『평북노회사』, 255~257쪽).

북조선인민위원회는 조만식이 이끄는 조선민주당이 교회를 중심으로 세력을 확장해 가자, 교회 세력이 한독당의 김구와 연락하여 광복군과 무기를 몰래 밀반입하여 북조선인민위원회를 전복 기도하려 했다는 명목의 사건을 위조하고 대대적인 탄압에 들어갔다. 허위 날조한 죄목에 의한 감금, 습격, 구타가 횡행하면서 신변에 위협을 느낀 황해도와 함경도 교역자들이 기독교연맹에 일시에 대거 가입하였다. 이에 힘을 얻게 된 기독교연맹은 총선거 직전 김일성 정부를 지지하고 총선거에 솔선 참가한다는 내용의 결의문[28]을 발표하였고, 공산당 정권은 각 교회에 이 결의문을 수용하도록 강요하였다.

기독교연맹은 1949년 기독교연맹총회를 결성하고 연맹에 가입하지 않은 교역자들에 대한 파면을 단행하였다. 한국전쟁이 일어나기 직전까지 동 연맹 이외의 교역자들은 거의 투옥되었으며, 예배당은 정치 계몽소로 변하였고, 다수의 교역자와 신도들은 월남하거나 지하에 숨어 버렸다.[29] 이것이 김순호가 도착했을 당시 신의주의 상황이었다.

일반적으로는 김순호가 신의주 제2교회의 청빙을 받아 신의주로 갔다고 전해진다. 하지만 언제 이동했는지, 누가 청빙한 것인지에 관해서는 명문화된 기록으로 확인할 수 없다. 다만 이동 시기와 관련해서는 평양신학교가 더 이상 제대로 기능할 수 없게 되었을 때로 추정하고 있으며, 1949년 6월 제44회 졸업식 이후라는 설명도 있음을 밝혀 둔다.[30] 그

28　① 우리는 김일성 정부를 지지한다 ② 우리는 남한 정권을 인정치 않는다 ③ 교회는 민중의 지도자가 될 것을 공약한다 ④ 그러므로 교회는 선거에 솔선 참가한다(평북노회사 편찬위원회, 『평북노회사』, 268쪽).
29　기독교연맹에 관해서는 평북노회사 편찬위원회, 『평북노회사』, 266~269쪽 참조.
30　"(김순호는) 1949년 6월 평양신학교 제44회 졸업식에 참석하고 창동교회(채필근 목사 시무)에서 여전도회 주최 사경회를 인도한 후 평양을 떠나 신의주로 갔다"(김남식, 「순교자 김순호 선교사의 삶」, 『기독신보』, 2018.9.29). 앞서 해방후신학교 관련 설명에서도

리고 신의주 제2교회로 가게 된 동기에 관해서는, 신의주 제2교회 전수창 목사[31]에게 청빙을 받아 신의주로 간 것이라는 방지일 목사의 증언이 유력한 실마리가 될 수 있을 것이다.[32]

1940년대 신의주 제2교회 담임목사에 대해서는 한경직 목사와 김관주(1904~1950) 목사가 알려져 있는데, 한 목사는 1933년 신의주 제2교회의 청빙을 받아 1942년까지 담임목사로 사역하였다. 일제는 1942년 미국에서 신학을 공부한 한경직 목사를 미제국주의의 앞잡이라고 비난하며 신의주 제2교회 담임목사에서 해임했다. 한 목사는 그 후 1945년까지 남신의주 보린원 원장으로 봉사하였다. 1945년 해방 이후 신의주자치회

보았듯이 필자가 지금까지 검토한 다른 서술들에서는 1947년 1월 제5대 이성휘 총장 취임 이후 1950년 초 성화신학교와의 강제통합 이전까지 약 3년간의 상황이 공백으로 남아 있다. 따라서 1949년 제44회 졸업식 내용을 확인하는 작업은 추후 과제로 돌릴 수밖에 없었음을 밝힌다.

31 김계용 목사의 회고에 따르면 해방 후에 전수창 목사가 신의주 제2교회에 있었다고 한다 (정의순, 『신의주 하늘에 비쳤던 큰 별 - L.A.영락교회 김계용 목사』, 58쪽).

32 "(김순호는) 목단강교회에 가서 그 교회에서 시무하시면서 전수창 목사와 동사하다가 해방을 맞아 귀국하여 역시 전 목사와 같이 신의주 제2교회에서 동역하였다. 일제의 신사참배 강요로 전 목사는 전신 상태가 여의치 않아 은퇴하셨고 김 선교사도 같은 처지였는데 후에 공산당에 의해 처형당했다"(방지일, 『중국 선교를 회고하며: 방지일 목사 산동 선교 사진집』, 홍성사, 2011, 66쪽). 1937~1938년 김순호 선교사가 전수창 목사가 시무하던 목단강교회에서 동역하였다는 사실은 「조선예수교장로회총회 제27회 회록」, 『대한예수교장로회총회록 7, 제27회-제31회』, 1938, 140쪽 참조.
필자가 지금까지 파악한 자료에 근거하여 김순호의 신의주 관련 행적을 추측해 본다면 다음과 같다.
1. 김순호는 1937~1938년 헤이룽장성 무단장교회에서 전수창 목사와 동역했다.
2. 해방 후 룽징 동산교회와 청진 신암교회에서 사역하다가 평양신학교에 부임했다.
3. 공산 치하에서 평양신학교가 제대로 운영할 수 없게 되자, 김순호는 1949년 6월 평양신학교 제44회 졸업식 이후 신의주 제2교회에서 사역하던 전수창 목사의 초청으로 신의주로 갔다.
4. 신의주에서 전도사 활동을 이어가다 한국전쟁 중에 순교했다.
5. 1950년 11월 초 이권찬 목사가 김순호 선교사의 시신을 확인하고 돌아와 순교 사실을 증언하였다.

와 기독교사회민주당 활동을 하다가 탄압을 피해 월남하여 같은 해 12월 베다니전도교회를 창립하였다.

일본신학교에서 공부한 김관주 목사는 한경직 목사의 초빙을 받고 1937년 신의주 제2교회에 부교역자로 부임했다. 1942년 일제에 의해 한 목사가 강제 해임되자, 김 목사가 담임목사 직을 승계하여 1946년 공산당에 의해 투옥될 때까지 직무를 수행하였다. 석방 이후 신의주에서 목회 활동을 이어갈 수 없었던 김 목사는 1947년 평양의 서문밖교회로 자리를 옮겼다.[33] 그 이후 누가 신의주 제2교회를 주도했는지에 대해서는 아직 공식 기록이 확인되지 않고 있다. 해당 시기에 누가 김순호를 청빙했는지에 대한 설명은 신의주 제2교회 관련 자료들이 보완되는 시점까지 유보하여야 할 것 같다.

앞에서도 언급한 바 있지만 1948년 김순호는 제자들에게 "3·8선을 넘으려면 거짓말을 해야 하는데 아무래도 죽을 거 나는 전도하다 죽으러 북으로 가겠다"라는 말로 거절했다고 한다.[34] 순교할 각오를 하고 선택한 곳이 왜 신의주였는지 현재로서는 명확하게 단언하기 어렵다. 다만 앞에서도 설명했듯이 북한 전역이 기독교인에게 위험했지만, 특히 신의주는 그중에서도 가장 위험한 지역이어서 희생을 각오하고 선택한 것이 아닐지 짐작해 볼 뿐이다. 당시 신의주 제2교회 전도사로 있다가 1950년 8월 월남한 김계용 목사에 따르면, 한국전쟁이 발발하자 상황은 더욱 악화되어 요시찰 인물로 감시받던 교역자와 교회 지도자가 계속 검거, 투옥되었다고 한다.[35]

---

33 한경직 목사 약력은 '추양재단'(www.chuyanghouse.co.kr), 김관주 목사 약력은 '한국기독교100주년기념재단'(www.100thcouncil.com) 참조.
34 주선애, 『장로교 여성사』, 233쪽.
35 "이때는 잡혀갔다고가 아니라 '없어졌다'는 말을 했다. 왜냐하면 잡혀갔다면 사람에 의해

2) 마지막 희생

신의주로 떠날 때 이미 순교할 비장한 각오를 하고 갔던 김순호는 마침내 순교로 생을 마감하였다. 그러나 그는 마지막 순간까지 열성을 가지고 전도하며 그 어려운 여건 속에서도 교회를 크게 부흥시켰다고 한다.[36] 한국전쟁 기간에 순교했다[37]는 이야기가 전해질 뿐[38] 그의 마지막과 관련해서 정확히 기록된 자료는 남아 있지 않다. 다만 인천상륙작전 이후 국군과 유엔군이 압록강 근처까지 진격할 때 신의주에 갔던 이권찬 목사가 그의 순교를 확인하였다고 한다.[39] 순교를 확인한 시기는 1951년 초로 알려졌으나 전쟁 진행 상황으로 미루어 볼 때 1950년 11월 초였을 것

잡혀가는 것을 뜻하지만 없어졌다는 말은 감쪽같이 행방불명되는 것을 말하기 때문이다. (…중략…) 이처럼 요시찰 인물들은 없어지는 것이었다. 그뿐이겠는가. (신석구 목사의 경우처럼) 사건을 조작 '국가정권을 전복시키려는 모함을 하였다'고 하여 연극을 꾸며 그 올가미에 걸리도록 하는 수법도 있었다."(정의순, 『신의주 하늘에 비쳤던 큰 별-L.A. 영락교회 김계용 목사』, 57쪽).

36 순교자기념사업회, 『순교 여교역자』, 26쪽.
37 순교 정황에 대해서는 조금 다른 묘사들이 전해지고 있다. "김 선생님이 새벽기도를 마치고 나오는데 누군가가 그분에게 권총을 쏘아 그 자리에서 즉사하셨다는 가슴 아픈 소식을 전해듣게 되었다."(이연옥, 『향유 가득한 옥합』, 55쪽); "1951년 어느 날 새벽기도에 나와 기도하던 중 몰려든 폭도의 손에 순교했던 것이다."(순교자기념사업회, 『순교 여교역자』, 26~27쪽); "신의주 제2교회 새벽 강단을 지키다가 1951년 몰려든 공산당에 체포되어 순교의 제물이 되었다."(김남식, 「순교자 김순호 선교사의 삶」, 『기독신보』, 2018.9.29).
38 주선애, 『장로교 여성사』, 233쪽; 순교자기념사업회, 『순교 여교역자』, 26~27쪽; 정안덕, 『중국 산동의 "진꾸냥"』, 83~84쪽.
39 이권찬 목사가 전쟁 와중에 신의주에 가서 김순호의 순교를 확인한 일을 글로 기록한 이는 김순호의 평양신학교 제자였던 주선애 교수였다. "그(김순호)는 신의주에 올라가서 전도하다가 순교하셨고 그 시신은 1·4후퇴 때 신의주에 올라가셨던 이권찬 목사가 발견해 장례를 치르셨다고 한다."(주선애, 「한국 교회에 고함/ (9) 죽더라도 거짓은 말자」, 『한국기독공보』, 2003.3.8); "그분(김순호)의 순교는 우리 장로회 선교부 총무였던 이권찬 목사님에 의해 확인되었다. 중공군과 인민군이 북으로 쫓겨 올라갈 때 같이 따라가셨던 이권찬 목사님이 그분의 시체를 직접 보셨다고 증언하셨다"(주선애, 「여전도회 최초 선교사 김순호」, 『한국기독공보』, 2019.4.4).

으로 판단된다. 아마 김순호는 그 직전에 순교하였을 것이다.

김순호 선교사의 순교 시점에 대해서는 주선애 교수의 글에 나오는 "1·4후퇴 때"라는 표현을 근거로 1951년 초로 추정해 왔으나 한국전쟁 진행 과정에 비추어 본다면 조금 조정되어야 할 측면이 있다. 주선애 교수가 쓴 다른 글의 "인민군이 북으로 쫓겨 올라갈 때 따라가셨던"이라는 표현에 주목한다면 인천상륙작전 이후 국군과 유엔군이 북진해서 압록강 근처까지 올라갔던 시기를 의미하기 때문이다. 그렇다면 국군과 유엔군이 신의주에 가장 근접할 수 있었던 시기에 이권찬 목사도 신의주에 접근하였을 것이다. 국군과 유엔군이 북쪽으로 가장 많이 진격했던 시점은 1950년 10월 26일 국군 제6사단 초산 점령, 11월 1일 미 제24사단 정거동(신의주 남방) 점령이고, 이후 중국군의 공세로 철수 국면에 들어가 11월 3일에는 청천강 선으로 후퇴하였다.[40] 이권찬 목사의 행적을 보아도 1950년 12월 5일 '신한위원단' 증언을 위해 서울에 도착한 이후에는 다시 북한으로 돌아가지 못하였으므로 1951년 1월 신의주에 있었을 가능성은 없다고 판단된다.[41] 따라서 이권찬 목사가 신의주에 접근할 수 있었던 시기는 11월 초, 김순호의 순교 시기는 그 직전인 10월 말에서 11월 초였을 가능성이 높다.

전쟁 와중에 위험을 무릅쓰고 김순호의 마지막을 확인한 이권찬 목

---

40 박명림, 「한국전쟁의 전개과정」, 최장집 편, 『한국전쟁 연구』, 태암, 1990, 85~130쪽; 전쟁기념사업회, 『한국전쟁사, 제4권, 낙동강에서 압록강으로』, 380~386쪽, 400쪽; 온창일 외, 『(신판) 한국전쟁사부도』, 황금알, 2021, 110쪽; 국가기록원, 「나라기록 컬렉션- 6·25전쟁-단계별 개관-3단계(1950.10.19~1951.7.9)/ 6·25전쟁 더보기-유엔군 반격 및 북진기」. https:// theme.archoves.go.kr/ next/ 625).

41 이호열, 「함흥 출애굽 사역의 인도자 이권찬」, 숭실인물사편찬위원회, 『인물로 본 숭실 100년』 제2집, 숭실대학교 출판부, 1997, 300~303쪽.

사[42]는 김순호와 중국 룽징에서 함께 사역한 경험이 있었다. 만저우 선교에서 언급했듯이 1942년 10월 동만평생여전도회 회장 김신묵이 직접 지린으로 가서 김순호를 전도회의 유급 총무로 초빙해 왔다. 이때 전도회가 급여의 절반을 지원하고 룽징 중앙교회가 김순호를 '반'전도사로 시무하게 하면서 급여의 나머지 절반을 지원하였다. 그러다 해방 후 동산교회의 전도사 자리가 비자 그곳의 전도사로 옮겨 급여의 절반을 지급받았다. 그래서 김순호가 동만 순회 전도 사역에 수년간 매진할 수 있었던 것이다. 바로 이 동산교회를 1934년부터 이끌어 온 목사가 이권찬이었다. 해방 후부터 귀국하기 전까지 이권찬은 김순호와 같은 교회에서 근무했던 것이다. 결국 동만주 사역의 동지였던 이권찬 목사가 위험을 무릅쓰고 신의주로 가 김순호의 죽음을 확인함으로써 그의 순교가 한국 교회에 알려지게 된 것이다.[43]

한국 해외 선교의 역사에서 여성 선교사 김순호의 위상은 독보적이다. 이후 역사적 평가뿐 아니라 당대의 활약상을 보더라도 그의 굳건한 신앙, 사람을 감화시키는 목회자로서의 탁월한 면모는 남성 교역자들과 나란히 존중받기에 부족함이 없었다.

> 김순호는 교단 총회의 인준과 여전도회 인준을 받은 유일한 선교사였다. 단신의 젊은 여성의 헌신적인 선교 사역은 여성의 목회를 인정받도록 하는 계기가 되었고 여전도회는 해외선교의 큰 몫을 잘 감당한 결실을 보았다.[44]

42　이권찬 목사의 생애에 대해서는 이호열, 「함흥 출애굽 사역의 인도자 이권찬」, 285~307쪽 참조.
43　정안덕, 『중국 산동의 "진꾸냥"』, 105~106쪽.
44　『매일종교신문』, 2010.8.29(설충수, 『방지일과 산동선교』, 121쪽에서 재인용).

이러한 성과는 모두 김순호의 온 삶을 건 희생적 봉사의 결실이었다. 그는 그의 사랑을 다해 교회와 이웃을 섬겼다. 그는 때때로 주위 사람들에게 결혼하라는 권고를 받기도 했다. 그 시대에 독신 여성이란 참으로 낯설고 어려운 길이었을 것이다. 그러나 조카 김병숙에게 "나는 주의 제물이야"라고 하면서 생각을 정리하였다고 한다.[45] 그는 이웃을 향한 사랑에 평생 헌신하기로 결심했던 것이다.

김순호와 같은 황해도 재령 출신으로 가까이 지냈던 강학린[46] 목사의 딸 강봉은에게는 "내가 결혼했더라면 선교사 노릇을 못 했을 거야. 나는 선교사가 된 것, 이보다 더 기쁜 일은 없어"라는 소회를 남겼다고 한다.[47] 고난의 길을 기쁘게 받아들인 그는 시간의 흐름에도 퇴색되지 않은 채 굳건한 믿음과 헌신적 사랑으로 채워진 삶의 고결함을 보여주는 상징으로 남아 있다.

---

45   순교자기념사업회, 『순교 여교역자』, 25쪽.
46   강학린(姜鶴麟, 1885~1937). 앞의 3장에서도 언급했듯이, 강학린은 김순호가 성진 보신여학교에서 복무하고 있었을 것으로 추정되는 1922년 말 성진교회 전임목사로 부임하였음을 확인할 수 있는데, 이때 함께 활동했을 가능성이 높다. 또한 1932년 제21회 총회록에서 외국전도부 사무국원으로 이름을 올리고 있어 당시 산동 선교사로 활동하고 있던 김순호와 업무상으로도 연결되어 있었을 가능성을 시사한다(「조선예수교장로회총회 제21회 회록」, 『대한예수교장로회총회록 5, 제19회-제22회』, 1932, 40쪽). 참고로 총회에서 산동 선교 상황을 보고하는 부서는 외국전도부였다.
47   순교자기념사업회, 『순교 여교역자』, 26쪽.

부 록

1919년 훈정동 종묘 만세시위 판결문*

---

* 강영심, 『독립운동가 간호사 74년』, 대한간호협회, 2021, 348~352쪽.

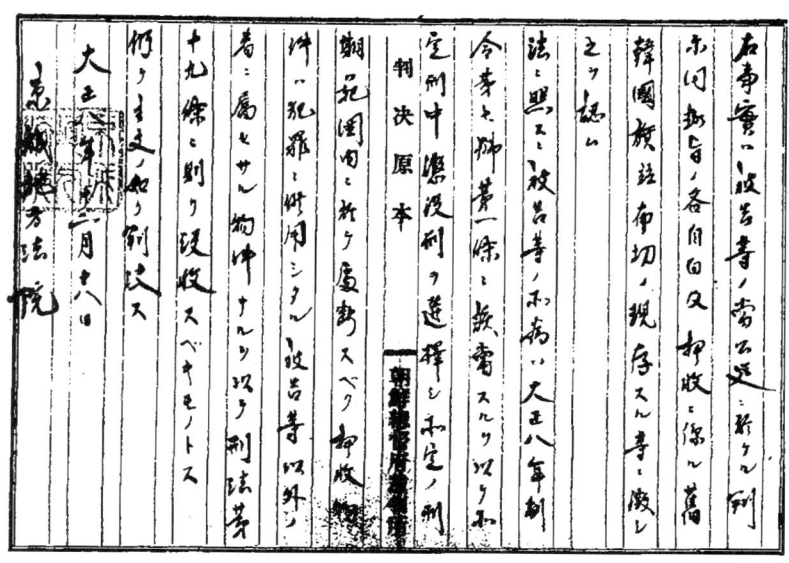

通世富蘭思病院内居住看護婦見習

李道信

五月十五日生 十九年

載寧郡載寧面鄕校

里百番地生籍 當時京城府南大門

通世富蘭思病院内居住看護婦

金孝順

七月二十二日生 十八年

判決原本

朝鮮總督府裁判所

右者ニ對スル保安法違反被告事件ニ

付朝鮮總督府檢事玉名友彦立會

審理判決スルコト左ノ如シ

主文

被告等ヲ各懲役六月ニ處ス

押收物件ハ之ヲ沒收ス

0811

理由

被告等ハ孰レモ朝鮮ノ獨立ヲ翹望

シ居ル者ナル處大正八年十二月二日京

城府薰井洞大廟前ニ多衆聚合シ

朝鮮獨立示威運動ノ擧アルコトヲ

聞知スルヤ之レニ參加シ贊意ヲ表セ

ントシ欲シ同日午後七時頃右場所ヘ行

判決原本

朝鮮總督府裁判所

人家稠密セル右大廟前ニ到リ被告

李道信ハ舊韓國旗（第一號證）ヲ被

告金孝順ハ朝鮮獨立萬歲ト墨書

セル布切（第二號證）ヲ各打振リナガラ

同運動ノ為集合シタル二十餘名ノ為

ト共ニ朝鮮獨立萬歲ヲ唱和シ以

テ治安ヲ妨害シタルモノナリ

0812

최봉춘의 김순호 전도사 회고시

장티푸스[1]

싸락눈 뜨락에 소복이 쌓이고
도랑물 얼음 속을 기어오는데
새어머니는 스무 날이나 곡기를 끊고
물만 마시고 설사만 하셨고
장질부사란 병에 걸렸다 하오
열 오르고 헛소리하오
얼음 위에 어머니 걸네 내려놓고
빨랫방망이로 얼음 깨고
도랑물에 걸레 담가 헹구면
손 시리고 발 시리고

시린 손 입김 불어 녹이노라면
김순호 전도사님 다가오시고
나 대신 걸레 빨아 주시고
엄마처럼 안아 주시고
품에 안고 눈물 닦아 주셨소.

---

1 최봉춘, 『눈물로 씨를 뿌리는 자』, 77쪽.

신여성[2]

김순호 전도사님
당신은 진정 천사였소
처녀 나이 열여덟이면 환갑이라 했던 그 시절
처녀 나이 삼십
사람들은 처녀 할머니라며 걱정했고

남자들도 글 읽고 쓸 줄 아는 분을
보기 쉽지 않은 시골 장터에
여자가 일본 유학을 했소

신여성이란 티를 안 내셨소
당신 발엔 가죽 구두도 없소
검정 고무신 검은 통치마
웃음 띤 얼굴엔 화장기 없고
무명 두루마기
주걱턱도 돋보였소
약간 쉰 듯한 그 음성
성경 얘기 재미있게
감동으로 심어 주셨소

---

2 최봉춘, 『눈물로 씨를 뿌리는 자』, 78쪽.

들어서 배운 것[3]

성경책 펴놓고 읽으려 해도
글자를 몰라 읽을 수 없고
찬송가를 펴놓고 부르려 해도
곡조도 가사도 막히는 것을

손 모아 눈 감고 기도했소
기억하고 익힐 수 있게 해주시라고

간절히 믿고 기도했소
잘 때도 가슴 위에 손끝으로 써보았소
하나님이 세상을 이처럼 사랑하사 독생자를 주셨으니
김순호 전도사님께 배운 것

---

3   최봉춘, 『눈물로 씨를 뿌리는 자』, 79쪽.

새벽기도[4]

당신이 무척 보고 싶어
당신네 집 대문 밖에서
시린 발을 구르면서 기다렸소

대문 밖에 당신 나오시면
아닌 듯 돌아섰소

교회에 새벽 조용한 시간
당신이 기도하는 습관을 알고 있었소
숨소리 발소리 죽여가며
당신 곁에 다가앉았소

떨리는 울음 섞인 기도 음성이
포근히 나를 안심시키던 당신
언제까지든 같이 있고 싶던 당신

---

[4] 최봉춘, 『눈물로 씨를 뿌리는 자』, 80쪽.

내가 크면[5]

하나님께 기도했소
크면 김순호 전도사님
똑 닮게 해주시라고
한국 여자로는
선교사로 처음 선택되어
중국으로 떠나셨소
중국으로 떠나신 후 소식이 끊기었소

보고 싶소
목이 타게 불러 보오
당신이 내 엄마라면
열 번 백번 생각했소

하나님을 만나는 곳 교회당
오늘도 텅 빈 교회에 와서
무릎 꿇어 기도했소
하나님께 마음으로
뭐라고 기도했는지
당신은 모르시죠
내가 크면 김순호 전도사같이
훌륭한 여자가 되게 해달라고

---

5 최봉춘, 『눈물로 씨를 뿌리는 자』, 81쪽.

입학[6]

1929년
교회에 나간 지도 2년이 지났고
성탄절도 두 번을 지냈소
성경과 찬송을 손가락으로 짚어 가며
열심히 글을 릭혀 읽고 쓰오

오늘도 삼일 기도회
김순호 전도사님 옆에 앉았소
황 장로님과 김 전도사님
무엇인가 조용조용
두 분만의 말씀 오고 가오
황 장로님은 유년주일학교 부장이시고
사립 보통학교 선생님이시오

황 장로님 나를 불러
새 학기에 입학할 수 있게
알선해 주신다고 하오

황 선생님은 내 나이 많다 하여
이학년에 편입시켜 주었소

---

6 최봉춘, 『눈물로 씨를 뿌리는 자』, 82~83쪽.

학생이 되어 학교에 다닐 수 있다는 것
온 세상을 얻듯 기뻤소

황 선생님은 선생님들 쓰시던
교과서 공책 연필 같은
학용품 일습을 싸주셨소

책 보따리[7]

1929년 4월 1일
실개천 버들강아지 한들한들
둑을 걸어 발걸음도 가볍게
학생이 되어 학교로 향했소
소중한 책 보따리 허리에 띠고
용감하게 교문을 들어섰소
가장 기쁜 날이 되어
기억에 남는 날이었소

우리 반 학생은 전부 칠십이 명
남학생이 육십 명 여자는 열두 명
여자 책상은 두 명짜리 여섯
내 책상은 뒤에서부터 세 번째
이 학교는 육 학년에 육 학급
장가간 남학생도 있소

---

7 최봉춘, 『눈물로 씨를 뿌리는 자』, 84쪽.

반장[8]

이 학교는 예수 믿는 사립학교
아침마다 짤막이 예배 보고 시작하오
교회에 나가지 않는 선생님은 한 분도 안 계시오
선생님들께서는 아침마다 돌아가시며
성경 읽으시고 기도하셨소
때로는 학생 대표로 기도를 내게 시키셨소
이래서 전교생 중 나를 모르는 학생은 없소
삼학년이 되면서 반장 선거에 내가 당선되었소

---

8 최봉춘, 『눈물로 씨를 뿌리는 자』, 85쪽.

김순호가 박용길에게 보낸 서신들*

김순호 선교사가 박용길 후배에게 보낸 서신들은 문익환-박용길 결혼에 관한 사연을 담고 있다. 정안덕 박사는 이 서신을 보고 다음과 같은 감상을 남겼다.

> 잉크 펜으로 쓴 김순호 선교사님의 "친필", 참으로 진본珍本이요 고본孤本이었다! 입수된 편지를 자세히 들여다보니 상하로 내려쓴 달필의 옛 한글 필체에는 선교사의 기백과 힘이 흐르고 있으나, 연하 동창생에게 쓴 것이었지만 시종 공손하여 예절을 범치 않고도, 논리정연하여 대단히 설복력 있게 권면한 조선 신新여성의 글이었으니, 세 통 편지의 내용은 결국 하나였다. 익환의 건강 문제를 염려한 박용길 부모님의 혼인 반대에 부딪히자, 아예 평양으로 전도사 직이라도 구해 몸도 마음도 집을 떠나자고 짐을 꾸려 준비하고 있던 서울 사는 동창생 "용길씨"에게, 만주 용정의 본 교회 목사님 큰아들 "익환군"을 향해 부디 마음을 정하라는 일종의 "결혼추천서"였던 것이다.

서신이 작성된 날짜는 1943년 12월 24일과 3월 27일 그리고 5월 9일이다. 3월과 5월 서신에는 연도가 표기되지 않았으나 내용상 연결성이 보여 1944년에 작성된 것으로 추정된다. 참고로 문재린 목사의 큰아들 문익환과 박용길은 1944년 6월 17일 경성 안동교회에서 혼례를 올렸다. 당시 김순호는 용정에서 동만평생여전도회 총무와 중앙교회(담임목사 문재린) 전도사 직을 병행하고 있었다.

---

* 서신에 대한 소개는 정안덕, 『중국 산동의 "진꾸냥"』, 107~109쪽의 내용을 빌려 왔다. 여기에 수록된 서신 원본은 모두 (사)늦봄문익환기념사업회가 제공한 것이다.

1943년 12월 24일자 편지*

용길씨,

오랫만에 글을 씁니다. 늘~ 애신 선생의게서 소식은 들었오이다. 주님 뜻대로 속히 일우워지기를 바라면서 기다립니다.

이곳 문 목사댁으로 말하면, 가문도 좋고 생활도 교역자치고는 그다지 곤난치 않은 모양이며, 덕이 잇는 집이올시다. 건강은 모다 건강합니다. 내가 작년 시월에 이곧 왓는데 별 노병老病으로 고생하는 것을 보지 못했읍니다. 익환시는 말치 않아도 잘~ 알고 있으닛간 별 문제 없고요.

그런데 문 목사님 말슴이 오래 끌~ 필요 없이 속히 결단함이 좋겟다구 하십니다. 이쪽에서는 여러 가지 관계상 속히 결혼해야겟는데, 용길씨가 익환군과 꼭 결혼할 마음 있고 또 그곳 부모들이 협의적으로 될 수 잇다면, 이끝서는 찬성하신다고 하두만요. 물논 용길씨는 원하는 줄 알지만, 부형父兄들의 쾌락快諾 여부를 듯고서 속히 알녀 달나구 하십데다.

웨 그새 몸이 약해졌읍니가? 문 목사님은 용길이가 그다지 건강해 뵈이지 않드라고 하시두만요. 집에서 일 없이 있기 얼마나 갑갑하셌오있가? 웨 교회 일 좀 보도록 하지요? 이곧 만주에서도 여전도사 청빙처가 많읍니다.

하여튼 문씨 댁에 대하야 약혼 허락을 속히 알녀워 주시오.

오늘은 이것으로 끝입니다.

강덕 10년 (1943) 12월 24일 (주 탄일에 복 많이 받으소서)
김순호

---

* 정안덕, 『중국 산동의 "진꾸냥"』, 112쪽, 복원본.

용길씨.

오래간만에 글을 씁니다. 그- 새신선생
그에게서 소식을 들었습니다. 주님 덧대로 속히의 일부처지를
바라면서 기다립니다.

이곳 문부사택으로 받하면
그다지 튼튼치 못한 몸이매 덕이 있을시 피택자 같은는
모다지 튼튼치 못한 몸이매 덕이 있을시, 건강은
그다지 튼튼치 못한 몸이매 덕이 있을시, 주님
하는 것을 보기를 잇치 아니합니다. 받지는 못할지라고
있으나 간혹 몸이 편치 안어도
그던데 문부사님이 오래 글도 없이 속히
함이 좋건만 하심잇가 여러가지 궁금하고
걱정 하여 심니다. 몸건강 하시고 꼭 만族의 일로 결단
정말 어야하는 오날에 익숙 名하 하셨性하여
또 그 못지 아니하면 할 수 있는 시름 하는 찬성함다.
다르지 못합니다. 물론 용길씨는 오늘만 몸들이
敗誌好일을 즐겨 속 우리에 덧나다 주하심니다.

위 그새 몸이 아해 쟜습누가 문부사님도 옵길이가 그다지
건강해피이 가않음하니 하심부탁은
집에서 일본 주에서 있기 말나 감음 하겠오기
최지못 이곳 만주에서도 전도사 칠병처가 되었습나.
하여든 분씨 떨에 前에 있어온 허락을 주시옵기
오늘은 이것으로 끚합니다.

그주한일에 몸이 쌓이어만으소서

강덕十二年二月二十四日
金禎好

3월 27일자 편지*

사랑하는 용길씨,

오래동안 보지 못한고로 그래 엇덯게 변천되였는지 한번 보고 싶소이다. 그 언제인지 한번 편지 했더니 받았으리다. 그리고 월전에 평양서 보낸 재미있는 엽서는 반가히 보았오이다. 동창들이 그립소이다.

평양서 교회 일 보면 맛날 기회가 있을까~ 했으며, 집에서 조급히 고민하는 것보다는 교역에 취미 붙이고 기회 기다림이 좋겠다고 깁버햇더니 왜 상경했음니가? 귀한 시기를 소비하고 있음을 유감으로 역임니다. 만주에도 전도사를 많이 청하는데, 일할 것은 많은데요. 멀리 원정遠程 출발노 만주로 오구려.

그리고 문원생과에 결혼 문제는 언제까지 밀우고 끌냄니가? 건강하야 방금 교역에 나선 사람을 신약身弱하다고 념녀한다면 좀 답답히 생각됨니다. 이곳 문 목사님 옆에서는 아무 다른 생각 없이 용길의게서 대답 오기만 고대합니다. 반대는 도모지 없읍니다. 그 옆 조모님은 어서 서울서 소식 오게 해달나고 대찬성입니다. 만일 용길 씨가 우리를 신용한다면, 이것을 진실한 말로 인증할 것이올시다. 이 옆에서는 대단히 용길씨의 용감한 행사 곳 허혼許婚을 고대하고 있으며 이번 김애신 선생이 조선 갔다가 평양서 꼭 용길씨를 맛날냐고 했는데 상경했음으로 못 보고 올 것입니다.

왠만침, 아니 그만침 2인의 이상理想이 맞고, 또 하지 안으면 안 될 의향들이라면 속히 결단하지요. 기도 많이 하시면 부친끠서도 량해하오리다.

일부러라도 나가야 좋겟다면 나가든지, 용길씨가 한번 입만入滿하든지 하십시오. 모친의 유언은 문제 없지 안습니가? 건강하시닛가요. 만일 속히 과단過斷할 마음 없드든, 이곳으로 교회일 보러 들어오십시오. 길림교회와 도문교회에 전도사 청빙합니다. 속히 알녀워 주옵소서. 십여 일 후에 이곳서 여성경학원 개학합니다. 한가하시거든 와서 좀 갗이 수고해주시요. 4월 10일~ 5월 19일. 중앙교회에서.

3월 27일, 김순호

---

* 정안덕, 『중국 산동의 "진꾸냥"』, 112쪽, 복원본.

사랑하는 용길이

오래 동안 불리치 못한고로 그새 얼마나 기대리엿나뇌지 한번 보고 실혼다. 그런제만 지난 번에 편지 받다가 받는곳 몰나 보낸지가 좀 오래며 재미 잇슬가 하는 곳을 몰나 부치지 못하얏다. 음력설 전에 김해 가는 것도 또 보지 못하얏다. 아조 遠程까지 왓다가 김해 못 간것은 섭섭하게 되얏다만 뵐슈 업시 그리 되얏다. 그 사이에 귀한 小鹿를 어덧는지 大端히 반갑고 축하한다. 이에 먼저 축하하고 반갑다는 인사를 보낸다. 旅役에 너무 苦生할 때에 뭇지 안는 것이 未安하나 이번에는 괴이여 반가히 소식 전하며 紀念하여 두기 위하야 몃줄을 써 보낸다.

이후로 만일 용길이가 서울로 信用 얻거다면 이것 주진선하게 받은 돈을 그 中에셔 二十圓만 보낼것이니 이것에셔 十圓만은 金濟信 군에 주고 그 나머지는 너이 金濟信 군의 音信이 있는가. 그 아오는 언제나 한번 맛나 보앗스면 한다. 제信이 음 ... 너는 어듸 잇는지 아는가. 잘 웃는다. 기도 안되고 하도 소식 몰나 오래 가다가 한번 알어 드린즉 二人의 祖母씌서 도라가셧다 하니 그 까닭에 오래 소식 몰낫든 것을 알게 되얏다. 또 그 뒤에는 또 音信이 업는가 本來 어서 오는 사람 잇스면 여러 친구의 안부 를 소식 드릴 수 잇든 것이 지금은 발셔 소식 드를 길이 긋쳐졋고 내가 바로 便紙하랴 하니 너무 繁忙하여 暫時之 閑이 업다 그래셔 便紙하야 둘지 하얏슬 뿐 뿐더러 나의 住所가 이상 便利 不便 한 곳이라는 것도 또 遲延하 는 原因이다. 이러게 하얏지만 한 편이 되는 때 너한 테 金漢信 군에 十圓으로라도 보내다고 한다 그리 그 친구를 아직 만나지 못하는 때에도 너와 金漢信 군에 便紙하라하는 것이엿다. 먼저 이러케 便紙하 게 되는 것이 可幸이다. 다 만일 너의 住所를 찻지 못하야 이 便紙를 너한테 보내지 못한다면 漢信이한테 너의 곳을 알려 주어도 漢信이가 너와 便紙하고 잇 는가는 나도 十分 自信이 업는 터이다. 대뎌 이것을 맛당히 하게 되기를 바란다 그러면 이 편지가 一擧兩得이 되는 것이라고 한다.

四月 十九日 저녁 열시에 잠못자며

三月 二十七日 金漢好

5월 9일자 편지*

사랑하는 용길씨,

보내준 편지는 즉시 받았으나, 학원 일이 분주하야, 이처럼 늦었오이다. 우리 학원은 40일인데, 십여 일이면 마칩니다.

그런데 편지 내용은 잘 알고 감사합니다. 춘부장께서도 호전하셔서, 건강문제로만 염려하신다고 하닛간, 일은 쉽게 되리라고 해서 깁어합니다. 건강에 대해서는, 방금 문 선생이 교역敎役 중이닛간 다시 재론할 문제 없은즉, 속히 결정될 방침을 연구합세다. 문군이 (부모 반대와 타 처녀 운운)은 그때보다 일이 순조로 되지 않으닛간 갑갑해서 말한 것뿐이고, 그 후 무슨 다른 것이 일절 없었오이다. 이곳 부모들은 용길의 용감 결단을 고대하고 있는 것은 거짓 없는 사실이외다.

그러면 문군이 그 부친을 모실 출거出去 결정함이 좋겠오이다. 이렇게 어렵게 됨이 후일에 더 좋은 큰 진리를 발견할 가름이 되며 소실같이 되기 바랍니다. 천정天定은 난위難違입니다.** 주 뜻대로 되어지이다.

그러면 속히 결정지으시요. 나온다면 나가도록 하겠으니 알리워 주시리다.

5월 9일
김순호

---

*　정안덕, 『중국 산동의 "진꾸냥"』, 112쪽, 복원본.
**　하늘이 정한 뜻을 거스를 수 없다는 뜻.

사랑하는 容浩氏.

보내 준 편지는 卽時 받았으나 療養院일에 몹시
바빠 이처름 늦었오이다. 우리 학교은 四十日 만에 十여일 이며 맛났오이다.
그 년래 편지 내용은 잘 알 갓으며, 춘부장 께서도 好轉 하시어서
건강 문제 로만 남여 있은 다고 하니 일은 참께 깃버 하라드레서 감사하오.
건강 에 대해서는 方今 文先生 이 敎練 中 이 있 으니 대략 기 재로 된 분제
없을 것이 速히 쾌유 될 方針 을 만후 하캄새라. 大君 이 있 外에 만 있어 씨 처해
后이 오. 그 다음 일이 순조 로 되지 양. 지 금 강 께서 심란한 것 밖이
그 후부 대 톤장 이 一 매음 없 오이다. 이 웃父 母 등 도 츰츰의 옳감
결판 을 바는 것도 거 즛 겸 은 거 짓 같은 사실이 라.
그려면 大君 이고 부 친 은 모실 出 去 求知 할 시 줄
여념 께 됨 이 後 일 에 너 졸 을 큰 잔 아내 만 걸 갓 스 기 되메
민부터. 大孝 은 難因 이오다. 초등 에로 되 여 지 이 다. 小說 갇이 되기
그려면 속히 결정 지으심 로 나 왔 맘 내가로 갔 겠으니 받 니 려 주시 옵 소

五月 九日에
金 隆 야

김순호 연보

1902년 7월 23일	황해도 재령 출생
1904년	황해도 재령을 미국 북장로교 선교지부로 선정
1906년 5월 1일	헌트(Wiliam B. Hunt), 쿤스(Edwin W. Koons), 화이팅(Harry C. Whiting, 황호리), 샤프(Charles E. Sharp) 등의 선교사가 황해도 재령 선교지부에서 사역 시작
연도 미상	재령 명신학교 졸업
1916년 4월	정신여학교 입학
1919년 3월 5일	3·1운동 참가
1919년 3월	정신여학교 휴교 후 세브란스병원간호부양성소 입학
1919년 12월 2일	훈정동 종묘 만세사건에 참여
1919년 12월 18일	만세사건으로 징역 6개월 언도, 서대문감옥 복역
1920년 4월 28일	영친왕 은의 혼례로 은면恩免 출옥
1920년 9월	정신여학교 복교
1921년 3월 25일	정신여학교 제13회 졸업
1921년 4월~1924년 3월	황해도 신천 경신학교 교원
	함경북도 성진 보신여학교 교원
1924년 4월	요코하마공립여자신학교 입학 추정
1927년 6월	요코하마공립여자신학교 졸업 추정
1927년 6월 이후	황해도 재령 동부교회 전도사 시무 시작(4년간)
1930년 9월 10~12일	조선예수교장로회 여전도총회 제3회 총회에서 중국 산동 여성 선교사 파견 결정
1931년 3월	『기독신보』에 중화민국 산동 여선교사 지원자 모집 공고
1931년 9월 9일	『기독신보』에 김순호 선교사 파송 결정 보도
1931년 9월 11일	조선예수교장로회 여전도총회 제4회 총회에서 김순호 선교사 파송예배
1931년 10월	산동성 라이양 도착, 어학 공부 시작

1932년 9월~1933년 4월	베이징에서 어학 수련
1933년 4월~1934년 8월	산둥 복귀 후 선교 준비 작업
1934년 8월~1936년 8월	산둥 선교 활동—순회설교, 부흥회, 사경회, 도리반 지도
1934~1935년	라이양 조선선교사회 서기로 선임
1935년	중국 라이양노회 회계로 선임
1936년 8월	안식년 맞아 귀국
1936년 9월 8일	조선예수교장로회 여전도총회 제9회 총회에서 선교사 환영회
1936년 9월 10일	조선예수교장로회총회 제25회 총회에서 전도 상황 보고, '여전도주일' 제정에 기여
1936년 9월~1937년	전국 순회 선교 보고
1937~1938년 시기 미상(1937년 10월 이후 ~ 1938년 봄으로 추정)	중국 무단장牧丹江교회(담임목사 전수창)에 파견
1938년 시기 미상(봄~여름으로 추정)	일본 요코하마공립여자신학교 3개월간 연수
1938년 10월 17일	중국 칭다오靑島에 도착, 선교 활동 재개—타이핑춘太平村교회 도리반 지도, 조선인교회 조직 및 부인사경회 인도
1938년 11월	칭다오 선교구 신설
1939년 9월 12일	조선예수교장로회 여전도총회 제11회 총회에서 시국 상황을 이유로 김순호 소환, 귀국
1939년 12월	산둥선교회 소속 선교사 자격으로 만저우 선교 파견
1941년	만저우선교회 소속으로 전환
1941년 7월	만주국 민생부의 정책에 따라 만저우선교회가 만주기독연합회에 정식 가입하면서 본국 교회와의 관계는 1942년 2월에 종료하는 것으로 결정
1941년 11월	조선예수교장로회총회 제30회 총회에서 만저우 선교 사업과 조선예수교장로회총회의 관계를 1942년 2월 이후 단절하기로 결의

1942년 9월	조선예수교장로회 여전도총회 제12회 총회에서 선교사 사직 청원 수리. 김순호의 개인적 선교를 1년 연장하되 선교활동비 1년 예산 1200원 중 200원은 여전도총회가 지원하고 1000원은 김순호가 선교 활동에서 저축한 비용으로 충당하기로 결정. 평양신학교에 여자신학부를 신설하기로 하고 신학부 이사로 김순호, 김마리아, 류안심, 배명진, 리순남 선출
1942년 10월~1945년 시기 미상 (1942년 가을~해방으로 추정)	동만평생여전도회 회장 김신묵이 평생여전도회 총무로 초빙. 총무 활동과 룽징 龍井 중앙교회(담임목사 문재린) 전도사 활동 병행
1945년 해방 이후	룽징 동산교회(담임목사 이권찬) 전도사로 활동
시기 미상	귀국 후 함경도 청진의 신암교회 전도사로 사역
1946~1949년 시기 미상(1947~1948년 기간은 제자들의 회고로 확인)	'해방후 평양신학교'에 여성신학부 교수 겸 여학생 기숙사 사감으로 복무
1948~1949년 시기 미상(1949년 6월 이후로 추정)	신의주 제2교회(추정) 전도사로 부임
1950년 시기 미상(10월 말~11월 초 추정)	신의주에서 김순호 순교
1950년 시기 미상(11월 초 추정)	이권찬 목사가 신의주에서 김순호의 순교 확인
1969년 4월 3일	순교자기념사업회 '순교 여교역자 추모예배'를 서소문교회에서 시작
1975년	순교자기념사업회, 『순교 여교역자』 출판–김경순 전도사, 김순호 전도사, 백인숙 전도사, 장수은 전도사, 한의정 복음사 수록
2015년	독립유공자 대통령표창(3·1운동 참가)
2018년	장로회신학대학교 '김순호기념 여학생관' 봉헌
2022년	『중국 산동의 "진꾸냥"』(정안덕) 출간
2025년	『한국 최초의 여성 선교사, 김순호』 출간

김순호기념 여학생관
2018년 3월 6일 장로교신학대학에
최초의 여선교사 김순호를 기리기 위한
김순호기념 여학생관이 준공되었다.

사진 출처

산둥 선교 시절 한족 복장을 한 김순호 선교사 : 방지일, 『중국 선교를 회고하며 : 방지일 목사 산둥선교 사진집』, 홍성사, 2011, 75쪽.
김순호 소묘 : 중국과학원 안영희, 1995 (정안덕, 『중국 산둥의 "진꾸냥"』, 2022).

1부 기독교 터전에서 성장하다
선교사 헌트 : 내한선교사사전 편찬위원회, 『내한선교사사전』, 한국기독교역사연구소, 2022, 1319쪽.
선교사 쿤스 : 『내한선교사사전』, 1088쪽.
선교사 샤프 : 『내한선교사사전』, 615쪽.
선교사 맥큔 : 『내한선교사사전』, 328쪽.
해방 전 명신고등여학교와 해방 직전 명신고등학교 : 군지편찬위원회 편, 『재령군지』, 경인문화사, 1999.
정신여학당 교장 헤이든과 교사 도티(1890) : 「조선 여성을 미국식 숙녀가 아닌 하나님 백성으로 기른 왐볼드」, 『기독일보』, 2020.11.24.
정신여학교 세브란스관 : 김영삼, 『정신 75년사』, 정신여자중학교, 1962, 151쪽.
교장 마고 루이스 : 『정신 75년사』, 199쪽.
부교장 릴리안 딘 : 『정신 75년사』, 183쪽.
교사 신마리아 : 『정신 75년사』, 75쪽.
교사 김원근 : 『정신 75년사』, 155쪽.
교사 김필례 : 정신여자중학교 소장
정신여자중·고등학교 교목 회화나무(2024년 12월 철거) : 정신여자중·고등학교 동창회 편찬위원회, 『정신여자중·고등학교 동창회 역사』, 정신여자중·고등학교 동창회, 1984.
교사 장선희 : 공훈전자사료관
교사 김마리아 : 「한국기독역사여행 : 노예, 여자 해방…'해방의 복음'으로 일제에 맞서다」, 『국민일보』, 2020.8.21.
동문 이아주 : 공훈전자사료관
동문 방순희 : 공훈전자사료관

만세사건 재판 : 『매일신보』, 1919.12.20. 대한민국 신문 아카이브.

만세사건 재판 항소 : 『매일신보』, 1919.12.29. 대한민국 신문 아카이브.

일제 감시 대상 인물 카드(김순호 수형자 신상표, 1919, 서대문감옥) : 국사편찬위원회, 한국사데이터베이스, 한국근대사료 DB, 일제감시대상인물카드(https://db.histoty.go.kr/modern/ia/detail.do)

동문 이도신 수형 당시 사진 : 공훈전자사료관

동문 노순경의 신상카드 : 공훈전자사료관

선교사 그리어슨 : 『내한선교사사전』, 54쪽.

평양여자고등성경학교 요람 표지 : 한국기독교역사연구소 소장

평양여자고등성경학교 요람 영문 표지 : 한국기독교역사연구소 소장

요코하마공립여자신학교 교사(1931) : 횡빈공립학원중학교고등학교(橫浜共立學園中學校高等學校) https://kig.ed.jp/history

요코하마공립여자신학교 전경(1932) : 횡빈공립학원중학교고등학교(橫浜共立學園中學校校高等學校) https://kig.ed.jp/history

2부 선교에서 순교까지

산둥 선교 시절(1934) : 『기독공보』, 1955.5.9.

산둥 선교 시절(연도미상) : 『기독공보』, 1981.1.3.

산둥 선교 시절 한족 복장을 한 김순호 선교사 : 방지일, 『중국 선교를 회고하며 : 방지일 목사 산둥선교 사진집』, 홍성사, 2011, 75쪽.

방지일 선교사 가족과 함께한 김순호 선교사(연도미상) : 대한예수교장로회 여전도회 전국연합회, 『사진으로 보는 여전도회 100년사』, 인문당, 1984, 79쪽.

산둥 선교사들(연도미상) : 방지일, 『중국 선교를 회고하며 : 방지일 목사 산둥선교 사진집』, 홍성사, 2011, 67쪽.

박상순 목사 안식년 회국 기념(1935.7.5) : 방지일, 『중국 선교를 회고하며 : 방지일 목사 산둥선교 사진집』, 홍성사, 2011, 60쪽.

산둥 여선교사 공고 : 『기독신보』, 1931.3.4, 3.11, 3.18, 3.25 총 4회 게재

조선예수교장로회 여전도총회 제4회 총회(1931) : 대한예수교장로회 여전도회전국연합회, 역사, 역대총회 (www.pckw.or.kr)

장수산 : 군지편찬위원회 편, 『재령군지』, 경인문화사, 1999.

지모 도리반 : 방지일, 『중국 선교를 회고하며 : 방지일 목사 산둥선교 사진집』, 홍성사, 2011, 44쪽.

조선예수교장로회 여전도총회 제9회 총회 : 대한예수교장로회 여전도회전국연합회, 역사, 역대 총회(www.pckw.or.kr)
산둥 선교 보고 순회 강연(1936) : 『한국기독공보』, 2008.5.31.
1937년 전주 남장로교 선교사 매티 테이트(최마태)와 함께 : 『한국기독공보』 2023.10. 5.
순교 여교역자 기념사업 팸플릿 표지(1970) : (사)늦봄문익환기념사업회 제공
『순교 여교역자』 표지(1975) : (사)늦봄문익환기념사업회 제공
제1회 추모예배 순서지(1969) : (사)늦봄문익환기념사업회 제공
제10회 추모예배 초청장(1978) : (사)늦봄문익환기념사업회 제공
추모예배 영정(연도미상) : (사)늦봄문익환기념사업회 제공
칭다오 한국인 교회 : 방지일, 『중국 선교를 회고하며 : 방지일 목사 산동선교 사진집』, 홍성사, 2011, 254쪽.
방지일·최혁주 파송 기념 총회 선교위원들과 함께(1937.3.) : 방지일, 『중국 선교를 회고하며 : 방지일 목사 산동선교 사진집』, 홍성사, 2011, 81쪽.
쌍양 도리반과 김순호 선교사(1942.3.15) : (사)늦봄문익환기념사업회 제공
동만여성서학원 졸업기념(1941) : (사)늦봄문익환기념사업회 제공
동만평생여전도회. 1940년대 룽징 : (사)늦봄문익환기념사업회 제공
동만평생여전도회 지방회 창립 10주년 기념식(1941.5.6) : (사)늦봄문익환기념사업회 제공
룽징 중앙교회에서 전도사로 함께 일했던 김애신과 김순호 : (사)늦봄문익환기념사업회 제공
평양신학교 1학년 학생들과(1948) : 이연옥, 『향유 가득한 옥합』, 두란노서원, 2011, 51쪽.
평양신학교 남녀 학우 대보산 탐승 기념(1948) : 이연옥, 『향유 가득한 옥합』, 두란노서원, 2011, 56쪽.
평양여자신학교 기숙생 일동(1948) : 이연옥, 「향유 가득한 옥합 8」, 『한국기독공보』, 2012. 3. 10.
제자 조순덕과 이연옥 : 이연옥, 『향유 가득한 옥합』, 두란노서원, 2011, 63쪽.
교단 창립 100주년 기념예배에서 교회교육 부문 공로패를 받고 있는 주선애와 평신도 부문 공로패를 받은 이연옥 : 『한국기독공보』, 2012.9.29.

부록

김순호 선교사 : 대한예수교장로회 여전도회전국연합회, 『사진으로 보는 여전도회 100년사』, 인문당, 1984.

참고문헌

【사료】

『기독신보』
『매일신보』
『조선일보』
『한국기독공보』

『대한예수교장로회총회록 2, 제1회-제8회』, 1912~1919.
『대한예수교장로회총회록 3, 제9회-제13회』, 1920~1924.
『대한예수교장로회총회록 4, 제14회-제18회』, 1925~1929.
『대한예수교장로회총회록 5, 제19회-제22회』, 1930~1933.
『대한예수교장로회총회록 6, 제23회-제26회』, 1934~1937.
『대한예수교장로회총회록 7, 제27회-제31회』, 1938~1943.
『대한예수교장로회총회록 제33회-제40회』, 1947~1955.

정신여학교사료연구위원회, 『장로교 최초의 여학교 선교편지』, 홍성사, 2014.
『야소교장로회 여자고등성경학교 요람 1934』.
독립운동사편찬위원회, 『독립운동사자료집』 제5집, 독립유공자사업기금운용위원회, 1972.

Annual Report of The Woman's Union Missionary Society
The American Journal of Nursing
William Brester Hunt, "Sketch of the Beginning of Chai Ryung", The Korea Mission Field 3-4, 1907. 4.
Mrs. Theresa Ludlow, "Is It Worth While to Train Korean Nurses?", The Korea Mission Field 15-10, 1919.
Louise B. Hayes, "The Women's Higher Bible School. Pyengyang", The Korea Mission Field 22-4, 1926. 4.
Susan Augusta Pratt, "Japan Through Friendly Eyes: Forty-five years in Everyday Japan", The Missionary Link, 1961.11.

김인서, 「여자고등성경학교 방문기」, 『신학지남』 13-1, 1931.1.
박상순, 「산동선교의 과거와 현재」, 『신학지남』 통권 17-6, 1935.11.
박상순, 「산동선교의 현재와 장래 (속)」, 『신학지남』 통권 18-3, 1936.5.
방효원, 「중화민국 산동 내양 선교소식」, 『신학지남』 통권 5-1, 1923.1.
홍승한, 「중국 산동성 내양 선교소식」, 『신학지남』 통권 3-2권, 1920.7.

김순호(金淳好/ 金孝順), 보안법, 일제감시대상 인물카드, 카드번호 ia_0972_ 0738, 한국사 데이터베이스, 국사편찬위원회.
독립유공자 공훈록, 관리번호 31319, 김효순(김순호).

【연구서】

김명구, 『공덕귀-생애와 사상』, 도서출판 박영사, 2022.
김영삼, 『김마리아-위대한 한국인 11』, 태극출판사, 1972.
김영삼, 『정신 75년사』, 정신여자중고등학교, 1962.
김창덕, 『김창덕 목사 회고록』, 삼일서적, 1992.
김태현, 『한국기독공보 36주간 연재 핵심요약 여전도회사』, 한국기독공보사, 2009.
내한선교사사전 편찬위원회, 『내한선교사사전』, 한국기독교역사연구소, 2022.
대한간호협회, 『간호사의 항일구국운동』, 대한간호협회, 2012.
대한예수교장로회 총회 남북한 선교통일위원회 북한문제연구소, 『해방 전 북한 교회 총람』, 진리와 자유, 1999.
대한예수교장로회 여전도회전국연합회, 『사진으로 보는 여전도회 100년사』, 인문당, 1984.
대한예수교장로회 연동교회 역사위원회, 『연동교회 애국지사 16인 열전』, 대한예수교장로회 연동교회, 2009.
문재린, 『기린갑이와 고만녜의 꿈: 문재린 김신묵 회고록』, 삼인, 2006.
박기호, 『한국 교회 선교운동사』, 아시아선교연구소 출판부, 1999.
박용옥, 『김마리아: 나는 대한의 독립과 결혼하였다』, 홍성사, 2003.
방지일, 『복음역사 반백년』, 반도문화사, 1986.
방지일, 『중국 선교를 회고하며』, 홍성사, 2011.
보언 리즈 저, 송용자 역, 『중국의 예수가족 공동체교회 이야기』, 부흥과개혁사, 2005.
설충수, 『방지일과 산동선교: 구술채록』, 숭실대학교 출판부, 2018.
순교자기념사업회, 『순교 여교역자』, 대한기독교서회, 1975.
숭실대학교 한국기독교박물관, 『(한국기독교박물관 소장) 기독교 자료해제』, 숭실대학교, 2007.

연세대학교 간호대학 100년사 편찬위원회, 『연세대학교 간호대학 100년사』, 연세대학교 간호대학, 2008.
온창일·정토웅·김광수·나종남·양원호, 『(신판) 한국전쟁사 부도』, 황금알, 2021.
이기서, 『교육의 길, 신앙의 길, 김필례 그 사랑과 실천』, 북산책, 2012.
이방현·이방원, 『한국 사회복지 역사』, 신정출판사, 2018.
이송죽·정혜순·이정숙·전동현·이방원, 『김필례 그를 읽고 기억하다』, 열화당, 2018.
이순배, 『외톨이의 삶, 섬김으로 즐거웠네 : 아름다운 거인 주선애 명예교수 기념 서화집』, 두란노서원, 2022.
이연옥, 『대한예수교장로회 여전도회 100년사』, 대한예수교장로회 여전도회 전국연합회 출판사업회, 1998.
이연옥, 『여전도회학』, 쿰란출판사, 1995.
이연옥, 임희국 책임집필, 『향유 가득한 옥합』, 두란노서원, 2011.
이우정·이현숙, 『한국기독교장로회 여신도회 60년사』, 한국기독교장로회 여신도회연합회, 1989.
이찬영 편저, 『황해도 교회사』, 소망사, 1977.
장로회신학대학교 100년사 편찬위원회 편, 『장로회신학대학교 100년사』, 장로회신학대학교, 2002.
정신백년사출판위원회, 『정신 100년사』 上, 정신여자중·고등학교, 1989.
정안덕, 『중국 산동의 "진꾸냥"』, 2022.
정의순, 『신의주 하늘에 비쳤던 큰 별-L.A. 영락교회 김계용 목사』, 진명문화사, 1992.
주선애, 『장로교 여성사』, 대한예수교장로회 여전도회전국연합회, 1978.
주선애, 『주님과 한평생』, 두란노서원, 2011.
최봉춘, 『눈물로 씨를 뿌리는 자』, 웰메이드, 2022.
최장집 편, 『한국전쟁 연구』, 태암, 1990.
평북노회사 편찬위원회, 『평북노회사』, 기독교문화사, 1979.
한국기독교역사연구소 편집부, 『북한교회사』, 한국기독교역사연구소, 2021.

【연구 논문】

권 평, 「1930년대 김인서의 '만주선교론' 분석」, 『한국기독교와 역사』 19, 2003.
김교철, 「여선교사 김순호의 만주선교 연구」, 『중국 선교 및 중국 교회 역사 연구 소식지』 제5호, 중국선교협력회 부설 중국기독교역사연구소, 1999.
김교철, 「초기 한국 장로교회의 타문화권 교회 설립에 관한 선교학적 고찰 : 1913년부터 1957년까지 중국 산동과 만주국을 중심으로」, 아세아연합신학대학교 대학원 박사학위 논문, 2018.

김교철, 「한국 여성 최초의 중국 여선교사 김순호와 중국 여성 선교」, 『중국을 주께로』 45, 중국어문선교회, 1997 5/6월호.
김남식, 「순교자 김순호 선교사의 삶」, 『기독신보』, 2018.9.29.
김숙영, 「간호부 이정숙의 독립운동」, 『의사학』 24-1, 2015.
김종부, 「방위량 선교사의 한국 선교에 관한 연구」, 고신대학교 선교목회대학원 석사학위 논문, 2014.
김태현, 「사진으로 보는 여전도회사 7, 총회의 여전도회주일 제정」, 『한국기독공보』, 2008.5.28.
박보경, 「타문화권 선교에서 한국 여성의 역할」, 『선교와 신학』 10, 2002.
박보경, 「한국 장로교회 초기 여성 선교사의 사역과 선교학적 의의(1908~1942)」, 『선교와 신학』 19, 2007.
朴宣美, 「植民地時期における朝鮮人女子日本留學生の研究」, 京都大學 박사학위 논문, 2004.
박윤재, 「사립세브란스연합의학전문학교 간호부양성소 일람」, 『연세의사학』 3-1, 1999.
박응규, 「한위렴(William B. Hunt)의 황해도 재령 초기 선교 역사」, 『교회사학』 4-1, 2005.
박정애, 「1910년-1920년대 초반 여자일본유학생 연구」, 숙명여자대학교 석사학위 논문, 1999.
송종인, 「초기 한국 교회 전도부인 연구-장로교회를 중심으로」, 장로회신학대학교 석사학위 논문, 2003.
안교성, 「한국 교회 최초의 타문화권 선교: 산동선교의 역사적 의의」, 『한국선교 KMQ』 32, 한국세계선교협의회, 2009년 겨울호.
안병호, 「김순호 선교사의 생애와 선교적 역사적 의의에 대한 연구」, 장로회신학대학교 신학대학원 석사학위 논문, 2011.
鈴木正和, 「偕成傳道女學校, 共立女子神學校, そしてベイプルウーマンー失われた姿を求めてー」, 『共立研究』 7-1, 2001.8.
유관지, 「여선교사 김순호」, 『중국을 주께로』 통권 83호, 2003.8.20.
윤세민, 「봉사란 후회 없는 아름다움」, 『빛과 소금』, 1991.

이명화, 「한국 여성독립운동의 요람지, 정신여학교」, 『김마리아와 정신의 독립운동가들』(3·1운동 100주년 및 김마리아 서거 제75주기 기념 학술대회 자료집), 2019.
이방원, 「세브란스 간호사의 독립운동」, 『연세의사학』 22-1, 2019.
이호열, 「함흥 출애굽 사역의 인도자 이권찬」, 숭실인물사편찬위원회, 『인물로 본 숭실 100년』 제2집, 숭실대학교 출판부, 1997.
정흥호·김교철, 「방효원의 중국 기독교 본색과 이해와 실천」, 『복음과 선교』 36, 2016.
주선애, 「교회학교 교사들에게: 나의 스승 김순호 선교사님」, 『교육교회』 통권 273호, 장로회신학대학교 기독교교육연구원, 1999.
주선애, 「여교역자에 대한 소고」, 『교회와 신학』 제1집, 1965.
주선애, 「여전도회 최초 선교사 '김순호'」, 『한국기독공보』, 2019.4.4.
주선애, 「최초의 여성 선교사 김순호」, 『빛과 소금』, 1990.9.
주선애, 「한국 교회에 고함/ (9) "죽더라도 거짓은 말자"」, 『한국기독공보』, 2003. 3.8.
채송희, 「기독여성 생활사 공동기록 (7) 희미한 흔적 강력한 울림: 김순호 선교사」, 『새가정』 729, 새가정사, 2020.
최재건, 「한국 장로교회의 산동선교의 최초 해외선교의 상황과 의의」, 장로회신학대학교 세계선교연구원, 『산동선교 100주년의 교훈과 제언』, 케노시스, 2012.

【기타】

명신학교 https://encykorea.aks.ac.kr/Article/E0018311)–한국민족문화대백과사전(2024.12.4. 검색)
명신학교 http://www.gospeltoday.co.kr(2024.12.4. 검색)
보신여학교 https://encykorea.ac.kr/Article/E0029630)–한국민족대백과사전(2024.12.6. 검색)
정신여자고등학교 홈페이지 https://chungshin.sen.hs.kr/69522/subMenu.do
共立女子聖書学院–Wikipedia–
https://ja.wikipedia.org/wiki/%E5%85%B1%E7%AB%8B%E5%A5%B3%E5%AD%90%E8%81%96%E6%9B%B8%E5%AD%A6%E9%99%A2(2024.12.7. 검색)

필자 후기

이방원

정신여자중·고등학교 전 총동창회장이신 이송죽 회장님은 오래전부터 정신여학교 선배인 '김순호'의 평전을 출간하는 것이 하나의 소망이라며, 그 일을 함께하고 싶다고 여러 차례 말씀하셨다. 그 시작은 10년도 더 이전의 일로 기억한다. 그러나 당시 나는 '김순호'라는 인물의 이름도 처음 들었을 뿐 아니라 '한국 최초의 여성 선교사'라는 의미도 크게 와닿지 않았다. 그래서 김순호 연구는 나에게는 먼 이야기였으며, 당시 내가 이렇듯 김순호 평전을 쓰게 될 것이라고는 상상조차 하지 못하였다.

'김순호'의 이름과 '정신여학교' 선배들의 구국운동에 대한 이야기를 들어 알고 있던 나에게, 연세대학교 의학사연구소가 2019년 3·1운동 100주년을 기념하는 학술대회에서 '세브란스 간호원'의 3·1운동에 대해 발표해 줄 것을 요청하였다. 이 요청에 선뜻 응한 것은 내가 정신여학교 졸업생이라는 것과 김순호에 대해 알 수 있는 기회가 되리라는 생각 때문이었다. 그러나 김순호에 관한 내용은 그 논문의 일부였을 뿐, 그 이상 김순호에 대한 연구는 진전되지 못하였다.

『김필례』를 출간하고 김필례 선생님을 국가유공자로 추서하는 작업을 마치고 난 후, 이송죽 회장님이 다시 '김순호 평전'에 관해 말씀하셨다. 전동현 선생님과 나는 자료가 빈약한 김순호에 대해 평전을 쓰는 것이 과

연 가능할까 하는 의구심을 가지며, 공부를 해보자는 마음과 만약 자료가 빈약하여 하나의 저서로 출간할 수 없다는 것을 확인하는 것 또한 필요한 절차라고 생각하고 가벼운 마음으로 시작했다.

김순호의 일생을 선교사 활동 전후로 나눠 생애 전반기는 내가, 선교사 활동부터는 전동현 선생님이 맡아 서술하기로 결정하였다. 그렇게 김순호에 대한 논문을 읽고, 작은 단서라도 찾으면 서로 의미를 부여하고 즐거워하며 근 3년의 시간이 흘러갔다. 그리고 우리가 직접 사료를 찾아보자는 노력으로 그간의 연구 성과를 바탕으로 『기독신보』, 당시의 각종 신문, *The Korea Mission Field*, 선교사들의 보고서 등을 찾아보면서 비어 있는 내용을 채워 나갔다.

김순호에 대한 연구 성과와 사료는 정말 드물었다. 주요 사실에 대해서도 각각의 연구자들은 다른 말을 하고 있었다. 어느 것이 사실인지 확인하는 것조차 쉽지 않았다. 김순호의 생애를 구분하고 각각의 시기에 대해 정리하면서 김순호에 대한 직접적인 사료를 찾을 수 없어 다른 방법으로 김순호가 성장하고 생활했던 공간에 대해 살펴보기로 했다. 그곳에 김순호가 있었고, 환경의 영향을 받으며 성장했을 것이기에…. 김순호가 태어나고 자랐던 황해도 재령, 자신의 공간에서 떠나 고등교육을 받았던 정신여학교, 그리고 당시 정치적 상황으로 인해 잠시 머물렀던, 그러나 몸으로 일제의 폭정에 항거했던 세브란스병원간호부양성소, 정신여학교 졸업 후 교원 생활을 했던 황해도 신천과 함북 성진의 기독교 학교, 전도사가 되기 위해 선택한 요코하마여자신학교로의 유학과 유학 생활,

황해도 재령 전도사로서의 4년간의 시무…. 그 공간과 그 공간에서 중요하게 활동하였던 인물들을 찾아 정리하면서 김순호를 어렴풋이나마 만날 수 있었고, 김순호가 독립운동을 하고 전도사가 될 수 있었던 토양을 확인할 수 있었다.

3년간의 연구를 진행하면서 어느 정도 연구 방법을 개발하고, 자료를 축적하면서 본격적으로 원고 집필에 들어갔다. 2024년 12월 15일 원고 마감을 위해 자료를 엮고, 확실하지 않은 내용, 비어 있는 내용을 보완·수정하면서 다시 1년을 보냈다. 이 기간에 여러 차례 도움의 손길이 있었고, 그동안 학계에서도 확실하지 않았던 사실을 밝힐 수 있었다. 가장 큰 성과 중 하나는 학계에서 혼동되어 있던 김순호 선교사의 출신 신학교가 평양여자고등성경학교가 아니라 요코하마여자신학교라는 것을 밝힌 것이고, 여자신학교에서 유학했던 기간을 확인할 수 있었다는 점이다. 또한 정신여학교 졸업 이후 약 10년간의 활동 순서가 정확하지 않았는데, 이를 사료 발굴로 정리할 수 있었다는 점이다. 이 부분은 아직도 보완되어야 할 부분이 있으나 많은 부분 정리될 수 있었음에 감사하며, 이후 사료의 발굴을 기다리고 있다.

김순호 평전을 마무리하면서 가장 감사한 분은 이송죽 회장님과 연구를 함께한 전동현 선생님이다. 이송죽 회장님은 '김순호'라는 인물을 알게 해주고, 자료 수집과 정리 과정에서 답답한 상황을 부드럽고 시원하게 풀어 주셨으며, 진전이 없는 때에도 항상 응원하고 믿어 주셨다. 전동현 선생님은 참으로 보기 드물게 성실한 연구자로, 연구하는 내내 든든한

동업자였다. 혼자서는 하기 힘들었을, 꾀를 내며 차일피일 미루었을 수 있는 『기독신보』 완독을 여러 날 동안 함께했기에 마무리할 수 있었고, 『기독신보』에서 중요한 사료들을 발굴할 수 있었다. 또한 집필 과정에서 교회사 관련 내용들을 점검해 주시며 든든한 지원을 아끼지 않으신 우영수 목사님께도 이 지면을 빌려 깊은 감사를 드린다.

김순호에 대한 연구가 지지부진할 때 정안덕 박사님의 『중국 산동의 "진꾸냥"』을 접했는데, 이를 단서로 깊이 있게 공부할 수 있는 계기가 되었다. 그리고 답답한 중에 만난 김명수 선생님의 『공덕귀-생애와 사상』, 한국기독교역사연구소에서 도움을 주어 접하게 된 『야소교장로회 여자고등성경학교 요람 1934』 등으로 김순호 선교사의 출신 신학교를 정확하게 알 수 있게 되어 해당 부분의 내용을 대폭 수정할 수 있었다. 또한 요코하마여자신학교의 실체를 찾는 과정에서 일본 공립기독교연구소와 요코하마여자신학교에 대해 연구한 스즈키 마사카즈鈴木正和 선생님을 알게 되었고, 여러 차례의 연락으로 스즈키 선생님으로부터 소중한 자료를 받을 수 있어 김순호 선교사의 요코하마여자신학교 유학과 그 시기 등을 확인할 수 있었다. 알지 못했던 외국 연구자의 요청에 성실하게 응해 주신 연구소와 스즈키 선생님께 깊은 감사를 드린다.

최봉춘의 회고집 『눈물로 씨를 뿌리는 자』는 그동안 미지로 남아 있던 4년간의 김순호 전도사의 활동과 인품을 확인할 수 있는 단서를 제공해 주었다.

그리고 2024년 무더운 8월, 나의 논문이 인연이 되어 만나게 된 가톨릭신문 박지순 기자님이 우리에게 던진 질문들은 평전을 한창 서술하는 시점에서 좀 더 기존의 연구 성과와 기록들을 치밀하게 고민하고 서술할 수 있도록 하였다.

김순호 평전을 마무리하며, 아직도 확인하고 보완해야 할 부분이 적지 않음을 알고 있다. 그러나 이 정도에서 출간을 앞두고 부끄러움과 함께 그래도 마무리해서 자신의 신념을 위해 죽음까지도 마다하지 않았던 위대한 선배 김순호 선교사를 대중에게 알릴 수 있다는 사실에 감사하다. 참으로 많은 인물이 이 땅에 살면서 각자의 자리에서, 각 상황에서 옳은 판단을 하려고 노력하고 실천한 덕에 역사가 이어지고 있다. 많은 후학들이 부족한 부분을 메워 주리라 믿으며, 나도 나의 자리에서 작은 흔적이나마 옳게 남겨야겠다는 다짐을 하며 글을 맺는다.

전동현

이번 김순호 선교사의 삶을 추적하는 과정에서도 역시 "시간은 폭군"이었다. 꽤 오래전 역사를 배우기 시작할 때 들은 말이지만 지금도 작업을 할 때마다 되새길 수밖에 없는데 시간의 흐름에 따라 어쩔 수 없이 지워지는 흔적들이 있기 때문이다. 김순호 선교사의 순교가 한국전쟁 기간에 있었으니 그로부터 이미 70여 년이 지났고 증언을 해주셨던 분들도, 그렇게 스승 김순호를 따르셨던 제자들도 이제는 도와주실 수 없게 되었다.

더구나 김 선교사의 주요 활동이 중국과 북한 지역에서 이루어졌다는 점도 자료를 구하는 데 큰 장벽이었다. 중국에서의 종교 활동이 자유롭지 못한 데다 외국인 선교사의 활동이었던 만큼 공식적인 자료가 남아 있기 어려웠다. 북한 지역도 한국전쟁 이후 직접적인 자료 조사는 사실상 가능하지 않았기 때문에 역시 새로운 자료를 발굴하는 성과를 기대하기 어려웠다. 자료의 한계를 거듭 실감하며 과연 이 작업이 가능할지에 대한 회의 속에서 작업은 약 3년간 지연되고 있었다.

그러던 중에 그간의 증언과 정보들을 모아 정리한 정안덕 박사님의 책을 접하면서 우리는 발상의 전환을 하게 되었다. 김 선교사의 친족이기도 한 정 박사님의 정성을 다한 귀한 성과 중에서도 정보의 부족으로 명확하게 해명하지 못한 부분들을 찾아볼 수 있었기 때문이다. 그래서 자료 발굴을 위해 골몰하고 좌절하던 시간을 뒤로하고 이제는 우리가 확보한 정보들을 잘 정리하고 최대한 검증해서 부정확하고 불투명했던 그분의 궤적을 조금 더 명확하게 정리해 보기로 하였다.

중국에서의 선교 활동에 대해서는 예수교장로회조선총회 회의록에 투영된 행적을 근간으로 하고, 함께 활동하셨던 선교사들의 회고나 증언을 보완하여 정리하였다. 그 결과 정확한 날짜를 모두 명시할 수 없었으나 글에 따라 시기가 엇갈리던 중국 선교의 세부 순서를 바로잡을 수 있었다. 이에 따라 잠정적으로 재정리한 세부 활동의 순서는 연보에서도 확인할 수 있다.

한반도가 3·8선으로 분단된 이후 북한에서의 행적 역시 공식적으로 확인하기 어려운데, 그중에서도 확인이 필요했던 점은 순교 시기와 관련된 것이다. 역시 정확한 날짜를 특정하기는 어려우나 지금까지 알려져 온 1951년 초라는 시점은 정황상 다시 검토되어야 했다.

제자였던 주선애 교수의 증언을 종합해 보면 1) 인민군이 (국군과 유엔군에) 쫓겨 북으로 올라갈 때, 2) 따라가셨던 이권찬 목사가 신의주에 들어가 순교를 확인했다고 전하였다. 첫 번째 증언은 주 교수의 또 다른 글에서 1·4후퇴 때라고도 언급되어 순교 시기를 1951년 초로 받아들이는 근거가 되었다. 그러나 한국전쟁의 전황을 검토해 보면 국군과 유엔군이 신의주에 가장 근접했던 시기는 1950년 11월 1일이었고 3일 이후에는 전선이 청천강 선으로 남하하였음을 확인할 수 있다. 또한 두 번째 증언에 나오는 이권찬 목사의 행적을 보면, '유엔 신한위원단'이 11월 3일 함흥에 도착한 이후 통역 모윤숙이 함경남도 관민시국대책위원회 위원장을 맡고 있던 이 목사님을 찾아갔으며, 이후 이 목사는 함흥 상황에 대한 증언과 현장 안내를 진행하였다. 또한 그는 1950년 12월 5일 '유엔 신한위원단' 전체회의에 증언하기 위해 서울에 도착하였고, 이후 북한 지역으로 돌아가지 못한 것으로 알려져 있다. 따라서 이 글에서는 순교 시기를 1951년 초가 아니라 1950년 10월 말에서 11월 초였을 것으로 추정하였다.

우리는 정안덕 박사님, 김교철 박사님, 안병호 선교사님의 대표적 성과들을 참고하며 기존 연구를 재검토하고 또 다른 자료들을 발굴하여 오류를 바로잡고 내용을 보완함으로써 김순호의 시대와 삶을 충실히 복원하고자 하였다. 물론 우리의 작업 역시 여러 한계로 인하여 김순호 선교사의 삶을 온전히 복원할 수 없었고 미처 바로잡지 못한 오류들도 있을 것이다. 하지만 이 작은 노력이 김순호 선교사를 기억하는 분들에게는 귀한 추억이기를, 새로 만나는 분들에게는 깊은 울림이기를, 다음 연구자들에게는 한 걸음 더 나아갈 수 있는 디딤돌이기를 바란다.

이송죽 회장님의 헌신적 지도력과 이방원 선생님의 탁월한 추진력이 없었다면 이 작은 결실에도 이르지 못했을 것이다. 부족한 필자를 독려하며 긴 여정을 함께 걸어 주신 이송죽 회장님과 이방원 선생님에게 각별한 감사를 전한다.

지은이
이방원 : 이화여자대학교 사학과 박사, 이화여자대학교 이화사학연구소 연구교수
전동현 : 이화여자대학교 사학과 박사, 전 김필례선생기념사업회 이사

감수
우영수 : 전 한남대학교 이사장, 전 대한예수교장로회총회 역사위원회 위원장,
　　　　서교동교회 원로목사
이송죽 : 전 정신여자중·고등학교 총동문회장, 전 학교법인 정신학원 감사,
　　　　김필례선생기념사업회 부회장

한국 최초의 여성 선교사
김순호

초판 1쇄 찍은날　2025년 5월 12일
초판 1쇄 펴낸날　2025년 5월 15일

지은이　이방원 전동현
감　수　우영수 이송죽

펴낸이　최윤정
펴낸곳　도서출판 나무와숲 | 등록 2001-000095
주　소　서울특별시 송파구 올림픽로 336 910호(방이동, 대우유토피아빌딩)
전　화　02-3474-1114 | 팩스 02-3474-1113
e-mail　namuwasup@namuwasup.com

ⓒ 이방원 전동현 2025

ISBN　979-11-93950-13-5　03230

* 이 책의 무단 전재 및 복제를 금지하며, 글이나 이미지의 전부 또는 일부를 이용하려면
　반드시 저작권자와 도서출판 나무와숲의 서면 허락을 받아야 합니다.
* 값은 뒤표지에 있습니다.
* 잘못 만들어진 책은 구입하신 서점에서 바꿔 드립니다.